THE
CONCISE
GUIDE TO
TYPE
IDENTIFICATION

VINCENT F. APICELLA
JOANNA V. POMERANZ
NANCY G. WIATT

DESIGN PRESS

V & M Graphics gratefully acknowledges the Linotype Company for permission to use the type category titles and definitions from the Linotype Collection Typeface Handbook, © Linotype AG 1989.

First Edition, First Printing

Printed in the United States of America

Design: V & M Graphics, Inc.
Typography: V & M Graphics, Inc.
      481 Washington Street, New York, New York 10013
      Tel: (212) 219-3370   FAX: (212) 226-0305

Library of Congress Cataloging in Publication Data

Apicella, Vincent.
    The concise guide to type identification / Vincent Apicella,
Joanna Pomeranz, Nancy Wiatt.
      p.   cm.
    ISBN 0-8306-3449-5
    1. Type and type-founding   2. Printing — Specimens.   I. Pomeranz,
Joanna.   II. Wiatt, Nancy.   III. Title.
    Z250.A67   1990
    686.2'24 — dc20   89-49483
                                                          CIP

Design Press books are published by Design Press, an imprint of TAB BOOKS, a Division of McGraw-Hill, Inc. The Design Press logo is a trademark of TAB BOOKS.

*To the Craftspeople of the
Composing Room of V & M Graphics
many thanks for their efforts
in producing this book*

*Carole Desnoes
Marjorie Finer
Catherine Apicella
John Bayne
Stuart Klein
Sarah Johnson
Bonny Koss
Dale Fuller
Leslie Chamberlain
Jane Oriel*

Contents

Introduction

Once upon a time when type was type (metal, that is) and I used to specify jobs to set on a Linotype or a Monotype typesetter, I would dream that some day there would be a workbook or a desk tool that would help me identify all the currently used typefaces—help me to visually compare every one to any other, letter by letter if necessary. And, please, it should be easy to use, not a lot of text and instructions but showings that would help me choose between this face and that quickly and surely.

Well, here we are in the 1990s and I am retired and finally the book, or tool, of my dreams is a reality. Film type replaced metal type. Digital type replaced film type. A vast amount of type is not only used by specialized professional typographic services but at the desktop by people somewhat new to the work of typography and typefaces.

So The Concise Guide to Type Identification is too late to help me but just in time to help the hundreds of thousands of people using type today, and the wonderful thing about it is that it can be equally valuable to the experienced typographer and the typographic neophyte.

It's a no-nonsense, easy-to-use visualizer. It is very thorough, very up-to-the-minute. Some 1750 typefaces are listed in the index. The original tradenamed version is illustrated in the body of the book with full alphabet showings for upper and lower case plus numerals and key punctuation marks. Look-alike designs by other manufacturers are listed in the manufacturers' cross-reference section, which also lists the manufacturer, and designer.

For me, an outstanding feature is the way the letters of each alphabet are shown so that on every page the alphabets run across the page but all the "As" are in one column, all the "Bs" in the next column, etc. It is so easy to compare not only alphabets but key letters.

Ten chapters separate the main styles so the user won't have to compare apples with walnuts. And six pages of showings of special characters (as for math, television, music, various punctuation marks and symbols, phonetics, and ITC Zapf Dingbats and OCR characters) help one know what's available and how to choose just the right one.

So—I'm jealous. Why didn't they compile this fifty years ago for me? At least I've the comfort of knowing it's here at last and because of it many thousands of careers will be made a little more professional and a little easier.

Edward M. Gottschall
(Former Executive Vice President
of ITC and Editor of U&lc.)

Old style typefaces were modeled upon the humanist minuscule. Written with a not overly broad pen, the humanist minuscule showed very little difference between main strokes and hairlines. The pen was usually held at a 30° angle, hence the triangular serifs and the marked inclination of the diameters in round letters. The lower case characters were taken from the Carolingian minuscule and the capitals from the Roman Capitalis Quadrata. The printing type first appeared around 1470 in Venice (hence Venetian Old Style). The version the French punch-cutter, Claude Garamond, made in the middle of the 16th century, was one of the most expressive examples of an old style face ever to be produced. Its distinguishing features were a gradual and smooth transition from the stems to the serifs with rounded angles and only little contrast between hairlines and main strokes. The diameters of the round letters have a backward slant.

Aldus*

Arrighi

Aster**

New Aster**

Bembo**

Berkeley Oldstyle ITC**

Berling**

Breughel*

Cartier

Caxton**

Centaur**

Cloister

*Delphin**

Diotima*

Esprit ITC**

Galliard ITC**

Gamma ITC**

Garamond No. 3*

Garamond (Simoncini)**

Stempel Garamond*

Garamond ITC**

Goudy Old Style

Goudy Catalogue

Granjon*

Guardi*

Horley Old Style**

Kennerley

Leawood ITC**

Novarese ITC**

Palatino*

Plantin**

Raleigh*

Sabon*

Stempel Schneidler**

SERLIO

Stratford**

Trajanus*

Trump Mediaeval*

Veljovic ITC**

Weidemann ITC**

Weiss**

Windsor** Old Style

Windsor**

Worcester Round**

*Trademark of Linotype AG and/or its Subsidiaries
**Licensed Trademark

Aldus	A B C D E F G H I J K L M N O P Q R S T U V W X Y Z
Aster	A B C D E F G H I J K L M N O P Q R S T U V W X Y Z
Aster Bold	**A B C D E F G H I J K L M N O P Q R S T U V W X Y Z**
New Aster	A B C D E F G H I J K L M N O P Q R S T U V W X Y Z
New Aster Semi-Bold	**A B C D E F G H I J K L M N O P Q R S T U V W X Y Z**
New Aster Bold	**A B C D E F G H I J K L M N O P Q R S T U V W X Y Z**
New Aster Black	**A B C D E F G H I J K L M N O P Q R S T U V W X Y Z**
Bembo	A B C D E F G H I J K L M N O P Q R S T U V W X Y Z
Bembo Medium	A B C D E F G H I J K L M N O P Q R S T U V W X Y Z
Bembo Bold	**A B C D E F G H I J K L M N O P Q R S T U V W X Y Z**
Bembo Black	**A B C D E F G H I J K L M N O P Q R S T U V W X Y Z**
Berkeley Oldstyle Book ᴵᵀᶜ	A B C D E F G H I J K L M N O P Q R S T U V W X Y Z
Berkeley Oldstyle Med ᴵᵀᶜ	A B C D E F G H I J K L M N O P Q R S T U V W X Y Z
Berkeley Oldstyle Bold ᴵᵀᶜ	A B C D E F G H I J K L M N O P Q R S T U V W X Y Z
Berkeley Oldstyle Black ᴵᵀᶜ	**A B C D E F G H I J K L M N O P Q R S T U V W X Y Z**
Berling	A B C D E F G H I J K L M N O P Q R S T U V W X Y Z
Berling Bold	**A B C D E F G H I J K L M N O P Q R S T U V W X Y Z**
Breughel 55	A B C D E F G H I J K L M N O P Q R S T U V W X Y Z
Breughel 65 Bold	**A B C D E F G H I J K L M N O P Q R S T U V W X Y Z**
Breughel 75 Black	**A B C D E F G H I J K L M N O P Q R S T U V W X Y Z**
Cartier	A B C D E F G H I J K L M N O P Q R S T U V W X Y Z
Caxton Light ᵀˢᴵ	A B C D E F G H I J K L M N O P Q R S T U V W X Y Z
Caxton Book ᵀˢᴵ	A B C D E F G H I J K L M N O P Q R S T U V W X Y Z
Caxton Bold ᵀˢᴵ	**A B C D E F G H I J K L M N O P Q R S T U V W X Y Z**
Centaur	A B C D E F G H I J K L M N O P Q R S T U V W X Y Z
Cloister	A B C D E F G H I J K L M N O P Q R S T U V W X Y Z

a b c d e f g h i j k l m n o p q r s t u v w x y z & . , " ! ? 1 2 3 4 5 6 7 8 9 0

a b c d e f g h i j k l m n o p q r s t u v w x y z & . , " ! ? 1 2 3 4 5 6 7 8 9 0

a b c d e f g h i j k l m n o p q r s t u v w x y z & . , " ! ? 1 2 3 4 5 6 7 8 9 0

a b c d e f g h i j k l m n o p q r s t u v w x y z & . , " ! ? 1 2 3 4 5 6 7 8 9 0

a b c d e f g h i j k l m n o p q r s t u v w x y z & . , " ! ? 1 2 3 4 5 6 7 8 9 0

a b c d e f g h i j k l m n o p q r s t u v w x y z & . , " ! ? 1 2 3 4 5 6 7 8 9 0

a b c d e f g h i j k l m n o p q r s t u v w x y z & . , " ! ? 1 2 3 4 5 6 7 8 9 0

a b c d e f g h i j k l m n o p q r s t u v w x y z & . , " ! ? 1 2 3 4 5 6 7 8 9 0

a b c d e f g h i j k l m n o p q r s t u v w x y z & . , " ! ? 1 2 3 4 5 6 7 8 9 0

a b c d e f g h i j k l m n o p q r s t u v w x y z & . , " ! ? 1 2 3 4 5 6 7 8 9 0

a b c d e f g h i j k l m n o p q r s t u v w x y z & . , " ! ? 1 2 3 4 5 6 7 8 9 0

a b c d e f g h i j k l m n o p q r s t u v w x y z & . , " ! ? 1 2 3 4 5 6 7 8 9 0

a b c d e f g h i j k l m n o p q r s t u v w x y z & . , " ! ? 1 2 3 4 5 6 7 8 9 0

a b c d e f g h i j k l m n o p q r s t u v w x y z & . , " ! ? 1 2 3 4 5 6 7 8 9 0

a b c d e f g h i j k l m n o p q r s t u v w x y z & . , " ! ? 1 2 3 4 5 6 7 8 9 0

a b c d e f g h i j k l m n o p q r s t u v w x y z & . , " ! ? 1 2 3 4 5 6 7 8 9 0

a b c d e f g h i j k l m n o p q r s t u v w x y z & . , " ! ? 1 2 3 4 5 6 7 8 9 0

a b c d e f g h i j k l m n o p q r s t u v w x y z & . , " ! ? 1 2 3 4 5 6 7 8 9 0

a b c d e f g h i j k l m n o p q r s t u v w x y z & . , " ! ? 1 2 3 4 5 6 7 8 9 0

a b c d e f g h i j k l m n o p q r s t u v w x y z & . , " ! ? 1 2 3 4 5 6 7 8 9 0

a b c d e f g h i j k l m n o p q r s t u v w x y z & . , " ! ? 1 2 3 4 5 6 7 8 9 0

a b c d e f g h i j k l m n o p q r s t u v w x y z & . , " ! ? 1 2 3 4 5 6 7 8 9 0

a b c d e f g h i j k l m n o p q r s t u v w x y z & . , " ! ? 1 2 3 4 5 6 7 8 9 0

a b c d e f g h i j k l m n o p q r s t u v w x y z & . , " ! ? 1 2 3 4 5 6 7 8 9 0

a b c d e f g h i j k l m n o p q r s t u v w x y z & . , " ! ? 1 2 3 4 5 6 7 8 9 0

a b c d e f g h i j k l m n o p q r s t u v w x y z & . , " ! ? 1 2 3 4 5 6 7 8 9 0

Cloister Bold	A B C D E F G H I J K L M N O P Q R S T U V W X Y Z
Cloister Open Face	A B C D E F G H I J K L M N O P Q R S T U V W X Y Z
Delphin I	A B C D E F G H I J K L M N O P Q R S T U V W X Y Z
Delphin II	A B C D E F G H I J K L M N O P Q R S T U V W X Y Z
Diotima	A B C D E F G H I J K L M N O P Q R S T U V W X Y Z
Esprit Book ITC	A B C D E F G H I J K L M N O P Q R S T U V W X Y Z
Esprit Medium ITC	A B C D E F G H I J K L M N O P Q R S T U V W X Y Z
Esprit Bold ITC	A B C D E F G H I J K L M N O P Q R S T U V W X Y Z
Esprit Black ITC	A B C D E F G H I J K L M N O P Q R S T U V W X Y Z
Galliard ITC	A B C D E F G H I J K L M N O P Q R S T U V W X Y Z
Galliard Bold ITC	A B C D E F G H I J K L M N O P Q R S T U V W X Y Z
Galliard Black ITC	A B C D E F G H I J K L M N O P Q R S T U V W X Y Z
Galliard Ultra ITC	A B C D E F G H I J K L M N O P Q R S T U V W X Y Z
Gamma Book ITC	A B C D E F G H I J K L M N O P Q R S T U V W X Y Z
Gamma Medium ITC	A B C D E F G H I J K L M N O P Q R S T U V W X Y Z
Gamma Bold ITC	A B C D E F G H I J K L M N O P Q R S T U V W X Y Z
Gamma Black ITC	A B C D E F G H I J K L M N O P Q R S T U V W X Y Z
Garamond No. 3	A B C D E F G H I J K L M N O P Q R S T U V W X Y Z
Garamond No. 3 Bold	A B C D E F G H I J K L M N O P Q R S T U V W X Y Z
Simoncini Garamond	A B C D E F G H I J K L M N O P Q R S T U V W X Y Z
Simoncini Garamond Bold	A B C D E F G H I J K L M N O P Q R S T U V W X Y Z
Stempel Garamond	A B C D E F G H I J K L M N O P Q R S T U V W X Y Z
Stempel Garamond Bold	A B C D E F G H I J K L M N O P Q R S T U V W X Y Z
Garamond Light ITC	A B C D E F G H I J K L M N O P Q R S T U V W X Y Z
Garamond Book ITC	A B C D E F G H I J K L M N O P Q R S T U V W X Y Z
Garamond Bold ITC	A B C D E F G H I J K L M N O P Q R S T U V W X Y Z

a b c d e f g h i j k l m n o p q r s t u v w x y z & . , " ! ? 1 2 3 4 5 6 7 8 9 0

a b c d e f g h i j k l m n o p q r s t u v w x y z & . , " ! ? 1 2 3 4 5 6 7 8 9 0

a b c d e f g h i j k l m n o p q r s t u v w x y z & . , " ! ? 1 2 3 4 5 6 7 8 9 0

a b c d e f g h i j k l m n o p q r s t u v w x y z & . , " ! ? 1 2 3 4 5 6 7 8 9 0

a b c d e f g h i j k l m n o p q r s t u v w x y z & . , " ! ? 1 2 3 4 5 6 7 8 9 0

a b c d e f g h i j k l m n o p q r s t u v w x y z & . , " ! ? 1 2 3 4 5 6 7 8 9 0

a b c d e f g h i j k l m n o p q r s t u v w x y z & . , " ! ? 1 2 3 4 5 6 7 8 9 0

a b c d e f g h i j k l m n o p q r s t u v w x y z & . , " ! ? 1 2 3 4 5 6 7 8 9 0

a b c d e f g h i j k l m n o p q r s t u v w x y z & . , " ! ? 1 2 3 4 5 6 7 8 9 0

a b c d e f g h i j k l m n o p q r s t u v w x y z & . , " ! ? 1 2 3 4 5 6 7 8 9 0

a b c d e f g h i j k l m n o p q r s t u v w x y z & . , " ! ? 1 2 3 4 5 6 7 8 9 0

a b c d e f g h i j k l m n o p q r s t u v w x y z & . , " ! ? 1 2 3 4 5 6 7 8 9 0

a b c d e f g h i j k l m n o p q r s t u v w x y z & . , " ! ? 1 2 3 4 5 6 7 8 9 0

a b c d e f g h i j k l m n o p q r s t u v w x y z & . , " ! ? 1 2 3 4 5 6 7 8 9 0

a b c d e f g h i j k l m n o p q r s t u v w x y z & . , " ! ? 1 2 3 4 5 6 7 8 9 0

a b c d e f g h i j k l m n o p q r s t u v w x y z & . , " ! ? 1 2 3 4 5 6 7 8 9 0

a b c d e f g h i j k l m n o p q r s t u v w x y z & . , " ! ? 1 2 3 4 5 6 7 8 9 0

a b c d e f g h i j k l m n o p q r s t u v w x y z & . , " ! ? 1 2 3 4 5 6 7 8 9 0

a b c d e f g h i j k l m n o p q r s t u v w x y z & . , " ! ? 1 2 3 4 5 6 7 8 9 0

a b c d e f g h i j k l m n o p q r s t u v w x y z & . , " ! ? 1 2 3 4 5 6 7 8 9 0

a b c d e f g h i j k l m n o p q r s t u v w x y z & . , " ! ? 1 2 3 4 5 6 7 8 9 0

a b c d e f g h i j k l m n o p q r s t u v w x y z . , " ! ? 1 2 3 4 5 6 7 8 9 0

a b c d e f g h i j k l m n o p q r s t u v w x y z & . , " ! ? 1 2 3 4 5 6 7 8 9 0

a b c d e f g h i j k l m n o p q r s t u v w x y z & . , " ! ? 1 2 3 4 5 6 7 8 9 0

a b c d e f g h i j k l m n o p q r s t u v w x y z & . , " ! ? 1 2 3 4 5 6 7 8 9 0

a b c d e f g h i j k l m n o p q r s t u v w x y z & . , " ! ? 1 2 3 4 5 6 7 8 9 0

Garamond Ultra ITC	**A B C D E F G H I J K L M N O P Q R S T U V W X Y Z**
Garamond Light Condensed ITC	A B C D E F G H I J K L M N O P Q R S T U V W X Y Z
Garamond Book Condensed ITC	A B C D E F G H I J K L M N O P Q R S T U V W X Y Z
Garamond Bold Condensed ITC	**A B C D E F G H I J K L M N O P Q R S T U V W X Y Z**
Garamond Ultra Condensed ITC	**A B C D E F G H I J K L M N O P Q R S T U V W X Y Z**
Goudy Old Style	A B C D E F G H I J K L M N O P Q R S T U V W X Y Z
Goudy Bold	A B C D E F G H I J K L M N O P Q R S T U V W X Y Z
Goudy Extra Bold	**A B C D E F G H I J K L M N O P Q R S T U V W X Y Z**
Goudy Heavyface	**A B C D E F G H I J K L M N O P Q R S T U V W X Y Z**
Goudy Heavyface Condensed	**A B C D E F G H I J K L M N O P Q R S T U V W X Y Z**
Goudy Catalogue	A B C D E F G H I J K L M N O P Q R S T U V W X Y Z
Goudy Handtooled	A B C D E F G H I J K L M N O P Q R S T U V W X Y Z
Granjon	A B C D E F G H I J K L M N O P Q R S T U V W X Y Z
Granjon Bold	**A B C D E F G H I J K L M N O P Q R S T U V W X Y Z**
Guardi 55	A B C D E F G H I J K L M N O P Q R S T U V W X Y Z
Guardi 75 Bold	**A B C D E F G H I J K L M N O P Q R S T U V W X Y Z**
Guardi 95 Black	**A B C D E F G H I J K L M N O P Q R S T U V W X Y Z**
Horley Old Style Light	A B C D E F G H I J K L M N O P Q R S T U V W X Y Z
Horley Old Style	A B C D E F G H I J K L M N O P Q R S T U V W X Y Z
Horley Old Style Semi-Bold	A B C D E F G H I J K L M N O P Q R S T U V W X Y Z
Horley Old Style Bold	**A B C D E F G H I J K L M N O P Q R S T U V W X Y Z**
Kennerley	A B C D E F G H I J K L M N O P Q R S T U V W X Y Z
Kennerley Bold	**A B C D E F G H I J K L M N O P Q R S T U V W X Y Z**
Leawood Book ITC	A B C D E F G H I J K L M N O P Q R S T U V W X Y Z
Leawood Medium ITC	**A B C D E F G H I J K L M N O P Q R S T U V W X Y Z**
Leawood Bold ITC	**A B C D E F G H I J K L M N O P Q R S T U V W X Y Z**

a b c d e f g h i j k l m n o p q r s t u v w x y z & . , " ! ? 1 2 3 4 5 6 7 8 9 0

a b c d e f g h i j k l m n o p q r s t u v w x y z & . , " ! ? 1 2 3 4 5 6 7 8 9 0

a b c d e f g h i j k l m n o p q r s t u v w x y z & . , " ! ? 1 2 3 4 5 6 7 8 9 0

a b c d e f g h i j k l m n o p q r s t u v w x y z & . , " ! ? 1 2 3 4 5 6 7 8 9 0

a b c d e f g h i j k l m n o p q r s t u v w x y z & . , " ! ? 1 2 3 4 5 6 7 8 9 0

a b c d e f g h i j k l m n o p q r s t u v w x y z & . , " ! ? 1 2 3 4 5 6 7 8 9 0

a b c d e f g h i j k l m n o p q r s t u v w x y z & . , " ! ? 1 2 3 4 5 6 7 8 9 0

a b c d e f g h i j k l m n o p q r s t u v w x y z & . , " ! ? 1 2 3 4 5 6 7 8 9 0

a b c d e f g h i j k l m n o p q r s t u v w x y z & . , " ! ? 1 2 3 4 5 6 7 8 9 0

a b c d e f g h i j k l m n o p q r s t u v w x y z & . , " ! ? 1 2 3 4 5 6 7 8 9 0

a b c d e f g h i j k l m n o p q r s t u v w x y z & . , " ! ? 1 2 3 4 5 6 7 8 9 0

a b c d e f g h i j k l m n o p q r s t u v w x y z & . , " ! ? 1 2 3 4 5 6 7 8 9 0

a b c d e f g h i j k l m n o p q r s t u v w x y z & . , " ! ? 1 2 3 4 5 6 7 8 9 0

a b c d e f g h i j k l m n o p q r s t u v w x y z & . , " ! ? 1 2 3 4 5 6 7 8 9 0

a b c d e f g h i j k l m n o p q r s t u v w x y z & . , " ! ? 1 2 3 4 5 6 7 8 9 0

a b c d e f g h i j k l m n o p q r s t u v w x y z & . , " ! ? 1 2 3 4 5 6 7 8 9 0

a b c d e f g h i j k l m n o p q r s t u v w x y z & . , " ! ? 1 2 3 4 5 6 7 8 9 0

a b c d e f g h i j k l m n o p q r s t u v w x y z & . , " ! ? 1 2 3 4 5 6 7 8 9 0

a b c d e f g h i j k l m n o p q r s t u v w x y z & . , " ! ? 1 2 3 4 5 6 7 8 9 0

a b c d e f g h i j k l m n o p q r s t u v w x y z & . , " ! ? 1 2 3 4 5 6 7 8 9 0

a b c d e f g h i j k l m n o p q r s t u v w x y z & . , " ! ? 1 2 3 4 5 6 7 8 9 0

a b c d e f g h i j k l m n o p q r s t u v w x y z & . , " ! ? 1 2 3 4 5 6 7 8 9 0

a b c d e f g h i j k l m n o p q r s t u v w x y z & . , " ! ? 1 2 3 4 5 6 7 8 9 0

a b c d e f g h i j k l m n o p q r s t u v w x y z & . , " ! ? 1 2 3 4 5 6 7 8 9 0

a b c d e f g h i j k l m n o p q r s t u v w x y z & . , " ! ? 1 2 3 4 5 6 7 8 9 0

a b c d e f g h i j k l m n o p q r s t u v w x y z & . , " ! ? 1 2 3 4 5 6 7 8 9 0

Leawood Black ITC	**A B C D E F G H I J K L M N O P Q R S T U V W X Y Z**
Novarese Book ITC	A B C D E F G H I J K L M N O P Q R S T U V W X Y Z
Novarese Medium ITC	A B C D E F G H I J K L M N O P Q R S T U V W X Y Z
Novarese Bold ITC	**A B C D E F G H I J K L M N O P Q R S T U V W X Y Z**
Novarese Ultra ITC	**A B C D E F G H I J K L M N O P Q R S T U V W X Y Z**
Palatino	A B C D E F G H I J K L M N O P Q R S T U V W X Y Z
Palatino Bold	**A B C D E F G H I J K L M N O P Q R S T U V W X Y Z**
Plantin Light	A B C D E F G H I J K L M N O P Q R S T U V W X Y Z
Plantin	A B C D E F G H I J K L M N O P Q R S T U V W X Y Z
Plantin Bold	**A B C D E F G H I J K L M N O P Q R S T U V W X Y Z**
Plantin Bold Condensed	**A B C D E F G H I J K L M N O P Q R S T U V W X Y Z**
Raleigh	A B C D E F G H I J K L M N O P Q R S T U V W X Y Z
Raleigh Medium	A B C D E F G H I J K L M N O P Q R S T U V W X Y Z
Raleigh Demi-Bold	**A B C D E F G H I J K L M N O P Q R S T U V W X Y Z**
Raleigh Bold	**A B C D E F G H I J K L M N O P Q R S T U V W X Y Z**
Sabon	A B C D E F G H I J K L M N O P Q R S T U V W X Y Z
Sabon Bold	**A B C D E F G H I J K L M N O P Q R S T U V W X Y Z**
Stempel Schneidler Light	A B C D E F G H I J K L M N O P Q R S T U V W X Y Z
Stempel Schneidler	A B C D E F G H I J K L M N O P Q R S T U V W X Y Z
Stempel Schneidler Med	A B C D E F G H I J K L M N O P Q R S T U V W X Y Z
Stempel Schneidler Bold	**A B C D E F G H I J K L M N O P Q R S T U V W X Y Z**
Stempel Schneidler Blk	**A B C D E F G H I J K L M N O P Q R S T U V W X Y Z**
SERLIO	A B C D E F G H I J K L M N O P Q R S T U V W X Y Z
Stratford	A B C D E F G H I J K L M N O P Q R S T U V W X Y Z
Stratford Bold	**A B C D E F G H I J K L M N O P Q R S T U V W X Y Z**
Stratford Extra Bold	**A B C D E F G H I J K L M N O P Q R S T U V W X Y Z**

abcdefghijklmnopqrstuvwxyz&.,"!?1234567890

abcdefghijklmnopqrstuvwxyz&.,"!?1234567890

abcdefghijklmnopqrstuvwxyz&.,"!?1234567890

abcdefghijklmnopqrstuvwxyz&.,"!?1234567890

abcdefghijklmnopqrstuvwxyz&.,"!?1234567890

abcdefghijklmnopqrstuvwxyz&.,"!?1234567890

abcdefghijklmnopqrstuvwxyz&.,"!?1234567890

abcdefghijklmnopqrstuvwxyz&.,"!?1234567890

abcdefghijklmnopqrstuvwxyz&.,"!?1234567890

abcdefghijklmnopqrstuvwxyz&.,"!?1234567890

abcdefghijklmnopqrstuvwxyz&.,"!?1234567890

abcdefghijklmnopqrstuvwxyz&.,"!?1234567890

abcdefghijklmnopqrstuvwxyz&.,"!?1234567890

abcdefghijklmnopqrstuvwxyz&.,"!?1234567890

abcdefghijklmnopqrstuvwxyz&.,"!?1234567890

abcdefghijklmnopqrstuvwxyz&.,"!?1234567890

abcdefghijklmnopqrstuvwxyz&.,"!?1234567890

abcdefghijklmnopqrstuvwxyz&.,"!¿1234567890

abcdefghijklmnopqrstuvwxyz&.,"!¿1234567890

abcdefghijklmnopqrstuvwxyz&.,"!¿1234567890

abcdefghijklmnopqrstuvwxyz&.,"!¿1234567890

abcdefghijklmnopqrstuvwxyz&.,"!¿1234567890

ABCDEFGHIJKLMNOPQRSTUVWXYZ&.,"!?1234567890

abcdefghijklmnopqrstuvwxyz&.,"!?1234567890

abcdefghijklmnopqrstuvwxyz&.,"!?1234567890

abcdefghijklmnopqrstuvwxyz&.,"!?1234567890

Trajanus	A B C D E F G H I J K L M N O P Q R S T U V W X Y Z
Trajanus Bold	**A B C D E F G H I J K L M N O P Q R S T U V W X Y Z**
Trajanus Black	**A B C D E F G H I J K L M N O P Q R S T U V W X Y Z**
Trump Mediaeval	A B C D E F G H I J K L M N O P Q R S T U V W X Y Z
Trump Mediaeval Bold	**A B C D E F G H I J K L M N O P Q R S T U V W X Y Z**
Trump Mediaeval Blk	**A B C D E F G H I J K L M N O P Q R S T U V W X Y Z**
Veljovic Book ITC	A B C D E F G H I J K L M N O P Q R S T U V W X Y Z
Veljovic Medium ITC	A B C D E F G H I J K L M N O P Q R S T U V W X Y Z
Veljovic Bold ITC	**A B C D E F G H I J K L M N O P Q R S T U V W X Y Z**
Veljovic Black ITC	**A B C D E F G H I J K L M N O P Q R S T U V W X Y Z**
Weidemann Book ITC	A B C D E F G H I J K L M N O P Q R S T U V W X Y Z
Weidemann Medium ITC	A B C D E F G H I J K L M N O P Q R S T U V W X Y Z
Weidemann Bold ITC	**A B C D E F G H I J K L M N O P Q R S T U V W X Y Z**
Weidemann Black ITC	**A B C D E F G H I J K L M N O P Q R S T U V W X Y Z**
Weiss	A B C D E F G H I J K L M N O P Q R S T U V W X Y Z
Weiss Bold	A B C D E F G H I J K L M N O P Q R S T U V W X Y Z
Weiss Extra Bold	**A B C D E F G H I J K L M N O P Q R S T U V W X Y Z**
Windsor Old Style Light	A B C D E F G H I J K L M N O P Q R S T U V W X Y Z
Windsor	**A B C D E F G H I J K L M N O P Q R S T U V W X Y Z**
Windsor Light Condensed	A B C D E F G H I J K L M N O P Q R S T U V W X Y Z
Windsor Elongated	**A B C D E F G H I J K L M N O P Q R S T U V W X Y Z**
Windsor Outline	A B C D E F G H I J K L M N O P Q R S T U V W X Y Z
Worcester Round	A B C D E F G H I J K L M N O P Q R S T U V W X Y Z
Worcester Round Medium	A B C D E F G H I J K L M N O P Q R S T U V W X Y Z
Worcester Round Bold	**A B C D E F G H I J K L M N O P Q R S T U V W X Y Z**

a b c d e f g h i j k l m n o p q r s t u v w x y z & . , " ! ? 1 2 3 4 5 6 7 8 9 0

a b c d e f g h i j k l m n o p q r s t u v w x y z & . , " ! ? 1 2 3 4 5 6 7 8 9 0

a b c d e f g h i j k l m n o p q r s t u v w x y z & . , " ! ? 1 2 3 4 5 6 7 8 9 0

a b c d e f g h i j k l m n o p q r s t u v w x y z & . , " ! ? 1 2 3 4 5 6 7 8 9 0

a b c d e f g h i j k l m n o p q r s t u v w x y z & . , " ! ? 1 2 3 4 5 6 7 8 9 0

a b c d e f g h i j k l m n o p q r s t u v w x y z & . , " ! ? 1 2 3 4 5 6 7 8 9 0

a b c d e f g h i j k l m n o p q r s t u v w x y z & . , " ! ? 1 2 3 4 5 6 7 8 9 0

a b c d e f g h i j k l m n o p q r s t u v w x y z & . , " ! ? 1 2 3 4 5 6 7 8 9 0

a b c d e f g h i j k l m n o p q r s t u v w x y z & . , " ! ? 1 2 3 4 5 6 7 8 9 0

a b c d e f g h i j k l m n o p q r s t u v w x y z & . , " ! ? 1 2 3 4 5 6 7 8 9 0

a b c d e f g h i j k l m n o p q r s t u v w x y z & . , " ! ? 1 2 3 4 5 6 7 8 9 0

a b c d e f g h i j k l m n o p q r s t u v w x y z & . , " ! ? 1 2 3 4 5 6 7 8 9 0

a b c d e f g h i j k l m n o p q r s t u v w x y z & . , " ! ? 1 2 3 4 5 6 7 8 9 0

a b c d e f g h i j k l m n o p q r s t u v w x y z & . , " ! ? 1 2 3 4 5 6 7 8 9 0

a b c d e f g h i j k l m n o p q r s t u v w x y z & . , " ! ? 1 2 3 4 5 6 7 8 9 0

a b c d e f g h i j k l m n o p q r s t u v w x y z & . , " ! ? 1 2 3 4 5 6 7 8 9 0

a b c d e f g h i j k l m n o p q r s t u v w x y z & . , " ! ? 1 2 3 4 5 6 7 8 9 0

a b c d e f g h i j k l m n o p q r s t u v w x y z & . , " ! ? 1 2 3 4 5 6 7 8 9 0

a b c d e f g h i j k l m n o p q r s t u v w x y z & . , " ! ? 1 2 3 4 5 6 7 8 9 0

a b c d e f g h i j k l m n o p q r s t u v w x y z & . , " ! ? 1 2 3 4 5 6 7 8 9 0

a b c d e f g h i j k l m n o p q r s t u v w x y z & . , " ! ? 1 2 3 4 5 6 7 8 9 0

a b c d e f g h i j k l m n o p q r s t u v w x y z & . , " ! ? 1 2 3 4 5 6 7 8 9 0

a b c d e f g h i j k l m n o p q r s t u v w x y z & . , " ! ? 1 2 3 4 5 6 7 8 9 0

a b c d e f g h i j k l m n o p q r s t u v w x y z & . , " ! ? 1 2 3 4 5 6 7 8 9 0

a b c d e f g h i j k l m n o p q r s t u v w x y z & . , " ! ? 1 2 3 4 5 6 7 8 9 0

Aldus Italic	*A B C D E F G H I J K L M N O P Q R S T U V W X Y Z*
Arrighi	*A B C D E F G H I J K L M N O P Q R S T U V W X Y Z*
Aster Italic	*A B C D E F G H I J K L M N O P Q R S T U V W X Y Z*
New Aster Italic	*A B C D E F G H I J K L M N O P Q R S T U V W X Y Z*
New Aster Semi Bold Ital	***A B C D E F G H I J K L M N O P Q R S T U V W X Y Z***
New Aster Bold Italic	***A B C D E F G H I J K L M N O P Q R S T U V W X Y Z***
New Aster Black Italic	***A B C D E F G H I J K L M N O P Q R S T U V W X Y Z***
Bembo Italic	*A B C D E F G H I J K L M N O P Q R S T U V W X Y Z*
Bembo Medium Italic	*A B C D E F G H I J K L M N O P Q R S T U V W X Y Z*
Bembo Bold Italic	***A B C D E F G H I J K L M N O P Q R S T U V W X Y Z***
Bembo Black Italic	***A B C D E F G H I J K L M N O P Q R S T U V W X Y Z***
Berkeley Oldstyle Book Italic ᴵᵀᶜ	*A B C D E F G H I J K L M N O P Q R S T U V W X Y Z*
Berkeley Oldstyle Med Ital ᴵᵀᶜ	*A B C D E F G H I J K L M N O P Q R S T U V W X Y Z*
Berkeley Oldstyle Bd Ital ᴵᵀᶜ	*A B C D E F G H I J K L M N O P Q R S T U V W X Y Z*
Berkeley Oldstyle Blk Ital ᴵᵀᶜ	***A B C D E F G H I J K L M N O P Q R S T U V W X Y Z***
Berling Italic	*A B C D E F G H I J K L M N O P Q R S T U V W X Y Z*
Berling Bold Italic	***A B C D E F G H I J K L M N O P Q R S T U V W X Y Z***
Breughel 56 Italic	*A B C D E F G H I J K L M N O P Q R S T U V W X Y Z*
Breughel 66 Bold Italic	***A B C D E F G H I J K L M N O P Q R S T U V W X Y Z***
Breughel 76 Black Italic	***A B C D E F G H I J K L M N O P Q R S T U V W X Y Z***
Cartier Italic	A B C D E F G H I J K L M N O P Q R S T U V W X Y Z
Caxton Light Italic ᵀˢᴵ	*A B C D E F G H I J K L M N O P Q R S T U V W X Y Z*
Caxton Book Italic ᵀˢᴵ	*A B C D E F G H I J K L M N O P Q R S T U V W X Y Z*
Caxton Bold Italic ᵀˢᴵ	***A B C D E F G H I J K L M N O P Q R S T U V W X Y Z***
Cloister Italic	A B C D E F G H I J K L M N O P Q R S T U V W X Y Z
Diotima Italic	A B C D E F G H I J K L M N O P Q R S T U V W X Y Z

a b c d e f g h i j k l m n o p q r s t u v w x y z & . , " ! ? 1 2 3 4 5 6 7 8 9 0

a b c d e f g h i j k l m n o p q r s t u v w x y z & . , " ! ? 1 2 3 4 5 6 7 8 9 0

a b c d e f g h i j k l m n o p q r s t u v w x y z & . , " ! ? 1 2 3 4 5 6 7 8 9 0

a b c d e f g h i j k l m n o p q r s t u v w x y z & . , " ! ? 1 2 3 4 5 6 7 8 9 0

a b c d e f g h i j k l m n o p q r s t u v w x y z & . , " ! ? 1 2 3 4 5 6 7 8 9 0

a b c d e f g h i j k l m n o p q r s t u v w x y z & . , " ! ? 1 2 3 4 5 6 7 8 9 0

a b c d e f g h i j k l m n o p q r s t u v w x y z & . , " ! ? 1 2 3 4 5 6 7 8 9 0

a b c d e f g h i j k l m n o p q r s t u v w x y z & . , " ! ? 1 2 3 4 5 6 7 8 9 0

a b c d e f g h i j k l m n o p q r s t u v w x y z & . , " ! ? 1 2 3 4 5 6 7 8 9 0

a b c d e f g h i j k l m n o p q r s t u v w x y z & . , " ! ? 1 2 3 4 5 6 7 8 9 0

a b c d e f g h i j k l m n o p q r s t u v w x y z & . , " ! ? 1 2 3 4 5 6 7 8 9 0

a b c d e f g h i j k l m n o p q r s t u v w x y z & . , " ! ? 1 2 3 4 5 6 7 8 9 0

a b c d e f g h i j k l m n o p q r s t u v w x y z & . , " ! ? 1 2 3 4 5 6 7 8 9 0

a b c d e f g h i j k l m n o p q r s t u v w x y z & . , " ! ? 1 2 3 4 5 6 7 8 9 0

a b c d e f g h i j k l m n o p q r s t u v w x y z & . , " ! ? 1 2 3 4 5 6 7 8 9 0

a b c d e f g h i j k l m n o p q r s t u v w x y z & . , " ! ? 1 2 3 4 5 6 7 8 9 0

a b c d e f g h i j k l m n o p q r s t u v w x y z & . , " ! ? 1 2 3 4 5 6 7 8 9 0

a b c d e f g h i j k l m n o p q r s t u v w x y z & . , " ! ? 1 2 3 4 5 6 7 8 9 0

a b c d e f g h i j k l m n o p q r s t u v w x y z & . , " ! ? 1 2 3 4 5 6 7 8 9 0

a b c d e f g h i j k l m n o p q r s t u v w x y z & . , " ! ? 1 2 3 4 5 6 7 8 9 0

a b c d e f g h i j k l m n o p q r s t u v w x y z & . , " ! ? 1 2 3 4 5 6 7 8 9 0

a b c d e f g h i j k l m n o p q r s t u v w x y z & . , " ! ? 1 2 3 4 5 6 7 8 9 0

a b c d e f g h i j k l m n o p q r s t u v w x y z & . , " ! ? 1 2 3 4 5 6 7 8 9 0

a b c d e f g h i j k l m n o p q r s t u v w x y z & . , " ! ? 1 2 3 4 5 6 7 8 9 0

a b c d e f g h i j k l m n o p q r s t u v w x y z & . , " ! ? 1 2 3 4 5 6 7 8 9 0

a b c d e f g h i j k l m n o p q r s t u v w x y z & . , " ! ? 1 2 3 4 5 6 7 8 9 0

Esprit Book Italic ITC	A B C D E F G H I J K L M N O P Q R S T U V W X Y Z
Esprit Medium Italic ITC	A B C D E F G H I J K L M N O P Q R S T U V W X Y Z
Esprit Bold Italic ITC	A B C D E F G H I J K L M N O P Q R S T U V W X Y Z
Esprit Black Italic ITC	A B C D E F G H I J K L M N O P Q R S T U V W X Y Z
Galliard Italic ITC	A B C D E F G H I J K L M N O P Q R S T U V W X Y Z
Galliard Bold Italic ITC	A B C D E F G H I J K L M N O P Q R S T U V W X Y Z
Galliard Black Italic ITC	A B C D E F G H I J K L M N O P Q R S T U V W X Y Z
Galliard Ultra Italic ITC	A B C D E F G H I J K L M N O P Q R S T U V W X Y Z
Gamma Book Italic ITC	A B C D E F G H I J K L M N O P Q R S T U V W X Y Z
Gamma Medium Italic ITC	A B C D E F G H I J K L M N O P Q R S T U V W X Y Z
Gamma Bold Italic ITC	A B C D E F G H I J K L M N O P Q R S T U V W X Y Z
Gamma Black Italic ITC	A B C D E F G H I J K L M N O P Q R S T U V W X Y Z
Garamond No. 3 Italic	A B C D E F G H I J K L M N O P Q R S T U V W X Y Z
Garamond No. 3 Bold Italic	A B C D E F G H I J K L M N O P Q R S T U V W X Y Z
Simoncini Garamond Italic	A B C D E F G H I J K L M N O P Q R S T U V W X Y Z
Stempel Garamond Italic	A B C D E F G H I J K L M N O P Q R S T U V W X Y Z
Stempel Garamond Bd Ital	A B C D E F G H I J K L M N O P Q R S T U V W X Y Z
Garamond Light Italic ITC	A B C D E F G H I J K L M N O P Q R S T U V W X Y Z
Garamond Book Italic ITC	A B C D E F G H I J K L M N O P Q R S T U V W X Y Z
Garamond Bold Italic ITC	A B C D E F G H I J K L M N O P Q R S T U V W X Y Z
Garamond Ultra Ital ITC	A B C D E F G H I J K L M N O P Q R S T U V W X Y Z
Garamond Light Condensed Italic ITC	A B C D E F G H I J K L M N O P Q R S T U V W X Y Z
Garamond Book Cond Ital ITC	A B C D E F G H I J K L M N O P Q R S T U V W X Y Z
Garamond Bold Cond Ital ITC	A B C D E F G H I J K L M N O P Q R S T U V W X Y Z
Garamond Ultra Cond Ital ITC	A B C D E F G H I J K L M N O P Q R S T U V W X Y Z
Goudy Old Style Italic	A B C D E F G H I J K L M N O P Q R S T U V W X Y Z

a b c d e f g h i j k l m n o p q r s t u v w x y z &. , " ! ? 1 2 3 4 5 6 7 8 9 0

a b c d e f g h i j k l m n o p q r s t u v w x y z &. , " ! ? 1 2 3 4 5 6 7 8 9 0

a b c d e f g h i j k l m n o p q r s t u v w x y z &. , " ! ? 1 2 3 4 5 6 7 8 9 0

a b c d e f g h i j k l m n o p q r s t u v w x y z &. , " ! ? 1 2 3 4 5 6 7 8 9 0

a b c d e f g h i j k l m n o p q r s t u v w x y z &. , " ! ? 1 2 3 4 5 6 7 8 9 0

a b c d e f g h i j k l m n o p q r s t u v w x y z &. , " ! ? 1 2 3 4 5 6 7 8 9 0

a b c d e f g h i j k l m n o p q r s t u v w x y z &. , " ! ? 1 2 3 4 5 6 7 8 9 0

a b c d e f g h i j k l m n o p q r s t u v w x y z &. , " ! ? 1 2 3 4 5 6 7 8 9 0

a b c d e f g h i j k l m n o p q r s t u v w x y z &. , " ! ? 1 2 3 4 5 6 7 8 9 0

a b c d e f g h i j k l m n o p q r s t u v w x y z &. , " ! ? 1 2 3 4 5 6 7 8 9 0

a b c d e f g h i j k l m n o p q r s t u v w x y z &. , " ! ? 1 2 3 4 5 6 7 8 9 0

a b c d e f g h i j k l m n o p q r s t u v w x y z &. , " ! ? 1 2 3 4 5 6 7 8 9 0

a b c d e f g h i j k l m n o p q r s t u v w x y z &. , " ! ? 1 2 3 4 5 6 7 8 9 0

a b c d e f g h i j k l m n o p q r s t u v w x y z &. , " ! ? 1 2 3 4 5 6 7 8 9 0

a b c d e f g h i j k l m n o p q r s t u v w x y z &. , " ! ? 1 2 3 4 5 6 7 8 9 0

a b c d e f g h i j k l m n o p q r s t u v w x y z &. , " ! ? 1 2 3 4 5 6 7 8 9 0

a b c d e f g h i j k l m n o p q r s t u v w x y z &. , " ! ? 1 2 3 4 5 6 7 8 9 0

a b c d e f g h i j k l m n o p q r s t u v w x y z &. , " ! ? 1 2 3 4 5 6 7 8 9 0

a b c d e f g h i j k l m n o p q r s t u v w x y z &. , " ! ? 1 2 3 4 5 6 7 8 9 0

a b c d e f g h i j k l m n o p q r s t u v w x y z &. , " ! ? 1 2 3 4 5 6 7 8 9 0

a b c d e f g h i j k l m n o p q r s t u v w x y z &. , " ! ? 1 2 3 4 5 6 7 8 9 0

a b c d e f g h i j k l m n o p q r s t u v w x y z &. , " ! ? 1 2 3 4 5 6 7 8 9 0

a b c d e f g h i j k l m n o p q r s t u v w x y z &. , " ! ? 1 2 3 4 5 6 7 8 9 0

a b c d e f g h i j k l m n o p q r s t u v w x y z &. , " ! ? 1 2 3 4 5 6 7 8 9 0

a b c d e f g h i j k l m n o p q r s t u v w x y z &. , " ! ? 1 2 3 4 5 6 7 8 9 0

a b c d e f g h i j k l m n o p q r s t u v w x y z &. , " ! ? 1 2 3 4 5 6 7 8 9 0

Goudy Bold Italic	A B C D E F G H I J K L M N O P Q R S T U V W X Y Z
Goudy Heavyface Ital	**A B C D E F G H I J K L M N O P Q R S T U V W X Y Z**
Granjon Italic	A B C D E F G H I J K L M N O P Q R S T U V W X Y Z
Guardi 56 Italic	A B C D E F G H I J K L M N O P Q R S T U V W X Y Z
Guardi 76 Bold Italic	A B C D E F G H I J K L M N O P Q R S T U V W X Y Z
Guardi 96 Black Italic	**A B C D E F G H I J K L M N O P Q R S T U V W X Y Z**
Horley Old Style Light Italic	A B C D E F G H I J K L M N O P Q R S T U V W X Y Z
Horley Old Style Italic	A B C D E F G H I J K L M N O P Q R S T U V W X Y Z
Horley Old Style Semi-Bold Ital	A B C D E F G H I J K L M N O P Q R S T U V W X Y Z
Horley Old Style Bold Italic	A B C D E F G H I J K L M N O P Q R S T U V W X Y Z
Kennerley Italic	A B C D E F G H I J K L M N O P Q R S T U V W X Y Z
Kennerley Bold Italic	A B C D E F G H I J K L M N O P Q R S T U V W X Y Z
Leawood Book Italic ITC	A B C D E F G H I J K L M N O P Q R S T U V W X Y Z
Leawood Medium Ital ITC	A B C D E F G H I J K L M N O P Q R S T U V W X Y Z
Leawood Bold Italic ITC	**A B C D E F G H I J K L M N O P Q R S T U V W X Y Z**
Leawood Black Ital ITC	**A B C D E F G H I J K L M N O P Q R S T U V W X Y Z**
Novarese Book Italic ITC	A B C D E F G H I J K L M N O P Q R S T U V W X Y Z
Novarese Medium Italic ITC	A B C D E F G H I J K L M N O P Q R S T U V W X Y Z
Novarese Bold Italic ITC	**A B C D E F G H I J K L M N O P Q R S T U V W X Y Z**
Palatino Italic	A B C D E F G H I J K L M N O P Q R S T U V W X Y Z
Palatino Bold Italic	A B C D E F G H I J K L M N O P Q R S T U V W X Y Z
Plantin Light Italic	A B C D E F G H I J K L M N O P Q R S T U V W X Y Z
Plantin Italic	A B C D E F G H I J K L M N O P Q R S T U V W X Y Z
Plantin Bold Italic	**A B C D E F G H I J K L M N O P Q R S T U V W X Y Z**
Sabon Italic	A B C D E F G H I J K L M N O P Q R S T U V W X Y Z
Sabon Bold Italic	A B C D E F G H I J K L M N O P Q R S T U V W X Y Z

a b c d e f g h i j k l m n o p q r s t u v w x y z & . , ” ! ? 1 2 3 4 5 6 7 8 9 0

a b c d e f g h i j k l m n o p q r s t u v w x y z & . , ” ! ? 1 2 3 4 5 6 7 8 9 0

a b c d e f g h i j k l m n o p q r s t u v w x y z & . , ” ! ? 1 2 3 4 5 6 7 8 9 0

a b c d e f g h i j k l m n o p q r s t u v w x y z & . , ” ! ? 1 2 3 4 5 6 7 8 9 0

a b c d e f g h i j k l m n o p q r s t u v w x y z & . , ” ! ? 1 2 3 4 5 6 7 8 9 0

a b c d e f g h i j k l m n o p q r s t u v w x y z & . , ” ! ? 1 2 3 4 5 6 7 8 9 0

a b c d e f g h i j k l m n o p q r s t u v w x y z & . , ” ! ? 1 2 3 4 5 6 7 8 9 0

a b c d e f g h i j k l m n o p q r s t u v w x y z & . , ” ! ? 1 2 3 4 5 6 7 8 9 0

a b c d e f g h i j k l m n o p q r s t u v w x y z & . , ” ! ? 1 2 3 4 5 6 7 8 9 0

a b c d e f g h i j k l m n o p q r s t u v w x y z & . , ” ! ? 1 2 3 4 5 6 7 8 9 0

a b c d e f g h i j k l m n o p q r s t u v w x y z & . , ” ! ? 1 2 3 4 5 6 7 8 9 0

a b c d e f g h i j k l m n o p q r s t u v w x y z & . , ” ! ? 1 2 3 4 5 6 7 8 9 0

a b c d e f g h i j k l m n o p q r s t u v w x y z & . , ” ! ? 1 2 3 4 5 6 7 8 9 0

a b c d e f g h i j k l m n o p q r s t u v w x y z & . , ” ! ? 1 2 3 4 5 6 7 8 9 0

a b c d e f g h i j k l m n o p q r s t u v w x y z & . , ” ! ? 1 2 3 4 5 6 7 8 9 0

a b c d e f g h i j k l m n o p q r s t u v w x y z & . , ” ! ? 1 2 3 4 5 6 7 8 9 0

a b c d e f g h i j k l m n o p q r s t u v w x y z & . , ” ! ? 1 2 3 4 5 6 7 8 9 0

a b c d e f g h i j k l m n o p q r s t u v w x y z & . , ” ! ? 1 2 3 4 5 6 7 8 9 0

a b c d e f g h i j k l m n o p q r s t u v w x y z & . , ” ! ? 1 2 3 4 5 6 7 8 9 0

a b c d e f g h i j k l m n o p q r s t u v w x y z & . , ” ! ? 1 2 3 4 5 6 7 8 9 0

a b c d e f g h i j k l m n o p q r s t u v w x y z & . , ” ! ? 1 2 3 4 5 6 7 8 9 0

a b c d e f g h i j k l m n o p q r s t u v w x y z & . , ” ! ? 1 2 3 4 5 6 7 8 9 0

a b c d e f g h i j k l m n o p q r s t u v w x y z & . , ” ! ? 1 2 3 4 5 6 7 8 9 0

a b c d e f g h i j k l m n o p q r s t u v w x y z & . , ” ! ? 1 2 3 4 5 6 7 8 9 0

a b c d e f g h i j k l m n o p q r s t u v w x y z & . , ” ! ? 1 2 3 4 5 6 7 8 9 0

a b c d e f g h i j k l m n o p q r s t u v w x y z & . , ” ! ? 1 2 3 4 5 6 7 8 9 0

Stempel Schneidler Light Italic	A B C D E F G H I J K L M N O P Q R S T U V W X Y Z
Stempel Schneidler Italic	A B C D E F G H I J K L M N O P Q R S T U V W X Y Z
Stempel Schneidler Med Ital	A B C D E F G H I J K L M N O P Q R S T U V W X Y Z
Stempel Schneidler Bd Ital	A B C D E F G H I J K L M N O P Q R S T U V W X Y Z
Stempel Schneidler Blk Ital	A B C D E F G H I J K L M N O P Q R S T U V W X Y Z
Stratford Italic	A B C D E F G H I J K L M N O P Q R S T U V W X Y Z
Trajanus Italic	A B C D E F G H I J K L M N O P Q R S T U V W X Y Z
Trajanus Bold Italic	A B C D E F G H I J K L M N O P Q R S T U V W X Y Z
Trajanus Black Italic	A B C D E F G H I J K L M N O P Q R S T U V W X Y Z
Trump Mediaeval Italic	A B C D E F G H I J K L M N O P Q R S T U V W X Y Z
Trump Mediaeval Bd Ital	A B C D E F G H I J K L M N O P Q R S T U V W X Y Z
Veljovic Book Italic ITC	A B C D E F G H I J K L M N O P Q R S T U V W X Y Z
Veljovic Medium Italic ITC	A B C D E F G H I J K L M N O P Q R S T U V W X Y Z
Veljovic Bold Italic ITC	A B C D E F G H I J K L M N O P Q R S T U V W X Y Z
Veljovic Black Italic ITC	A B C D E F G H I J K L M N O P Q R S T U V W X Y Z
Weidemann Book Italic ITC	A B C D E F G H I J K L M N O P Q R S T U V W X Y Z
Weidemann Medium Italic ITC	A B C D E F G H I J K L M N O P Q R S T U V W X Y Z
Weidemann Bold Italic ITC	A B C D E F G H I J K L M N O P Q R S T U V W X Y Z
Weidemann Black Italic ITC	A B C D E F G H I J K L M N O P Q R S T U V W X Y Z
Weiss Italic	A B C D E F G H I J K L M N O P Q R S T U V W X Y Z
Worcester Round Italic	A B C D E F G H I J K L M N O P Q R S T U V W X Y Z

a b c d e f g h i j k l m n o p q r s t u v w x y z & . , " ! ¿ 1 2 3 4 5 6 7 8 9 0

a b c d e f g h i j k l m n o p q r s t u v w x y z & . , " ! ¿ 1 2 3 4 5 6 7 8 9 0

a b c d e f g h i j k l m n o p q r s t u v w x y z & . , " ! ¿ 1 2 3 4 5 6 7 8 9 0

a b c d e f g h i j k l m n o p q r s t u v w x y z & . , " ! ¿ 1 2 3 4 5 6 7 8 9 0

a b c d e f g h i j k l m n o p q r s t u v w x y z & . , " ! ¿ 1 2 3 4 5 6 7 8 9 0

a b c d e f g h i j k l m n o p q r s t u v w x y z & . , " ! ? 1 2 3 4 5 6 7 8 9 0

a b c d e f g h i j k l m n o p q r s t u v w x y z & . , " ! ? 1 2 3 4 5 6 7 8 9 0

a b c d e f g h i j k l m n o p q r s t u v w x y z & . , " ! ? 1 2 3 4 5 6 7 8 9 0

a b c d e f g h i j k l m n o p q r s t u v w x y z & . , " ! ? 1 2 3 4 5 6 7 8 9 0

a b c d e f g h i j k l m n o p q r s t u v w x y z ⊕ . , " ! ? 1 2 3 4 5 6 7 8 9 0

a b c d e f g h i j k l m n o p q r s t u v w x y z ⊕ . , " ! ? 1 2 3 4 5 6 7 8 9 0

a b c d e f g h i j k l m n o p q r s t u v w x y z & . , " ! ? 1 2 3 4 5 6 7 8 9 0

a b c d e f g h i j k l m n o p q r s t u v w x y z & . , " ! ? 1 2 3 4 5 6 7 8 9 0

a b c d e f g h i j k l m n o p q r s t u v w x y z & . , " ! ? 1 2 3 4 5 6 7 8 9 0

a b c d e f g h i j k l m n o p q r s t u v w x y z & . , " ! ? 1 2 3 4 5 6 7 8 9 0

a b c d e f g h i j k l m n o p q r s t u v w x y z & . , " ! ? 1 2 3 4 5 6 7 8 9 0

a b c d e f g h i j k l m n o p q r s t u v w x y z & . , " ! ? 1 2 3 4 5 6 7 8 9 0

a b c d e f g h i j k l m n o p q r s t u v w x y z & . , " ! ? 1 2 3 4 5 6 7 8 9 0

a b c d e f g h i j k l m n o p q r s t u v w x y z & . , " ! ? 1 2 3 4 5 6 7 8 9 0

a b c d e f g h i j k l m n o p q r s t u v w x y z & . , " ! ? 1 2 3 4 5 6 7 8 9 0

a b c d e f g h i j k l m n o p q r s t u v w x y z & . , " ! ? 1 2 3 4 5 6 7 8 9 0

In the middle of the 17th century, when Holland held a leading position in the printing trade, a class of typefaces came into being which, whilst still in the tradition of the Venetian style, showed somewhat different letterforms. The axes of the round letters lost some of their slant, the difference in weight between hairlines and main strokes increased markedly, serifs were no longer triangular but slightly rounded, x-heights became generally larger. The late baroque typefaces are often called transitionals. They began to show those stylistic elements which were to prevail in the Modern typefaces of classicism.

Part Two: Transitional

Adroit TS**
Americana**
Baskerville
Baskerville No. 2
Fry's Baskerville
New Baskerville ITC**
Bernhard Modern**
Bookman
Bookman ITC**
Caslon Antique
Caslon No. 3
Caslon No. 540
Caslon Old Face No. 2
Caslon No. 224 ITC**
Century Old Style
Clearface ITC**
Cochin**
Nicolas Cochin
Concorde**
Criterion TS**
Cushing ITC**
Ehrhardt**
Electra*
Else NPL**
Fournier**
Goudy WTC**
Grouch ITC**
Janson*
Janson* Text
Leamington**

Life**
Meridien**
Monticello*
Old Style No. 7
Old Style S
Perpetua**
Plow & Watters
Romana
Tiffany ITC
Times*
Times* English N
Times* Europa
Times* Modern
Trooper
Versailles*
Zapf International ITC**

Outline
Ariadne Initials

Adroit Light ᵀˢ	A B C D E F G H I J K L M N O P Q R S T U V W X Y Z
Adroit Medium ᵀˢ	A B C D E F G H I J K L M N O P Q R S T U V W X Y Z
Adroit Bold ᵀˢ	**A B C D E F G H I J K L M N O P Q R S T U V W X Y Z**
Americana	A B C D E F G H I J K L M N O P Q R S T U V W X Y Z
Americana Bold	A B C D E F G H I J K L M N O P Q R S T U V W X Y Z
Americana Extra Bold	**A B C D E F G H I J K L M N O P Q R S T U V W X Y Z**
Americana True Ex Bd Cond	**A B C D E F G H I J K L M N O P Q R S T U V W X Y Z**
Americana Outline	A B C D E F G H I J K L M N O P Q R S T U V W X Y Z
Baskerville Cyrillic	А Б Ц Д Е Ф Ѓ Г І Я К Л М Н О П Щ Р С Т И В Ш Х У З
Baskerville	A B C D E F G H I J K L M N O P Q R S T U V W X Y Z
Baskerville Bold	**A B C D E F G H I J K L M N O P Q R S T U V W X Y Z**
Baskerville No. 2	A B C D E F G H I J K L M N O P Q R S T U V W X Y Z
Baskerville No. 2 Medium	A B C D E F G H I J K L M N O P Q R S T U V W X Y Z
Baskerville No. 2 Bold	**A B C D E F G H I J K L M N O P Q R S T U V W X Y Z**
Baskerville No. 2 Black	**A B C D E F G H I J K L M N O P Q R S T U V W X Y Z**
Fry's Baskerville	A B C D E F G H I J K L M N O P Q R S T U V W X Y Z
New Baskerville ᴵᵀᶜ	A B C D E F G H I J K L M N O P Q R S T U V W X Y Z
New Baskerville Semi-Bd ᴵᵀᶜ	A B C D E F G H I J K L M N O P Q R S T U V W X Y Z
New Baskerville Bold ᴵᵀᶜ	**A B C D E F G H I J K L M N O P Q R S T U V W X Y Z**
New Baskerville Black ᴵᵀᶜ	**A B C D E F G H I J K L M N O P Q R S T U V W X Y Z**
Bernhard Modern	A B C D E F G H I J K L M N O P Q R S T U V W X Y Z
Bernhard Modern Bold	A B C D E F G H I J K L M N O P Q R S T U V W X Y Z
Bookman	A B C D E F G H I J K L M N O P Q R S T U V W X Y Z
Bookman Light ᴵᵀᶜ	A B C D E F G H I J K L M N O P Q R S T U V W X Y Z
Bookman Medium ᴵᵀᶜ	**A B C D E F G H I J K L M N O P Q R S T U V W X Y Z**
Bookman Demi ᴵᵀᶜ	**A B C D E F G H I J K L M N O P Q R S T U V W X Y Z**

abcdefghijklmnopqrstuvwxyz&.,"!?1234567890

abcdefghijklmnopqrstuvwxyz&.,"!?1234567890

abcdefghijklmnopqrstuvwxyz&.,"!?1234567890

abcdefghijklmnopqrstuvwxyz&.,"!?1234567890

abcdefghijklmnopqrstuvwxyz&.,"!?1234567890

abcdefghijklmnopqrstuvwxyz&.,"!?1234567890

abcdefghijklmnopqrstuvwxyz&.,"!?1234567890

abcdefghijklmnopqrstuvwxyz&.,"!?1234567890

абцдефггіяклмнопщрстившхузь.,_!?1234567890

abcdefghijklmnopqrstuvwxyz&.,"!?1234567890

abcdefghijklmnopqrstuvwxyz&.,"!?1234567890

abcdefghijklmnopqrstuvwxyz&.,"!?1234567890

abcdefghijklmnopqrstuvwxyz&.,"!?1234567890

abcdefghijklmnopqrstuvwxyz&.,"!?1234567890

abcdefghijklmnopqrstuvwxyz&.,"!?1234567890

abcdefghijklmnopqrstuvwxyz&.,"!?1234567890

abcdefghijklmnopqrstuvwxyz&.,"!?1234567890

abcdefghijklmnopqrstuvwxyz&.,"!?1234567890

abcdefghijklmnopqrstuvwxyz&.,"!?1234567890

abcdefghijklmnopqrstuvwxyz&.,"!?1234567890

abcdefghijklmnopqrstuvwxyz&.,"!?1234567890

abcdefghijklmnopqrstuvwxyz&.,"!?1234567890

abcdefghijklmnopqrstuvwxyz&.,"!?1234567890

abcdefghijklmnopqrstuvwxyz&.,"!?1234567890

abcdefghijklmnopqrstuvwxyz&.,"!?1234567890

abcdefghijklmnopqrstuvwxyz&.,"!?1234567890

Bookman Bold ITC	**A B C D E F G H I J K L M N O P Q R S T U V W X Y Z**
Caslon Antique	A B C D E F G H I J K L M N O P Q R S T U V W X Y Z
Caslon No. 3	A B C D E F G H I J K L M N O P Q R S T U V W X Y Z
Caslon No. 540	A B C D E F G H I J K L M N O P Q R S T U V W X Y Z
Caslon Old Face No. 2	A B C D E F G H I J K L M N O P Q R S T U V W X Y Z
Caslon Old Face Heavy	**A B C D E F G H I J K L M N O P Q R S T U V W X Y Z**
Caslon Black	**A B C D E F G H I J K L M N O P Q R S T U V W X Y Z**
Caslon Open Face	A B C D E F G H I J K L M N O P Q R S T U V W X Y Z
Caslon No. 224 Book ITC	A B C D E F G H I J K L M N O P Q R S T U V W X Y Z
Caslon No. 224 Medium ITC	A B C D E F G H I J K L M N O P Q R S T U V W X Y Z
Caslon No. 224 Bold ITC	**A B C D E F G H I J K L M N O P Q R S T U V W X Y Z**
Caslon No. 224 Black ITC	**A B C D E F G H I J K L M N O P Q R S T U V W X Y Z**
Century Old Style	A B C D E F G H I J K L M N O P Q R S T U V W X Y Z
Century Old Style Bold	**A B C D E F G H I J K L M N O P Q R S T U V W X Y Z**
Clearface Regular ITC	A B C D E F G H I J K L M N O P Q R S T U V W X Y Z
Clearface Bold ITC	**A B C D E F G H I J K L M N O P Q R S T U V W X Y Z**
Clearface Heavy ITC	**A B C D E F G H I J K L M N O P Q R S T U V W X Y Z**
Clearface Black ITC	**A B C D E F G H I J K L M N O P Q R S T U V W X Y Z**
Clearface Heavy	**A B C D E F G H I J K L M N O P Q R S T U V W X Y Z**
Clearface Heavy Condensed	**A B C D E F G H I J K L M N O P Q R S T U V W X Y Z**
Cochin	A B C D E F G H I J K L M N O P Q R S T U V W X Y Z
Cochin Bold	A B C D E F G H I J K L M N O P Q R S T U V W X Y Z
Cochin Black	**A B C D E F G H I J K L M N O P Q R S T U V W X Y Z**
Nicolas Cochin	A B C D E F G H I J K L M N O P Q R S T U V W X Y Z
Nicolas Cochin Black	**A B C D E F G H I J K L M N O P Q R S T U V W X Y Z**
Concorde	A B C D E F G H I J K L M N O P Q R S T U V W X Y Z

a b c d e f g h i j k l m n o p q r s t u v w x y z & . , " ! ? 1 2 3 4 5 6 7 8 9 0

a b c d e f g h i j k l m n o p q r s t u v w x y z & . , " ! ? 1 2 3 4 5 6 7 8 9 0

a b c d e f g h i j k l m n o p q r s t u v w x y z & . , " ! ? 1 2 3 4 5 6 7 8 9 0

a b c d e f g h i j k l m n o p q r s t u v w x y z & . , " ! ? 1 2 3 4 5 6 7 8 9 0

a b c d e f g h i j k l m n o p q r s t u v w x y z & . , " ! ? 1 2 3 4 5 6 7 8 9 0

a b c d e f g h i j k l m n o p q r s t u v w x y z & . , " ! ? 1 2 3 4 5 6 7 8 9 0

a b c d e f g h i j k l m n o p q r s t u v w x y z & . , " ! ? 1 2 3 4 5 6 7 8 9 0

a b c d e f g h i j k l m n o p q r s t u v w x y z & . , " ! ? 1 2 3 4 5 6 7 8 9 0

a b c d e f g h i j k l m n o p q r s t u v w x y z & . , " ! ? 1 2 3 4 5 6 7 8 9 0

a b c d e f g h i j k l m n o p q r s t u v w x y z & . , " ! ? 1 2 3 4 5 6 7 8 9 0

a b c d e f g h i j k l m n o p q r s t u v w x y z & . , " ! ? 1 2 3 4 5 6 7 8 9 0

a b c d e f g h i j k l m n o p q r s t u v w x y z & . , " ! ? 1 2 3 4 5 6 7 8 9 0

a b c d e f g h i j k l m n o p q r s t u v w x y z & . , " ! ? 1 2 3 4 5 6 7 8 9 0

a b c d e f g h i j k l m n o p q r s t u v w x y z & . , " ! ? 1 2 3 4 5 6 7 8 9 0

a b c d e f g h i j k l m n o p q r s t u v w x y z & . , " ! ? 1 2 3 4 5 6 7 8 9 0

a b c d e f g h i j k l m n o p q r s t u v w x y z & . , " ! ? 1 2 3 4 5 6 7 8 9 0

a b c d e f g h i j k l m n o p q r s t u v w x y z & . , " ! ? 1 2 3 4 5 6 7 8 9 0

a b c d e f g h i j k l m n o p q r s t u v w x y z & . , " ! ? 1 2 3 4 5 6 7 8 9 0

a b c d e f g h i j k l m n o p q r s t u v w x y z & . , " ! ? 1 2 3 4 5 6 7 8 9 0

a b c d e f g h i j k l m n o p q r s t u v w x y z & . , " ! ? 1 2 3 4 5 6 7 8 9 0

a b c d e f g h i j k l m n o p q r s t u v w x y z & . , " ! ? 1 2 3 4 5 6 7 8 9 0

a b c d e f g h i j k l m n o p q r s t u v w x y z & . , " ! ? 1 2 3 4 5 6 7 8 9 0

a b c d e f g h i j k l m n o p q r s t u v w x y z & . , " ! ? 1 2 3 4 5 6 7 8 9 0

a b c d e f g h i j k l m n o p q r s t u v w x y z & . , " ! ? 1 2 3 4 5 6 7 8 9 0

a b c d e f g h i j k l m n o p q r s t u v w x y z & . , " ! ? 1 2 3 4 5 6 7 8 9 0

a b c d e f g h i j k l m n o p q r s t u v w x y z & . , " ! ? 1 2 3 4 5 6 7 8 9 0

Concorde Bold	A B C D E F G H I J K L M N O P Q R S T U V W X Y Z
Criterion Light ᵀˢ	A B C D E F G H I J K L M N O P Q R S T U V W X Y Z
Criterion Book ᵀˢ	A B C D E F G H I J K L M N O P Q R S T U V W X Y Z
Criterion Medium ᵀˢ	A B C D E F G H I J K L M N O P Q R S T U V W X Y Z
Criterion Bold ᵀˢ	A B C D E F G H I J K L M N O P Q R S T U V W X Y Z
Cushing Book ᴵᵀᶜ	A B C D E F G H I J K L M N O P Q R S T U V W X Y Z
Cushing Medium ᴵᵀᶜ	A B C D E F G H I J K L M N O P Q R S T U V W X Y Z
Cushing Bold ᴵᵀᶜ	A B C D E F G H I J K L M N O P Q R S T U V W X Y Z
Cushing Heavy ᴵᵀᶜ	A B C D E F G H I J K L M N O P Q R S T U V W X Y Z
Ehrhardt	A B C D E F G H I J K L M N O P Q R S T U V W X Y Z
Ehrhardt Semi-Bold	A B C D E F G H I J K L M N O P Q R S T U V W X Y Z
Electra	A B C D E F G H I J K L M N O P Q R S T U V W X Y Z
Electra Bold	A B C D E F G H I J K L M N O P Q R S T U V W X Y Z
Else Light ᴺᴾᴸ	A B C D E F G H I J K L M N O P Q R S T U V W X Y Z
Else Medium ᴺᴾᴸ	A B C D E F G H I J K L M N O P Q R S T U V W X Y Z
Else Semi-Bold ᴺᴾᴸ	A B C D E F G H I J K L M N O P Q R S T U V W X Y Z
Else Bold ᴺᴾᴸ	A B C D E F G H I J K L M N O P Q R S T U V W X Y Z
Fournier	A B C D E F G H I J K L M N O P Q R S T U V W X Y Z
Goudy Light ᵂᵀᶜ	A B C D E F G H I J K L M N O P Q R S T U V W X Y Z
Goudy Regular ᵂᵀᶜ	A B C D E F G H I J K L M N O P Q R S T U V W X Y Z
Goudy Medium ᵂᵀᶜ	A B C D E F G H I J K L M N O P Q R S T U V W X Y Z
Goudy Bold ᵂᵀᶜ	A B C D E F G H I J K L M N O P Q R S T U V W X Y Z
Grouch ᴵᵀᶜ	A B C D E F G H I J K L M N O P Q R S T U V W X Y Z
Janson	A B C D E F G H I J K L M N O P Q R S T U V W X Y Z
Janson Text 55	A B C D E F G H I J K L M N O P Q R S T U V W X Y Z
Janson Text 75 Bold	A B C D E F G H I J K L M N O P Q R S T U V W X Y Z

a b c d e f g h i j k l m n o p q r s t u v w x y z & . , " ! ? 1 2 3 4 5 6 7 8 9 0

a b c d e f g h i j k l m n o p q r s t u v w x y z & . , " ! ? 1 2 3 4 5 6 7 8 9 0

a b c d e f g h i j k l m n o p q r s t u v w x y z & . , " ! ? 1 2 3 4 5 6 7 8 9 0

a b c d e f g h i j k l m n o p q r s t u v w x y z & . , " ! ? 1 2 3 4 5 6 7 8 9 0

a b c d e f g h i j k l m n o p q r s t u v w x y z & . , " ! ? 1 2 3 4 5 6 7 8 9 0

a b c d e f g h i j k l m n o p q r s t u v w x y z & . , " ! ? 1 2 3 4 5 6 7 8 9 0

a b c d e f g h i j k l m n o p q r s t u v w x y z & . , " ! ? 1 2 3 4 5 6 7 8 9 0

a b c d e f g h i j k l m n o p q r s t u v w x y z & . , " ! ? 1 2 3 4 5 6 7 8 9 0

a b c d e f g h i j k l m n o p q r s t u v w x y z & . , " ! ? 1 2 3 4 5 6 7 8 9 0

a b c d e f g h i j k l m n o p q r s t u v w x y z & . , " ! ? 1 2 3 4 5 6 7 8 9 0

a b c d e f g h i j k l m n o p q r s t u v w x y z & . , " ! ? 1 2 3 4 5 6 7 8 9 0

a b c d e f g h i j k l m n o p q r s t u v w x y z & . , " ! ? 1 2 3 4 5 6 7 8 9 0

a b c d e f g h i j k l m n o p q r s t u v w x y z & . , " ! ? 1 2 3 4 5 6 7 8 9 0

a b c d e f g h i j k l m n o p q r s t u v w x y z & . , " ! ? 1 2 3 4 5 6 7 8 9 0

a b c d e f g h i j k l m n o p q r s t u v w x y z & . , " ! ? 1 2 3 4 5 6 7 8 9 0

a b c d e f g h i j k l m n o p q r s t u v w x y z & . , " ! ? 1 2 3 4 5 6 7 8 9 0

a b c d e f g h i j k l m n o p q r s t u v w x y z & . , " ! ? 1 2 3 4 5 6 7 8 9 0

a b c d e f g h i j k l m n o p q r s t u v w x y z & . , " ! ? 1 2 3 4 5 6 7 8 9 0

a b c d e f g h i j k l m n o p q r s t u v w x y z & . , " ! ? 1 2 3 4 5 6 7 8 9 0

a b c d e f g h i j k l m n o p q r s t u v w x y z & . , " ! ? 1 2 3 4 5 6 7 8 9 0

a b c d e f g h i j k l m n o p q r s t u v w x y z & . , " ! ? 1 2 3 4 5 6 7 8 9 0

a b c d e f g h i j k l m n o p q r s t u v w x y z & . , " ! ? 1 2 3 4 5 6 7 8 9 0

a b c d e f g h i j k l m n o p q r s t u v w x y z & . , " ! ? 1 2 3 4 5 6 7 8 9 0

a b c d e f g h i j k l m n o p q r s t u v w x y z & . , " ! ? 1 2 3 4 5 6 7 8 9 0

a b c d e f g h i j k l m n o p q r s t u v w x y z & . , " ! ? 1 2 3 4 5 6 7 8 9 0

a b c d e f g h i j k l m n o p q r s t u v w x y z & . , " ! ? 1 2 3 4 5 6 7 8 9 0

Jansen Text 95 Black	**A B C D E F G H I J K L M N O P Q R S T U V W X Y Z**
Leamington	A B C D E F G H I J K L M N O P Q R S T U V W X Y Z
Leamington Medium	A B C D E F G H I J K L M N O P Q R S T U V W X Y Z
Leamington Bold	**A B C D E F G H I J K L M N O P Q R S T U V W X Y Z**
Leamington Black	**A B C D E F G H I J K L M N O P Q R S T U V W X Y Z**
Life	A B C D E F G H I J K L M N O P Q R S T U V W X Y Z
Life Bold	**A B C D E F G H I J K L M N O P Q R S T U V W X Y Z**
Meridien	A B C D E F G H I J K L M N O P Q R S T U V W X Y Z
Meridien Medium	A B C D E F G H I J K L M N O P Q R S T U V W X Y Z
Meridien Bold	**A B C D E F G H I J K L M N O P Q R S T U V W X Y Z**
Monticello	A B C D E F G H I J K L M N O P Q R S T U V W X Y Z
Old Style No. 7	A B C D E F G H I J K L M N O P Q R S T U V W X Y Z
Old Style S	A B C D E F G H I J K L M N O P Q R S T U V W X Y Z
Old Style S Bold	**A B C D E F G H I J K L M N O P Q R S T U V W X Y Z**
Perpetua	A B C D E F G H I J K L M N O P Q R S T U V W X Y Z
Perpetua Bold	**A B C D E F G H I J K L M N O P Q R S T U V W X Y Z**
Perpetua Black	**A B C D E F G H I J K L M N O P Q R S T U V W X Y Z**
Romana Normal	A B C D E F G H I J K L M N O P Q R S T U V W X Y Z
Romana Bold	**A B C D E F G H I J K L M N O P Q R S T U V W X Y Z**
Romana Extra Bold	**A B C D E F G H I J K L M N O P Q R S T U V W X Y Z**
Tiffany Light ᴵᵀᶜ	A B C D E F G H I J K L M N O P Q R S T U V W X Y Z
Tiffany Medium ᴵᵀᶜ	A B C D E F G H I J K L M N O P Q R S T U V W X Y Z
Tiffany Demi ᴵᵀᶜ	A B C D E F G H I J K L M N O P Q R S T U V W X Y Z
Tiffany Heavy ᴵᵀᶜ	**A B C D E F G H I J K L M N O P Q R S T U V W X Y Z**
Times Roman	A B C D E F G H I J K L M N O P Q R S T U V W X Y Z
Times Semi-Bold	**A B C D E F G H I J K L M N O P Q R S T U V W X Y Z**

a b c d e f g h i j k l m n o p q r s t u v w x y z & . , ” ! ? 1 2 3 4 5 6 7 8 9 0

a b c d e f g h i j k l m n o p q r s t u v w x y z & . , ” ! ? 1 2 3 4 5 6 7 8 9 0

a b c d e f g h i j k l m n o p q r s t u v w x y z & . , ” ! ? 1 2 3 4 5 6 7 8 9 0

a b c d e f g h i j k l m n o p q r s t u v w x y z & . , ” ! ? 1 2 3 4 5 6 7 8 9 0

a b c d e f g h i j k l m n o p q r s t u v w x y z & . , ” ! ? 1 2 3 4 5 6 7 8 9 0

a b c d e f g h i j k l m n o p q r s t u v w x y z & . , ” ! ? 1 2 3 4 5 6 7 8 9 0

a b c d e f g h i j k l m n o p q r s t u v w x y z & . , ” ! ? 1 2 3 4 5 6 7 8 9 0

a b c d e f g h i j k l m n o p q r s t u v w x y z & . , ” ! ? 1 2 3 4 5 6 7 8 9 0

a b c d e f g h i j k l m n o p q r s t u v w x y z & . , ” ! ? 1 2 3 4 5 6 7 8 9 0

a b c d e f g h i j k l m n o p q r s t u v w x y z & . , ” ! ? 1 2 3 4 5 6 7 8 9 0

a b c d e f g h i j k l m n o p q r s t u v w x y z & . , ” ! ? 1 2 3 4 5 6 7 8 9 0

a b c d e f g h i j k l m n o p q r s t u v w x y z & . , ” ! ? 1 2 3 4 5 6 7 8 9 0

a b c d e f g h i j k l m n o p q r s t u v w x y z & . , ” ! ? 1 2 3 4 5 6 7 8 9 0

a b c d e f g h i j k l m n o p q r s t u v w x y z & . , ” ! ? 1 2 3 4 5 6 7 8 9 0

a b c d e f g h i j k l m n o p q r s t u v w x y z & . , ” ! ? 1 2 3 4 5 6 7 8 9 0

a b c d e f g h i j k l m n o p q r s t u v w x y z & . , ” ! ? 1 2 3 4 5 6 7 8 9 0

a b c d e f g h i j k l m n o p q r s t u v w x y z & . , ” ! ? 1 2 3 4 5 6 7 8 9 0

a b c d e f g h i j k l m n o p q r s t u v w x y z & . , ” ! ? 1 2 3 4 5 6 7 8 9 0

a b c d e f g h i j k l m n o p q r s t u v w x y z & . , ” ! ? 1 2 3 4 5 6 7 8 9 0

a b c d e f g h i j k l m n o p q r s t u v w x y z & . , ” ! ? 1 2 3 4 5 6 7 8 9 0

a b c d e f g h i j k l m n o p q r s t u v w x y z & . , ” ! ? 1 2 3 4 5 6 7 8 9 0

a b c d e f g h i j k l m n o p q r s t u v w x y z & . , ” ! ? 1 2 3 4 5 6 7 8 9 0

a b c d e f g h i j k l m n o p q r s t u v w x y z & . , ” ! ? 1 2 3 4 5 6 7 8 9 0

a b c d e f g h i j k l m n o p q r s t u v w x y z & . , ” ! ? 1 2 3 4 5 6 7 8 9 0

Times Bold	A B C D E F G H I J K L M N O P Q R S T U V W X Y Z
Times Extra Bold	A B C D E F G H I J K L M N O P Q R S T U V W X Y Z
Times English N Black	A B C D E F G H I J K L M N O P Q R S T U V W X Y Z
Times English N Outline	A B C D E F G H I J K L M N O P Q R S T U V W X Y Z
Times Europa	A B C D E F G H I J K L M N O P Q R S T U V W X Y Z
Times Europa Bold	A B C D E F G H I J K L M N O P Q R S T U V W X Y Z
Times Modern Black	A B C D E F G H I J K L M N O P Q R S T U V W X Y Z
Times Modern Black Outline	A B C D E F G H I J K L M N O P Q R S T U V W X Y Z
Trooper Light	A B C D E F G H I J K L M N O P Q R S T U V W X Y Z
Trooper	A B C D E F G H I J K L M N O P Q R S T U V W X Y Z
Trooper Bold	A B C D E F G H I J K L M N O P Q R S T U V W X Y Z
Trooper Extra Bold	A B C D E F G H I J K L M N O P Q R S T U V W X Y Z
Trooper Black	A B C D E F G H I J K L M N O P Q R S T U V W X Y Z
Versailles 45 Light	A B C D E F G H I J K L M N O P Q R S T U V W X Y Z
Versailles 55	A B C D E F G H I J K L M N O P Q R S T U V W X Y Z
Versailles 75 Bold	A B C D E F G H I J K L M N O P Q R S T U V W X Y Z
Versailles 95 Black	A B C D E F G H I J K L M N O P Q R S T U V W X Y Z
Zapf International Light ITC	A B C D E F G H I J K L M N O P Q R S T U V W X Y Z
Zapf International Med ITC	A B C D E F G H I J K L M N O P Q R S T U V W X Y Z
Zapf International Demi ITC	A B C D E F G H I J K L M N O P Q R S T U V W X Y Z
Zapf International Hvy ITC	A B C D E F G H I J K L M N O P Q R S T U V W X Y Z

a b c d e f g h i j k l m n o p q r s t u v w x y z & . , " ! ? 1 2 3 4 5 6 7 8 9 0

a b c d e f g h i j k l m n o p q r s t u v w x y z & . , " ! ? 1 2 3 4 5 6 7 8 9 0

a b c d e f g h i j k l m n o p q r s t u v w x y z & . , " ! ? 1 2 3 4 5 6 7 8 9 0

a b c d e f g h i j k l m n o p q r s t u v w x y z & . , " ! ? 1 2 3 4 5 6 7 8 9 0

a b c d e f g h i j k l m n o p q r s t u v w x y z & . , " ! ? 1 2 3 4 5 6 7 8 9 0

a b c d e f g h i j k l m n o p q r s t u v w x y z & . , " ! ? 1 2 3 4 5 6 7 8 9 0

a b c d e f g h i j k l m n o p q r s t u v w x y z & . , " ! ? 1 2 3 4 5 6 7 8 9 0

a b c d e f g h i j k l m n o p q r s t u v w x y z & . , " ! ? 1 2 3 4 5 6 7 8 9 0

a b c d e f g h i j k l m n o p q r s t u v w x y z & . , " ! ? 1 2 3 4 5 6 7 8 9 0

a b c d e f g h i j k l m n o p q r s t u v w x y z & . , " ! ? 1 2 3 4 5 6 7 8 9 0

a b c d e f g h i j k l m n o p q r s t u v w x y z & . , " ! ? 1 2 3 4 5 6 7 8 9 0

a b c d e f g h i j k l m n o p q r s t u v w x y z & . , " ! ? 1 2 3 4 5 6 7 8 9 0

a b c d e f g h i j k l m n o p q r s t u v w x y z & . , " ! ? 1 2 3 4 5 6 7 8 9 0

a b c d e f g h i j k l m n o p q r s t u v w x y z & . , " ! ? 1 2 3 4 5 6 7 8 9 0

a b c d e f g h i j k l m n o p q r s t u v w x y z & . , " ! ? 1 2 3 4 5 6 7 8 9 0

a b c d e f g h i j k l m n o p q r s t u v w x y z & . , " ! ? 1 2 3 4 5 6 7 8 9 0

a b c d e f g h i j k l m n o p q r s t u v w x y z & . , " ! ? 1 2 3 4 5 6 7 8 9 0

a b c d e f g h i j k l m n o p q r s t u v w x y z & . , " ! ? 1 2 3 4 5 6 7 8 9 0

a b c d e f g h i j k l m n o p q r s t u v w x y z & . , " ! ? 1 2 3 4 5 6 7 8 9 0

a b c d e f g h i j k l m n o p q r s t u v w x y z & . , " ! ? 1 2 3 4 5 6 7 8 9 0

a b c d e f g h i j k l m n o p q r s t u v w x y z & . , " ! ? 1 2 3 4 5 6 7 8 9 0

Adroit Light Italic ᵀˢ	A B C D E F G H I J K L M N O P Q R S T U V W X Y Z
Adroit Medium Italic ᵀˢ	A B C D E F G H I J K L M N O P Q R S T U V W X Y Z
Americana Italic	A B C D E F G H I J K L M N O P Q R S T U V W X Y Z
Baskerville Italic	A B C D E F G H I J K L M N O P Q R S T U V W X Y Z
Baskerville Bold Italic	A B C D E F G H I J K L M N O P Q R S T U V W X Y Z
Baskerville No. 2 Italic	A B C D E F G H I J K L M N O P Q R S T U V W X Y Z
Baskerville No. 2 Medium Italic	A B C D E F G H I J K L M N O P Q R S T U V W X Y Z
Baskerville No. 2 Bold Italic	A B C D E F G H I J K L M N O P Q R S T U V W X Y Z
Baskerville No. 2 Blk Ital	A B C D E F G H I J K L M N O P Q R S T U V W X Y Z
New Baskerville Italic ᴵᵀᶜ	A B C D E F G H I J K L M N O P Q R S T U V W X Y Z
New Baskerville Semi-Bd Ital ᴵᵀᶜ	A B C D E F G H I J K L M N O P Q R S T U V W X Y Z
New Baskerville Bd Ital ᴵᵀᶜ	A B C D E F G H I J K L M N O P Q R S T U V W X Y Z
New Baskerville Blk Ital ᴵᵀᶜ	A B C D E F G H I J K L M N O P Q R S T U V W X Y Z
Bernhard Modern Italic	A B C D E F G H I J K L M N O P Q R S T U V W X Y Z
Bernhard Modern Bd. Ital.	A B C D E F G H I J K L M N O P Q R S T U V W X Y Z
Bookman Italic	A B C D E F G H I J K L M N O P Q R S T U V W X Y Z
Bookman Light Italic ᴵᵀᶜ	A B C D E F G H I J K L M N O P Q R S T U V W X Y Z
Bookman Med Ital ᴵᵀᶜ	A B C D E F G H I J K L M N O P Q R S T U V W X Y Z
Bookman Demi Italic ᴵᵀᶜ	A B C D E F G H I J K L M N O P Q R S T U V W X Y Z
Bookman Bold Ital ᴵᵀᶜ	A B C D E F G H I J K L M N O P Q R S T U V W X Y Z
Caslon Antique Italic	A B C D E F G H I J K L M N O P Q R S T U V W X Y Z
Caslon No. 3 Italic	A B C D E F G H I J K L M N O P Q R S T U V W X Y Z
Caslon No. 540 Italic	A B C D E F G H I J K L M N O P Q R S T U V W X Y Z
Caslon Old Face No. 2 Italic	A B C D E F G H I J K L M N O P Q R S T U V W X Y Z
Caslon No. 224 Book Ital ᴵᵀᶜ	A B C D E F G H I J K L M N O P Q R S T U V W X Y Z
Caslon No. 224 Med Ital ᴵᵀᶜ	A B C D E F G H I J K L M N O P Q R S T U V W X Y Z

a b c d e f g h i j k l m n o p q r s t u v w x y z & . , " ! ? 1 2 3 4 5 6 7 8 9 0

a b c d e f g h i j k l m n o p q r s t u v w x y z & . , " ! ? 1 2 3 4 5 6 7 8 9 0

a b c d e f g h i j k l m n o p q r s t u v w x y z & . , " ! ? 1 2 3 4 5 6 7 8 9 0

a b c d e f g h i j k l m n o p q r s t u v w x y z & . , " ! ? 1 2 3 4 5 6 7 8 9 0

a b c d e f g h i j k l m n o p q r s t u v w x y z & . , " ! ? 1 2 3 4 5 6 7 8 9 0

a b c d e f g h i j k l m n o p q r s t u v w x y z & . , " ! ? 1 2 3 4 5 6 7 8 9 0

a b c d e f g h i j k l m n o p q r s t u v w x y z & . , " ! ? 1 2 3 4 5 6 7 8 9 0

a b c d e f g h i j k l m n o p q r s t u v w x y z & . , " ! ? 1 2 3 4 5 6 7 8 9 0

a b c d e f g h i j k l m n o p q r s t u v w x y z & . , " ! ? 1 2 3 4 5 6 7 8 9 0

a b c d e f g h i j k l m n o p q r s t u v w x y z & . , " ! ? 1 2 3 4 5 6 7 8 9 0

a b c d e f g h i j k l m n o p q r s t u v w x y z & . , " ! ? 1 2 3 4 5 6 7 8 9 0

a b c d e f g h i j k l m n o p q r s t u v w x y z & . , " ! ? 1 2 3 4 5 6 7 8 9 0

a b c d e f g h i j k l m n o p q r s t u v w x y z & . , " ! ? 1 2 3 4 5 6 7 8 9 0

a b c d e f g h i j k l m n o p q r s t u v w x y z & . , " ! ? 1 2 3 4 5 6 7 8 9 0

a b c d e f g h i j k l m n o p q r s t u v w x y z & . , " ! ? 1 2 3 4 5 6 7 8 9 0

a b c d e f g h i j k l m n o p q r s t u v w x y z & . , " ! ? 1 2 3 4 5 6 7 8 9 0

a b c d e f g h i j k l m n o p q r s t u v w x y z & . , " ! ? 1 2 3 4 5 6 7 8 9 0

a b c d e f g h i j k l m n o p q r s t u v w x y z & . , " ! ? 1 2 3 4 5 6 7 8 9 0

a b c d e f g h i j k l m n o p q r s t u v w x y z & . , " ! ? 1 2 3 4 5 6 7 8 9 0

a b c d e f g h i j k l m n o p q r s t u v w x y z & . , " ! ? 1 2 3 4 5 6 7 8 9 0

a b c d e f g h i j k l m n o p q r s t u v w x y z & . , " ! ? 1 2 3 4 5 6 7 8 9 0

a b c d e f g h i j k l m n o p q r s t u v w x y z & . , " ! ? 1 2 3 4 5 6 7 8 9 0

a b c d e f g h i j k l m n o p q r s t u v w x y z & . , " ! ? 1 2 3 4 5 6 7 8 9 0

a b c d e f g h i j k l m n o p q r s t u v w x y z & . , " ! ? 1 2 3 4 5 6 7 8 9 0

a b c d e f g h i j k l m n o p q r s t u v w x y z & . , " ! ? 1 2 3 4 5 6 7 8 9 0

a b c d e f g h i j k l m n o p q r s t u v w x y z & . , " ! ? 1 2 3 4 5 6 7 8 9 0

Caslon No. 224 Bd Ital ITC	*A B C D E F G H I J K L M N O P Q R S T U V W X Y Z*
Caslon No. 224 Blk Ital ITC	**A B C D E F G H I J K L M N O P Q R S T U V W X Y Z**
Century Old Style Italic	*A B C D E F G H I J K L M N O P Q R S T U V W X Y Z*
Clearface Regular Italic ITC	*A B C D E F G H I J K L M N O P Q R S T U V W X Y Z*
Clearface Bold Italic ITC	*A B C D E F G H I J K L M N O P Q R S T U V W X Y Z*
Clearface Heavy Italic ITC	**A B C D E F G H I J K L M N O P Q R S T U V W X Y Z**
Clearface Black Italic ITC	**A B C D E F G H I J K L M N O P Q R S T U V W X Y Z**
Cochin Italic	*A B C D E F G H I J K L M N O P Q R S T U V W X Y Z*
Cochin Bold Italic	**A B C D E F G H I J K L M N O P Q R S T U V W X Y Z**
Cochin Black Italic	**A B C D E F G H I J K L M N O P Q R S T U V W X Y Z**
Concorde Italic	*A B C D E F G H I J K L M N O P Q R S T U V W X Y Z*
Criterion Light Italic TS	*A B C D E F G H I J K L M N O P Q R S T U V W X Y Z*
Criterion Book Italic TS	*A B C D E F G H I J K L M N O P Q R S T U V W X Y Z*
Cushing Book Italic ITC	*A B C D E F G H I J K L M N O P Q R S T U V W X Y Z*
Cushing Medium Italic ITC	*A B C D E F G H I J K L M N O P Q R S T U V W X Y Z*
Cushing Bold Italic ITC	**A B C D E F G H I J K L M N O P Q R S T U V W X Y Z**
Cushing Heavy Italic ITC	**A B C D E F G H I J K L M N O P Q R S T U V W X Y Z**
Ehrhardt Italic	*A B C D E F G H I J K L M N O P Q R S T U V W X Y Z*
Electra Cursive	*A B C D E F G H I J K L M N O P Q R S T U V W X Y Z*
Else Light Italic NPL	*A B C D E F G H I J K L M N O P Q R S T U V W X Y Z*
Else Medium Italic NPL	*A B C D E F G H I J K L M N O P Q R S T U V W X Y Z*
Else Semi-Bold Italic NPL	*A B C D E F G H I J K L M N O P Q R S T U V W X Y Z*
Else Bold Italic NPL	*A B C D E F G H I J K L M N O P Q R S T U V W X Y Z*
Fournier Italic	*A B C D E F G H I J K L M N O P Q R S T U V W X Y Z*
Goudy Light Italic WTC	*A B C D E F G H I J K L M N O P Q R S T U V W X Y Z*
Goudy Regular Italic WTC	*A B C D E F G H I J K L M N O P Q R S T U V W X Y Z*

a b c d e f g h i j k l m n o p q r s t u v w x y z & . , " ! ? 1 2 3 4 5 6 7 8 9 0

a b c d e f g h i j k l m n o p q r s t u v w x y z & . , " ! ? 1 2 3 4 5 6 7 8 9 0

a b c d e f g h i j k l m n o p q r s t u v w x y z & . , " ! ? 1 2 3 4 5 6 7 8 9 0

a b c d e f g h i j k l m n o p q r s t u v w x y z & . , " ! ? 1 2 3 4 5 6 7 8 9 0

a b c d e f g h i j k l m n o p q r s t u v w x y z & . , " ! ? 1 2 3 4 5 6 7 8 9 0

a b c d e f g h i j k l m n o p q r s t u v w x y z & . , " ! ? 1 2 3 4 5 6 7 8 9 0

a b c d e f g h i j k l m n o p q r s t u v w x y z & . , " ! ? 1 2 3 4 5 6 7 8 9 0

a b c d e f g h i j k l m n o p q r s t u v w x y z & . , " ! ? 1 2 3 4 5 6 7 8 9 0

a b c d e f g h i j k l m n o p q r s t u v w x y z & . , " ! ? 1 2 3 4 5 6 7 8 9 0

a b c d e f g h i j k l m n o p q r s t u v w x y z & . , " ! ? 1 2 3 4 5 6 7 8 9 0

a b c d e f g h i j k l m n o p q r s t u v w x y z & . , " ! ? 1 2 3 4 5 6 7 8 9 0

a b c d e f g h i j k l m n o p q r s t u v w x y z & . , " ! ? 1 2 3 4 5 6 7 8 9 0

a b c d e f g h i j k l m n o p q r s t u v w x y z & . , " ! ? 1 2 3 4 5 6 7 8 9 0

a b c d e f g h i j k l m n o p q r s t u v w x y z & . , " ! ? 1 2 3 4 5 6 7 8 9 0

a b c d e f g h i j k l m n o p q r s t u v w x y z & . , " ! ? 1 2 3 4 5 6 7 8 9 0

a b c d e f g h i j k l m n o p q r s t u v w x y z & . , " ! ? 1 2 3 4 5 6 7 8 9 0

a b c d e f g h i j k l m n o p q r s t u v w x y z & . , " ! ? 1 2 3 4 5 6 7 8 9 0

a b c d e f g h i j k l m n o p q r s t u v w x y z & . , " ! ? 1 2 3 4 5 6 7 8 9 0

a b c d e f g h i j k l m n o p q r s t u v w x y z & . , " ! ? 1 2 3 4 5 6 7 8 9 0

a b c d e f g h i j k l m n o p q r s t u v w x y z & . , " ! ? 1 2 3 4 5 6 7 8 9 0

a b c d e f g h i j k l m n o p q r s t u v w x y z & . , " ! ? 1 2 3 4 5 6 7 8 9 0

a b c d e f g h i j k l m n o p q r s t u v w x y z & . , " ! ? 1 2 3 4 5 6 7 8 9 0

a b c d e f g h i j k l m n o p q r s t u v w x y z & . , " ! ? 1 2 3 4 5 6 7 8 9 0

a b c d e f g h i j k l m n o p q r s t u v w x y z & . , " ! ? 1 2 3 4 5 6 7 8 9 0

a b c d e f g h i j k l m n o p q r s t u v w x y z & . , " ! ? 1 2 3 4 5 6 7 8 9 0

a b c d e f g h i j k l m n o p q r s t u v w x y z & . , " ! ? 1 2 3 4 5 6 7 8 9 0

Goudy Medium Italic ᵂᵀᶜ	A B C D E F G H I J K L M N O P Q R S T U V W X Y Z
Goudy Bold Italic ᵂᵀᶜ	**A B C D E F G H I J K L M N O P Q R S T U V W X Y Z**
Janson Italic	A B C D E F G H I J K L M N O P Q R S T U V W X Y Z
Janson Text 56 Italic	A B C D E F G H I J K L M N O P Q R S T U V W X Y Z
Janson Text 76 Bold Italic	**A B C D E F G H I J K L M N O P Q R S T U V W X Y Z**
Janson Text 96 Blk Ital	**A B C D E F G H I J K L M N O P Q R S T U V W X Y Z**
Leamington Italic	A B C D E F G H I J K L M N O P Q R S T U V W X Y Z
Life Italic	A B C D E F G H I J K L M N O P Q R S T U V W X Y Z
Meridien Italic	A B C D E F G H I J K L M N O P Q R S T U V W X Y Z
Meridien Medium Italic	A B C D E F G H I J K L M N O P Q R S T U V W X Y Z
Meridien Bold Italic	**A B C D E F G H I J K L M N O P Q R S T U V W X Y Z**
Monticello Italic	A B C D E F G H I J K L M N O P Q R S T U V W X Y Z
Old Style No. 7 Italic	A B C D E F G H I J K L M N O P Q R S T U V W X Y Z
Old Style S Italic	A B C D E F G H I J K L M N O P Q R S T U V W X Y Z
Perpetua Italic	A B C D E F G H I J K L M N O P Q R S T U V W X Y Z
Perpetua Bold Italic	**A B C D E F G H I J K L M N O P Q R S T U V W X Y Z**
Plow & Watters	A B C D E F G H I J K L M N O P Q R S T U V W X Y Z
Tiffany Light Italic ᴵᵀᶜ	A B C D E F G H I J K L M N O P Q R S T U V W X Y Z
Tiffany Medium Italic ᴵᵀᶜ	A B C D E F G H I J K L M N O P Q R S T U V W X Y Z
Tiffany Demi Italic ᴵᵀᶜ	A B C D E F G H I J K L M N O P Q R S T U V W X Y Z
Tiffany Heavy Ital ᴵᵀᶜ	**A B C D E F G H I J K L M N O P Q R S T U V W X Y Z**
Times Coop Italic	**A B C D E F G H I J K L M N O P Q R S T U V W X Y Z**
Times Italic	A B C D E F G H I J K L M N O P Q R S T U V W X Y Z
Times Semi-Bold Italic	**A B C D E F G H I J K L M N O P Q R S T U V W X Y Z**
Times Bold Italic	**A B C D E F G H I J K L M N O P Q R S T U V W X Y Z**
Times Europa Italic	A B C D E F G H I J K L M N O P Q R S T U V W X Y Z

a b c d e f g h i j k l m n o p q r s t u v w x y z & . , " ! ? 1 2 3 4 5 6 7 8 9 0

a b c d e f g h i j k l m n o p q r s t u v w x y z & . , " ! ? 1 2 3 4 5 6 7 8 9 0

a b c d e f g h i j k l m n o p q r s t u v w x y z & . , " ! ? 1 2 3 4 5 6 7 8 9 0

a b c d e f g h i j k l m n o p q r s t u v w x y z & . , " ! ? 1 2 3 4 5 6 7 8 9 0

a b c d e f g h i j k l m n o p q r s t u v w x y z & . , " ! ? 1 2 3 4 5 6 7 8 9 0

a b c d e f g h i j k l m n o p q r s t u v w x y z & . , " ! ? 1 2 3 4 5 6 7 8 9 0

a b c d e f g h i j k l m n o p q r s t u v w x y z & . , " ! ? 1 2 3 4 5 6 7 8 9 0

a b c d e f g h i j k l m n o p q r s t u v w x y z & . , " ! ? 1 2 3 4 5 6 7 8 9 0

a b c d e f g h i j k l m n o p q r s t u v w x y z & . , " ! ? 1 2 3 4 5 6 7 8 9 0

a b c d e f g h i j k l m n o p q r s t u v w x y z & . , " ! ? 1 2 3 4 5 6 7 8 9 0

a b c d e f g h i j k l m n o p q r s t u v w x y z & . , " ! ? 1 2 3 4 5 6 7 8 9 0

a b c d e f g h i j k l m n o p q r s t u v w x y z & . , " ! ? 1 2 3 4 5 6 7 8 9 0

a b c d e f g h i j k l m n o p q r s t u v w x y z & . , " ! ? 1 2 3 4 5 6 7 8 9 0

a b c d e f g h i j k l m n o p q r s t u v w x y z & . , " ! ? 1 2 3 4 5 6 7 8 9 0

a b c d e f g h i j k l m n o p q r s t u v w x y z & . , " ! ? 1 2 3 4 5 6 7 8 9 0

a b c d e f g h i j k l m n o p q r s t u v w x y z & . , " ! ? 1 2 3 4 5 6 7 8 9 0

a b c d e f g h i j k l m n o p q r s t u v w x y z & . , " ! ? 1 2 3 4 5 6 7 8 9 0

a b c d e f g h i j k l m n o p q r s t u v w x y z & . , " ! ? 1 2 3 4 5 6 7 8 9 0

a b c d e f g h i j k l m n o p q r s t u v w x y z & . , " ! ? 1 2 3 4 5 6 7 8 9 0

a b c d e f g h i j k l m n o p q r s t u v w x y z & . , " ! ? 1 2 3 4 5 6 7 8 9 0

a b c d e f g h i j k l m n o p q r s t u v w x y z & . , " ! ? 1 2 3 4 5 6 7 8 9 0

a b c d e f g h i j k l m n o p q r s t u v w x y z & . , " ! ? 1 2 3 4 5 6 7 8 9 0

a b c d e f g h i j k l m n o p q r s t u v w x y z & . , " ! ? 1 2 3 4 5 6 7 8 9 0

a b c d e f g h i j k l m n o p q r s t u v w x y z & . , " ! ? 1 2 3 4 5 6 7 8 9 0

a b c d e f g h i j k l m n o p q r s t u v w x y z & . , " ! ? 1 2 3 4 5 6 7 8 9 0

a b c d e f g h i j k l m n o p q r s t u v w x y z & . , " ! ? 1 2 3 4 5 6 7 8 9 0

Times Europa Bold Italic	*A B C D E F G H I J K L M N O P Q R S T U V W X Y Z*
Trooper Light Italic	*A B C D E F G H I J K L M N O P Q R S T U V W X Y Z*
Trooper Italic	*A B C D E F G H I J K L M N O P Q R S T U V W X Y Z*
Versailles 46 Light Italic	*A B C D E F G H I J K L M N O P Q R S T U V W X Y Z*
Versailles 56 Italic	*A B C D E F G H I J K L M N O P Q R S T U V W X Y Z*
Versailles 76 Bold Italic	*A B C D E F G H I J K L M N O P Q R S T U V W X Y Z*
Versailles 96 Blk Ital	*A B C D E F G H I J K L M N O P Q R S T U V W X Y Z*
Zapf International Lt Ital ITC	*A B C D E F G H I J K L M N O P Q R S T U V W X Y Z*
Zapf Intl Medium Italic ITC	*A B C D E F G H I J K L M N O P Q R S T U V W X Y Z*
Zapf Intl Demi Ital ITC	*A B C D E F G H I J K L M N O P Q R S T U V W X Y Z*
Zapf Intl Heavy Italic ITC	*A B C D E F G H I J K L M N O P Q R S T U V W X Y Z*

OUTLINE

Americana Outline
Antique Open
ITC Bauhaus Heavy Outline
Bloc
Broadway Engraved
Caslon Open Face
Cloister Open Face
Cooper Black Outline
Eurostile Bold Outline
Futura Ex Black Outline
Gill Sans Ultra Bold
    Outline (Kayo)
Goudy Handtooled
Headline Outline
Helvetica Bold Outline
Helvetica Rounded Bold
    Outline
Helvetica 75 Bold Outline
Helvetica 75 Contour

Helvetica 75 Shaded
Icone 65 Bold Outline
Isar
Kabel Black Outline
ITC Korinna Bold Outline
London Text
MEXICO OLYMPIC
Nubian
Rainbow Bass
Sans Serif Shaded No. 2
SMARAGD
ITC Souvenir Bold
    Outline
Stuyvesant Script
Times English N Outline
Times Modern Black Outline
UMBRA
Wilhelm Klingspor Gottisch
Windsor Outline

a b c d e f g h i j k l m n o p q r s t u v w x y z & . , " ! ? 1 2 3 4 5 6 7 8 9 0

a b c d e f g h i j k l m n o p q r s t u v w x y z & . , " ! ? 1 2 3 4 5 6 7 8 9 0

a b c d e f g h i j k l m n o p q r s t u v w x y z & . , " ! ? 1 2 3 4 5 6 7 8 9 0

a b c d e f g h i j k l m n o p q r s t u v w x y z & . , " ! ? 1 2 3 4 5 6 7 8 9 0

a b c d e f g h i j k l m n o p q r s t u v w x y z & . , " ! ? 1 2 3 4 5 6 7 8 9 0

a b c d e f g h i j k l m n o p q r s t u v w x y z & . , " ! ? 1 2 3 4 5 6 7 8 9 0

a b c d e f g h i j k l m n o p q r s t u v w x y z & . , " ! ? 1 2 3 4 5 6 7 8 9 0

a b c d e f g h i j k l m n o p q r s t u v w x y z & . , " ! ? 1 2 3 4 5 6 7 8 9 0

a b c d e f g h i j k l m n o p q r s t u v w x y z & . , " ! ? 1 2 3 4 5 6 7 8 9 0

a b c d e f g h i j k l m n o p q r s t u v w x y z & . , " ! ? 1 2 3 4 5 6 7 8 9 0

a b c d e f g h i j k l m n o p q r s t u v w x y z & . , " ! ? 1 2 3 4 5 6 7 8 9 0

Ariadne Initials

A B C D E F G H I J K L M N O P Q R S T U V W X Y Z . , : ; & ! ?

Ariadne initials can be set with other typefaces

Atlanta
Ariadne/Palatino

Göteborg
Ariadne/Guardi

London
Ariadne/Versailles

Moskau
Ariadne/Sabon

Valencia
Ariadne/Diotima

Zürich
Ariadne/Goudy Oldstyle

The letterforms clearly show the influence of copperplate engraving; the broad-edged scorper, held either vertically or at an angle, makes for the highly marked difference in line weight between hairlines and main strokes. This contrast may be regarded as the principal stylistic feature of these typefaces. There is very little rounding-out of serifs, ovals have become circles, axes have been straightened, stress has become vertical. The French family Didot, the Italian Bodoni and, in the early 19th Century, the German Walbaum, all made their mark upon this group of typefaces. The letterforms seem constructed, matter of fact, clear-cut.

Basilia Haas**

Bodoni

Poster Bodoni

Bauer Bodoni**

Bulmer

Caledonia*

New Caledonia*

Linotype Centennial*

Century Expanded

Century Schoolbook

New Century Schoolbook

Century ITC**

Craw Modern**

De Vinne

ENGRAVERS

Fairfield*

Fat Face ITC**

Fenice ITC**

FRENCH

Kursivschrift

Latin No. 2

Madison*

Modern No. 216 ITC**

Normande**

Primer*

Torino**

Walbaum**

Linotype Walbaum*

Zapf Book ITC**

Old Style Figures

Alphabet Showing

Basilia Haas	A B C D E F G H I J K L M N O P Q R S T U V W X Y Z
Basilia Haas Medium	A B C D E F G H I J K L M N O P Q R S T U V W X Y Z
Basilia Haas Bold	**A B C D E F G H I J K L M N O P Q R S T U V W X Y Z**
Basilia Haas Black	**A B C D E F G H I J K L M N O P Q R S T U V W X Y Z**
Bodoni Book	A B C D E F G H I J K L M N O P Q R S T U V W X Y Z
Bodoni	A B C D E F G H I J K L M N O P Q R S T U V W X Y Z
Bodoni Bold	**A B C D E F G H I J K L M N O P Q R S T U V W X Y Z**
Bodoni Bold Condensed	**A B C D E F G H I J K L M N O P Q R S T U V W X Y Z**
Poster Bodoni A	**A B C D E F G H I J K L M N O P Q R S T U V W X Y Z**
Poster Bodoni B	**A B C D E F G H I J K L M N O P Q R S T U V W X Y Z**
Poster Bodoni Compressed	**A B C D E F G H I J K L M N O P Q R S T U V W X Y Z**
Bauer Bodoni	A B C D E F G H I J K L M N O P Q R S T U V W X Y Z
Bauer Bodoni Bold	**A B C D E F G H I J K L M N O P Q R S T U V W X Y Z**
Bauer Bodoni Black	**A B C D E F G H I J K L M N O P Q R S T U V W X Y Z**
Bauer Bodoni Bold Cond	**A B C D E F G H I J K L M N O P Q R S T U V W X Y Z**
Bauer Bodoni Black Cond	**A B C D E F G H I J K L M N O P Q R S T U V W X Y Z**
Bulmer	A B C D E F G H I J K L M N O P Q R S T U V W X Y Z
Caledonia	A B C D E F G H I J K L M N O P Q R S T U V W X Y Z
Caledonia Bold	**A B C D E F G H I J K L M N O P Q R S T U V W X Y Z**
New Caledonia	A B C D E F G H I J K L M N O P Q R S T U V W X Y Z
New Caledonia Semi-Bold	A B C D E F G H I J K L M N O P Q R S T U V W X Y Z
New Caledonia Bold	**A B C D E F G H I J K L M N O P Q R S T U V W X Y Z**
New Caledonia Black	**A B C D E F G H I J K L M N O P Q R S T U V W X Y Z**
Linotype Centennial 45 Lt	A B C D E F G H I J K L M N O P Q R S T U V W X Y Z
Linotype Centennial 55	A B C D E F G H I J K L M N O P Q R S T U V W X Y Z
Linotype Centennial 75 Bd	**A B C D E F G H I J K L M N O P Q R S T U V W X Y Z**

a b c d e f g h i j k l m n o p q r s t u v w x y z & . , " ! ? 1 2 3 4 5 6 7 8 9 0

a b c d e f g h i j k l m n o p q r s t u v w x y z & . , " ! ? 1 2 3 4 5 6 7 8 9 0

a b c d e f g h i j k l m n o p q r s t u v w x y z & . , " ! ? 1 2 3 4 5 6 7 8 9 0

a b c d e f g h i j k l m n o p q r s t u v w x y z & . , " ! ? 1 2 3 4 5 6 7 8 9 0

a b c d e f g h i j k l m n o p q r s t u v w x y z & . , " ! ? 1 2 3 4 5 6 7 8 9 0

a b c d e f g h i j k l m n o p q r s t u v w x y z & . , " ! ? 1 2 3 4 5 6 7 8 9 0

a b c d e f g h i j k l m n o p q r s t u v w x y z & . , " ! ? 1 2 3 4 5 6 7 8 9 0

a b c d e f g h i j k l m n o p q r s t u v w x y z & . , " ! ? 1 2 3 4 5 6 7 8 9 0

a b c d e f g h i j k l m n o p q r s t u v w x y z & . , " ! ? 1 2 3 4 5 6 7 8 9 0

a b c d e f g h i j k l m n o p q r s t u v w x y z & . , " ! ? 1 2 3 4 5 6 7 8 9 0

a b c d e f g h i j k l m n o p q r s t u v w x y z & . , " ! ? 1 2 3 4 5 6 7 8 9 0

a b c d e f g h i j k l m n o p q r s t u v w x y z & . , " ! ? 1 2 3 4 5 6 7 8 9 0

a b c d e f g h i j k l m n o p q r s t u v w x y z & . , " ! ? 1 2 3 4 5 6 7 8 9 0

a b c d e f g h i j k l m n o p q r s t u v w x y z & . , " ! ? 1 2 3 4 5 6 7 8 9 0

a b c d e f g h i j k l m n o p q r s t u v w x y z & . , " ! ? 1 2 3 4 5 6 7 8 9 0

a b c d e f g h i j k l m n o p q r s t u v w x y z & . , " ! ? 1 2 3 4 5 6 7 8 9 0

a b c d e f g h i j k l m n o p q r s t u v w x y z & . , " ! ? 1 2 3 4 5 6 7 8 9 0

a b c d e f g h i j k l m n o p q r s t u v w x y z & . , " ! ? 1 2 3 4 5 6 7 8 9 0

a b c d e f g h i j k l m n o p q r s t u v w x y z & . , " ! ? 1 2 3 4 5 6 7 8 9 0

a b c d e f g h i j k l m n o p q r s t u v w x y z & . , " ! ? 1 2 3 4 5 6 7 8 9 0

a b c d e f g h i j k l m n o p q r s t u v w x y z & . , " ! ? 1 2 3 4 5 6 7 8 9 0

a b c d e f g h i j k l m n o p q r s t u v w x y z & . , " ! ? 1 2 3 4 5 6 7 8 9 0

a b c d e f g h i j k l m n o p q r s t u v w x y z & . , " ! ? 1 2 3 4 5 6 7 8 9 0

a b c d e f g h i j k l m n o p q r s t u v w x y z & . , " ! ? 1 2 3 4 5 6 7 8 9 0

a b c d e f g h i j k l m n o p q r s t u v w x y z & . , " ! ? 1 2 3 4 5 6 7 8 9 0

a b c d e f g h i j k l m n o p q r s t u v w x y z & . , " ! ? 1 2 3 4 5 6 7 8 9 0

Linotype Cent 95 Black	A B C D E F G H I J K L M N O P Q R S T U V W X Y Z
Century Expanded	A B C D E F G H I J K L M N O P Q R S T U V W X Y Z
Century Bold	A B C D E F G H I J K L M N O P Q R S T U V W X Y Z
Century Bold Condensed	A B C D E F G H I J K L M N O P Q R S T U V W X Y Z
Century Schoolbook	A B C D E F G H I J K L M N O P Q R S T U V W X Y Z
Century Schoolbook Bd	A B C D E F G H I J K L M N O P Q R S T U V W X Y Z
New Century Schoolbook	A B C D E F G H I J K L M N O P Q R S T U V W X Y Z
New Century Schoolbook Semi-Bold	A B C D E F G H I J K L M N O P Q R S T U V W X Y Z
New Century Schoolbook Bold	A B C D E F G H I J K L M N O P Q R S T U V W X Y Z
New Century Schoolbook Black	A B C D E F G H I J K L M N O P Q R S T U V W X Y Z
Century Light ITC	A B C D E F G H I J K L M N O P Q R S T U V W X Y Z
Century Book ITC	A B C D E F G H I J K L M N O P Q R S T U V W X Y Z
Century Bold ITC	A B C D E F G H I J K L M N O P Q R S T U V W X Y Z
Century Ultra ITC	A B C D E F G H I J K L M N O P Q R S T U V W X Y Z
Century Light Condensed ITC	A B C D E F G H I J K L M N O P Q R S T U V W X Y Z
Century Book Condensed ITC	A B C D E F G H I J K L M N O P Q R S T U V W X Y Z
Century Bold Condensed ITC	A B C D E F G H I J K L M N O P Q R S T U V W X Y Z
Century Ultra Cond ITC	A B C D E F G H I J K L M N O P Q R S T U V W X Y Z
Craw Modern	A B C D E F G H I J K L M N O P Q R S T U V W X Y Z
De Vinne	A B C D E F G H I J K L M N O P Q R S T U V W X Y Z
ENGRAVERS BD FACE 9 B/C	A B C D E F G H I J K L M N O P Q R S T U V W X Y Z
Fairfield Medium	A B C D E F G H I J K L M N O P Q R S T U V W X Y Z
Fat Face ITC	A B C D E F G H I J K L M N O P Q R S T U V W X Y Z
Fenice Light ITC	A B C D E F G H I J K L M N O P Q R S T U V W X Y Z
Fenice Regular ITC	A B C D E F G H I J K L M N O P Q R S T U V W X Y Z
Fenice Bold ITC	A B C D E F G H I J K L M N O P Q R S T U V W X Y Z

a b c d e f g h i j k l m n o p q r s t u v w x y z & . , " ! ? 1 2 3 4 5 6 7 8 9 0

a b c d e f g h i j k l m n o p q r s t u v w x y z & . , " ! ? 1 2 3 4 5 6 7 8 9 0

a b c d e f g h i j k l m n o p q r s t u v w x y z & . , " ! ? 1 2 3 4 5 6 7 8 9 0

a b c d e f g h i j k l m n o p q r s t u v w x y z & . , " ! ? 1 2 3 4 5 6 7 8 9 0

a b c d e f g h i j k l m n o p q r s t u v w x y z & . , " ! ? 1 2 3 4 5 6 7 8 9 0

a b c d e f g h i j k l m n o p q r s t u v w x y z & . , " ! ? 1 2 3 4 5 6 7 8 9 0

a b c d e f g h i j k l m n o p q r s t u v w x y z & . , " ! ? 1 2 3 4 5 6 7 8 9 0

a b c d e f g h i j k l m n o p q r s t u v w x y z & . , " ! ? 1 2 3 4 5 6 7 8 9 0

a b c d e f g h i j k l m n o p q r s t u v w x y z & . , " ! ? 1 2 3 4 5 6 7 8 9 0

a b c d e f g h i j k l m n o p q r s t u v w x y z & . , " ! ? 1 2 3 4 5 6 7 8 9 0

a b c d e f g h i j k l m n o p q r s t u v w x y z & . , " ! ? 1 2 3 4 5 6 7 8 9 0

a b c d e f g h i j k l m n o p q r s t u v w x y z & . , " ! ? 1 2 3 4 5 6 7 8 9 0

a b c d e f g h i j k l m n o p q r s t u v w x y z & . , " ! ? 1 2 3 4 5 6 7 8 9 0

a b c d e f g h i j k l m n o p q r s t u v w x y z & . , " ! ? 1 2 3 4 5 6 7 8 9 0

a b c d e f g h i j k l m n o p q r s t u v w x y z & . , " ! ? 1 2 3 4 5 6 7 8 9 0

a b c d e f g h i j k l m n o p q r s t u v w x y z & . , " ! ? 1 2 3 4 5 6 7 8 9 0

a b c d e f g h i j k l m n o p q r s t u v w x y z & . , " ! ? 1 2 3 4 5 6 7 8 9 0

a b c d e f g h i j k l m n o p q r s t u v w x y z & . , " ! ? 1 2 3 4 5 6 7 8 9 0

a b c d e f g h i j k l m n o p q r s t u v w x y z & . , " ! ? 1 2 3 4 5 6 7 8 9 0

a b c d e f g h i j k l m n o p q r s t u v w x y z & . , " ! ? 1 2 3 4 5 6 7 8 9 0

A B C D E F G H I J K L M N O P Q R S T U V W X Y Z & . , " ! ? 1 2 3 4 5 6 7 8 9 0

a b c d e f g h i j k l m n o p q r s t u v w x y z & . , " ! ? 1 2 3 4 5 6 7 8 9 0

a b c d e f g h i j k l m n o p q r s t u v w x y z & . , " ! ? 1 2 3 4 5 6 7 8 9 0

a b c d e f g h i j k l m n o p q r s t u v w x y z & . , " ! ? 1 2 3 4 5 6 7 8 9 0

a b c d e f g h i j k l m n o p q r s t u v w x y z & . , " ! ? 1 2 3 4 5 6 7 8 9 0

a b c d e f g h i j k l m n o p q r s t u v w x y z & . , " ! ? 1 2 3 4 5 6 7 8 9 0

Fenice Ultra ITC	**A B C D E F G H I J K L M N O P Q R S T U V W X Y Z**
FRENCH LIGHT	A B C D E F G H I J K L M N O P Q R S T U V W X Y Z
Kursivschrift Upright	A B C D E F G H I J K L M N O P Q R S T U V W X Y Z
LATIN EXTRA CONDENSED	A B C D E F G H I J K L M N O P Q R S T U V W X Y Z
Latin No. 2 Extra Condensed	A B C D E F G H I J K L M N O P Q R S T U V W X Y Z
Madison	A B C D E F G H I J K L M N O P Q R S T U V W X Y Z
Madison Bold	**A B C D E F G H I J K L M N O P Q R S T U V W X Y Z**
Madison Bold Condensed	**A B C D E F G H I J K L M N O P Q R S T U V W X Y Z**
Modern No. 216 Light ITC	A B C D E F G H I J K L M N O P Q R S T U V W X Y Z
Modern No. 216 Med ITC	A B C D E F G H I J K L M N O P Q R S T U V W X Y Z
Modern No. 216 Bold ITC	**A B C D E F G H I J K L M N O P Q R S T U V W X Y Z**
Modern No. 216 Hvy ITC	**A B C D E F G H I J K L M N O P Q R S T U V W X Y Z**
Normande	**A B C D E F G H I J K L M N O P Q R S T U V W X Y Z**
Primer	A B C D E F G H I J K L M N O P Q R S T U V W X Y Z
Torino	A B C D E F G H I J K L M N O P Q R S T U V W X Y Z
Walbaum	A B C D E F G H I J K L M N O P Q R S T U V W X Y Z
Linotype Walbaum	A B C D E F G H I J K L M N O P Q R S T U V W X Y Z
Walbaum Bold	**A B C D E F G H I J K L M N O P Q R S T U V W X Y Z**
Zapf Book Light ITC	A B C D E F G H I J K L M N O P Q R S T U V W X Y Z
Zapf Book Medium ITC	A B C D E F G H I J K L M N O P Q R S T U V W X Y Z
Zapf Book Demi ITC	**A B C D E F G H I J K L M N O P Q R S T U V W X Y Z**
Zapf Book Heavy ITC	**A B C D E F G H I J K L M N O P Q R S T U V W X Y Z**

abcdefghijklmnopqrstuvwxyz&.,"!?1234567890

ABCDEFGHIJKLMNOPQRSTUVWXYZ&.,"!?1234567890

abcdefghijklmnopqrstuvwxyz&.,"!?1234567890

&.,'!?1234567890

abcdefghijklmnopqrstuvwxyz&.,"!?1234567890

abcdefghijklmnopqrstuvwxyz&.,"!?1234567890

abcdefghijklmnopqrstuvwxyz&.,"!?1234567890

abcdefghijklmnopqrstuvwxyz&.,"!?1234567890

abcdefghijklmnopqrstuvwxyz&.,"!?1234567890

abcdefghijklmnopqrstuvwxyz&.,"!?1234567890

abcdefghijklmnopqrstuvwxyz&.,"!?1234567890

abcdefghijklmnopqrstuvwxyz&.,"!?1234567890

abcdefghijklmnopqrstuvwxyz&.,"!?1234567890

abcdefghijklmnopqrstuvwxyz&.,"!?1234567890

abcdefghijklmnopqrstuvwxyz&.,"!?1234567890

abcdefghijklmnopqrstuvwxyz&.,"!?1234567890

abcdefghijklmnopqrstuvwxyz&.,"!?1234567890

abcdefghijklmnopqrstuvwxyz&.,"!?1234567890

abcdefghijklmnopqrstuvwxyz&.,"!?1234567890

abcdefghijklmnopqrstuvwxyz&.,"!?1234567890

abcdefghijklmnopqrstuvwxyz&.,"!?1234567890

abcdefghijklmnopqrstuvwxyz&.,"!?1234567890

Basilia Haas Italic	A B C D E F G H I J K L M N O P Q R S T U V W X Y Z
Basilia Haas Medium Ital	A B C D E F G H I J K L M N O P Q R S T U V W X Y Z
Basilia Haas Bold Italic	A B C D E F G H I J K L M N O P Q R S T U V W X Y Z
Basilia Haas Black Italic	A B C D E F G H I J K L M N O P Q R S T U V W X Y Z
Bodoni Book Italic	A B C D E F G H I J K L M N O P Q R S T U V W X Y Z
Bodoni Italic	A B C D E F G H I J K L M N O P Q R S T U V W X Y Z
Bodoni Bold Italic	A B C D E F G H I J K L M N O P Q R S T U V W X Y Z
Poster Bodoni A Ital	A B C D E F G H I J K L M N O P Q R S T U V W X Y Z
Poster Bodoni B Ital	A B C D E F G H I J K L M N O P Q R S T U V W X Y Z
Bauer Bodoni Italic	A B C D E F G H I J K L M N O P Q R S T U V W X Y Z
Bauer Bodoni Bold Italic	A B C D E F G H I J K L M N O P Q R S T U V W X Y Z
Bauer Bodoni Blk Ital	A B C D E F G H I J K L M N O P Q R S T U V W X Y Z
Bulmer Italic	A B C D E F G H I J K L M N O P Q R S T U V W X Y Z
Caledonia Italic	A B C D E F G H I J K L M N O P Q R S T U V W X Y Z
Caledonia Bold Italic	A B C D E F G H I J K L M N O P Q R S T U V W X Y Z
New Caledonia Italic	A B C D E F G H I J K L M N O P Q R S T U V W X Y Z
New Caledonia Semi-Bd Ital	A B C D E F G H I J K L M N O P Q R S T U V W X Y Z
New Caledonia Bold Italic	A B C D E F G H I J K L M N O P Q R S T U V W X Y Z
New Caledonia Blk Italic	A B C D E F G H I J K L M N O P Q R S T U V W X Y Z
Linotype Cent 46 Light Ital	A B C D E F G H I J K L M N O P Q R S T U V W X Y Z
Linotype Cent 56 Italic	A B C D E F G H I J K L M N O P Q R S T U V W X Y Z
Linotype Cent 76 Bd Ital	A B C D E F G H I J K L M N O P Q R S T U V W X Y Z
Linotype Cent 96 Blk Ital	A B C D E F G H I J K L M N O P Q R S T U V W X Y Z
Century Expanded Italic	A B C D E F G H I J K L M N O P Q R S T U V W X Y Z
Century Bold Italic	A B C D E F G H I J K L M N O P Q R S T U V W X Y Z
Century Schoolbook Italic	A B C D E F G H I J K L M N O P Q R S T U V W X Y Z

a b c d e f g h i j k l m n o p q r s t u v w x y z & . , " ! ? 1 2 3 4 5 6 7 8 9 0

a b c d e f g h i j k l m n o p q r s t u v w x y z & . , " ! ? 1 2 3 4 5 6 7 8 9 0

a b c d e f g h i j k l m n o p q r s t u v w x y z & . , " ! ? 1 2 3 4 5 6 7 8 9 0

a b c d e f g h i j k l m n o p q r s t u v w x y z & . , " ! ? 1 2 3 4 5 6 7 8 9 0

a b c d e f g h i j k l m n o p q r s t u v w x y z & . , " ! ? 1 2 3 4 5 6 7 8 9 0

a b c d e f g h i j k l m n o p q r s t u v w x y z & . , " ! ? 1 2 3 4 5 6 7 8 9 0

a b c d e f g h i j k l m n o p q r s t u v w x y z & . , " ! ? 1 2 3 4 5 6 7 8 9 0

a b c d e f g h i j k l m n o p q r s t u v w x y z & . , " ! ? 1 2 3 4 5 6 7 8 9 0

a b c d e f g h i j k l m n o p q r s t u v w x y z & . , " ! ? 1 2 3 4 5 6 7 8 9 0

a b c d e f g h i j k l m n o p q r s t u v w x y z & . , " ! ? 1 2 3 4 5 6 7 8 9 0

a b c d e f g h i j k l m n o p q r s t u v w x y z & . , " ! ? 1 2 3 4 5 6 7 8 9 0

a b c d e f g h i j k l m n o p q r s t u v w x y z & . , " ! ? 1 2 3 4 5 6 7 8 9 0

a b c d e f g h i j k l m n o p q r s t u v w x y z & . , " ! ? 1 2 3 4 5 6 7 8 9 0

a b c d e f g h i j k l m n o p q r s t u v w x y z & . , " ! ? 1 2 3 4 5 6 7 8 9 0

a b c d e f g h i j k l m n o p q r s t u v w x y z & . , " ! ? 1 2 3 4 5 6 7 8 9 0

a b c d e f g h i j k l m n o p q r s t u v w x y z & . , " ! ? 1 2 3 4 5 6 7 8 9 0

a b c d e f g h i j k l m n o p q r s t u v w x y z & . , " ! ? 1 2 3 4 5 6 7 8 9 0

a b c d e f g h i j k l m n o p q r s t u v w x y z & . , " ! ? 1 2 3 4 5 6 7 8 9 0

a b c d e f g h i j k l m n o p q r s t u v w x y z & . , " ! ? 1 2 3 4 5 6 7 8 9 0

a b c d e f g h i j k l m n o p q r s t u v w x y z & . , " ! ? 1 2 3 4 5 6 7 8 9 0

a b c d e f g h i j k l m n o p q r s t u v w x y z & . , " ! ? 1 2 3 4 5 6 7 8 9 0

a b c d e f g h i j k l m n o p q r s t u v w x y z & . , " ! ? 1 2 3 4 5 6 7 8 9 0

a b c d e f g h i j k l m n o p q r s t u v w x y z & . , " ! ? 1 2 3 4 5 6 7 8 9 0

a b c d e f g h i j k l m n o p q r s t u v w x y z & . , " ! ? 1 2 3 4 5 6 7 8 9 0

a b c d e f g h i j k l m n o p q r s t u v w x y z & . , " ! ? 1 2 3 4 5 6 7 8 9 0

a b c d e f g h i j k l m n o p q r s t u v w x y z & . , " ! ? 1 2 3 4 5 6 7 8 9 0

New Century Schoolbook Italic	*A B C D E F G H I J K L M N O P Q R S T U V W X Y Z*
New Century Schoolbook Semi-Bd Ital	*A B C D E F G H I J K L M N O P Q R S T U V W X Y Z*
New Century Schoolbook Bold Italic	*A B C D E F G H I J K L M N O P Q R S T U V W X Y Z*
New Century Schoolbk Black Ital	*A B C D E F G H I J K L M N O P Q R S T U V W X Y Z*
Century Light Italic ITC	*A B C D E F G H I J K L M N O P Q R S T U V W X Y Z*
Century Book Italic ITC	*A B C D E F G H I J K L M N O P Q R S T U V W X Y Z*
Century Bold Italic ITC	*A B C D E F G H I J K L M N O P Q R S T U V W X Y Z*
Century Ultra Italic ITC	*A B C D E F G H I J K L M N O P Q R S T U V W X Y Z*
Century Light Condensed Ital ITC	*A B C D E F G H I J K L M N O P Q R S T U V W X Y Z*
Century Book Condensed Ital ITC	*A B C D E F G H I J K L M N O P Q R S T U V W X Y Z*
Century Bd Condensed Ital ITC	*A B C D E F G H I J K L M N O P Q R S T U V W X Y Z*
Century Ultra Cond Ital ITC	*A B C D E F G H I J K L M N O P Q R S T U V W X Y Z*
De Vinne Italic	*A B C D E F G H I J K L M N O P Q R S T U V W X Y Z*
Fairfield Medium Italic	*A B C D E F G H I J K L M N O P Q R S T U V W X Y Z*
Fenice Light Italic ITC	*A B C D E F G H I J K L M N O P Q R S T U V W X Y Z*
Fenice Regular Italic ITC	*A B C D E F G H I J K L M N O P Q R S T U V W X Y Z*
Fenice Bold Italic ITC	*A B C D E F G H I J K L M N O P Q R S T U V W X Y Z*
Fenice Ultra Italic ITC	*A B C D E F G H I J K L M N O P Q R S T U V W X Y Z*
Madison Italic	*A B C D E F G H I J K L M N O P Q R S T U V W X Y Z*
Modern No. 216 Lt Ital ITC	*A B C D E F G H I J K L M N O P Q R S T U V W X Y Z*
Modern No. 216 Med Ital ITC	*A B C D E F G H I J K L M N O P Q R S T U V W X Y Z*
Modern No. 216 Bd Ital ITC	*A B C D E F G H I J K L M N O P Q R S T U V W X Y Z*
Mod No. 216 Hvy Ital ITC	*A B C D E F G H I J K L M N O P Q R S T U V W X Y Z*
Normande Italic	*A B C D E F G H I J K L M N O P Q R S T U V W X Y Z*
Primer Italic	*A B C D E F G H I J K L M N O P Q R S T U V W X Y Z*
Torino Italic	*A B C D E F G H I J K L M N O P Q R S T U V W X Y Z*

a b c d e f g h i j k l m n o p q r s t u v w x y z & . , " ! ? 1 2 3 4 5 6 7 8 9 0

a b c d e f g h i j k l m n o p q r s t u v w x y z & . , " ! ? 1 2 3 4 5 6 7 8 9 0

a b c d e f g h i j k l m n o p q r s t u v w x y z & . , " ! ? 1 2 3 4 5 6 7 8 9 0

a b c d e f g h i j k l m n o p q r s t u v w x y z & . , " ! ? 1 2 3 4 5 6 7 8 9 0

a b c d e f g h i j k l m n o p q r s t u v w x y z & . , " ! ? 1 2 3 4 5 6 7 8 9 0

a b c d e f g h i j k l m n o p q r s t u v w x y z & . , " ! ? 1 2 3 4 5 6 7 8 9 0

a b c d e f g h i j k l m n o p q r s t u v w x y z & . , " ! ? 1 2 3 4 5 6 7 8 9 0

a b c d e f g h i j k l m n o p q r s t u v w x y z & . , " ! ? 1 2 3 4 5 6 7 8 9 0

a b c d e f g h i j k l m n o p q r s t u v w x y z & . , " ! ? 1 2 3 4 5 6 7 8 9 0

a b c d e f g h i j k l m n o p q r s t u v w x y z & . , " ! ? 1 2 3 4 5 6 7 8 9 0

a b c d e f g h i j k l m n o p q r s t u v w x y z & . , " ! ? 1 2 3 4 5 6 7 8 9 0

a b c d e f g h i j k l m n o p q r s t u v w x y z & . , " ! ? 1 2 3 4 5 6 7 8 9 0

a b c d e f g h i j k l m n o p q r s t u v w x y z & . , " ! ? 1 2 3 4 5 6 7 8 9 0

a b c d e f g h i j k l m n o p q r s t u v w x y z & . , " ! ? 1 2 3 4 5 6 7 8 9 0

a b c d e f g h i j k l m n o p q r s t u v w x y z & . , " ! ? 1 2 3 4 5 6 7 8 9 0

a b c d e f g h i j k l m n o p q r s t u v w x y z & . , " ! ? 1 2 3 4 5 6 7 8 9 0

a b c d e f g h i j k l m n o p q r s t u v w x y z & . , " ! ? 1 2 3 4 5 6 7 8 9 0

a b c d e f g h i j k l m n o p q r s t u v w x y z & . , " ! ? 1 2 3 4 5 6 7 8 9 0

a b c d e f g h i j k l m n o p q r s t u v w x y z & . , " ! ? 1 2 3 4 5 6 7 8 9 0

a b c d e f g h i j k l m n o p q r s t u v w x y z & . , " ! ? 1 2 3 4 5 6 7 8 9 0

a b c d e f g h i j k l m n o p q r s t u v w x y z & . , " ! ? 1 2 3 4 5 6 7 8 9 0

a b c d e f g h i j k l m n o p q r s t u v w x y z & . , " ! ? 1 2 3 4 5 6 7 8 9 0

a b c d e f g h i j k l m n o p q r s t u v w x y z & . , " ! ? 1 2 3 4 5 6 7 8 9 0

a b c d e f g h i j k l m n o p q r s t u v w x y z & . , " ! ? 1 2 3 4 5 6 7 8 9 0

a b c d e f g h i j k l m n o p q r s t u v w x y z & . , " ! ? 1 2 3 4 5 6 7 8 9 0

a b c d e f g h i j k l m n o p q r s t u v w x y z & . , " ! ? 1 2 3 4 5 6 7 8 9 0

Walbaum Italic	*A B C D E F G H I J K L M N O P Q R S T U V W X Y Z*
Linotype Walbaum Italic	*A B C D E F G H I J K L M N O P Q R S T U V W X Y Z*
Walbaum Bold Italic	***A B C D E F G H I J K L M N O P Q R S T U V W X Y Z***
Zapf Book Light Italic ITC	*A B C D E F G H I J K L M N O P Q R S T U V W X Y Z*
Zapf Book Medium Italic ITC	*A B C D E F G H I J K L M N O P Q R S T U V W X Y Z*
Zapf Book Demi Italic ITC	*A B C D E F G H I J K L M N O P Q R S T U V W X Y Z*
Zapf Book Heavy Italic ITC	***A B C D E F G H I J K L M N O P Q R S T U V W X Y Z***

OLD STYLE FIGURES

Arrighi Italic	1 2 3 4 5 6 7 8 9 0	Garamond No. 3	1 2 3 4 5 6 7 8 9 0
Baskerville	1 2 3 4 5 6 7 8 9 0	*Garamond No. 3 Italic*	1 2 3 4 5 6 7 8 9 0
Baskerville Italic	1 2 3 4 5 6 7 8 9 0	**Garamond No. 3 Bold**	1 2 3 4 5 6 7 8 9 0
Baskerville Bold	1 2 3 4 5 6 7 8 9 0	Goudy Old Style	1 2 3 4 5 6 7 8 9 0
New Caledonia	1 2 3 4 5 6 7 8 9 0	*Medici Script*	1 2 3 4 5 6 7 8 9 0
New Caledonia Bold	1 2 3 4 5 6 7 8 9 0	Old Style S	1 2 3 4 5 6 7 8 9 0
Cartier	1 2 3 4 5 6 7 8 9 0	*Old Style S Italic*	1 2 3 4 5 6 7 8 9 0
Cartier Italic	1 2 3 4 5 6 7 8 9 0	**Old Style S Bold**	1 2 3 4 5 6 7 8 9 0
Centaur	1 2 3 4 5 6 7 8 9 0	*Park Avenue Script*	1 2 3 4 5 6 7 8 9 0
Cloister Bold	1 2 3 4 5 6 7 8 9 0	*Snell Roundhand Script*	1 2 3 4 5 6 7 8 9 0
Nicholas Cochin	1 2 3 4 5 6 7 8 9 0	*Snell Roundhand Bd Script*	1 2 3 4 5 6 7 8 9 0
Nicholas Cochin Black	1 2 3 4 5 6 7 8 9 0	*Snell Roundhand Blk Script*	1 2 3 4 5 6 7 8 9 0
Electra	1 2 3 4 5 6 7 8 9 0	Times	1 2 3 4 5 6 7 8 9 0
Galliard	1 2 3 4 5 6 7 8 9 0	*Times Italic*	1 2 3 4 5 6 7 8 9 0
Galliard Italic	1 2 3 4 5 6 7 8 9 0	**Times Bold**	1 2 3 4 5 6 7 8 9 0
Galliard Bold	1 2 3 4 5 6 7 8 9 0	***Times Bold Italic***	1 2 3 4 5 6 7 8 9 0
Gando Ronde Script	1 2 3 4 5 6 7 8 9 0		

a b c d e f g h i j k l m n o p q r s t u v w x y z & . , " ! ? 1 2 3 4 5 6 7 8 9 0

a b c d e f g h i j k l m n o p q r s t u v w x y z & . , " ! ? 1 2 3 4 5 6 7 8 9 0

a b c d e f g h i j k l m n o p q r s t u v w x y z & . , " ! ? 1 2 3 4 5 6 7 8 9 0

a b c d e f g h i j k l m n o p q r s t u v w x y z & . , " ! ? 1 2 3 4 5 6 7 8 9 0

a b c d e f g h i j k l m n o p q r s t u v w x y z & . , " ! ? 1 2 3 4 5 6 7 8 9 0

a b c d e f g h i j k l m n o p q r s t u v w x y z & . , " ! ? 1 2 3 4 5 6 7 8 9 0

a b c d e f g h i j k l m n o p q r s t u v w x y z & . , " ! ? 1 2 3 4 5 6 7 8 9 0

Linotype Disk Alphabet Showing
(Times Roman)

abcdefghijklmnopqrstuvwxyz
ABCDEFGHIJKLMNO
PQRSTUVWXYZ
1234567890&1234567890$¢£%
ÅÇÉÈÔÜØÆŒßåçéèôøæœü
(:;,.!?¿·""–"—'/'#*)[†‡§1234567890]

abcdefghijklmnopqrstuvwxyz
ABCDEFGHIJKLMNO
PQRSTUVWXYZ1234567890
ABCDEFGHIJKLMNOPQRSTUVWXYZ
1234567890

In the wake of industrialization in the early 19th century there evolved in England a group of typefaces with little or no difference between hairlines and main strokes. All elements of the letterform, including serifs, have the same optical stroke thickness. This applies both for light as well as heavy weights. Emphasis on serifs is the common stylistic element. The group also comprises two other sharply distinguished kinds of typefaces: Clarendon, or Egyptienne, and Italienne. The former feature smooth transitions to the serifs whilst the Italienne letters have been extended, with the serifs appearing over-emphasized, their weight being stronger than the other letter elements.

Part Four: Slab Serif

A & S Gallatin**

Aachen ᵀˢᴵ**

Amer Typewriter ᴵᵀᶜ**

Beton

Candida**

Cheltenham

Cheltenham Nova

Cheltenham ᴵᵀᶜ**

City

Clarendon

Clarinda Typewriter

Congress ᵀˢᴵ**

Corona*

Egyptian 505

Egyptienne F*

Excelsior*

Glypha*

Italia ᴵᵀᶜ**

Joanna**

Lubalin Graph ᴵᵀᶜ**

Melior*

Memphis*

Playbill

Prestige Elite

Rockwell

Stempel Schadow

Serifa

Stymie

Textype*

Venus Egyptienne**

*Trademark of Linotype AG and/or its Subsidiaries
**Licensed Trademark

A & S Gallatin Light	A B C D E F G H I J K L M N O P Q R S T U V W X Y Z
A & S Gallatin Medium	A B C D E F G H I J K L M N O P Q R S T U V W X Y Z
A & S Gallatin Bold	**A B C D E F G H I J K L M N O P Q R S T U V W X Y Z**
Aachen Bold TSI	**A B C D E F G H I J K L M N O P Q R S T U V W X Y Z**
American Typewriter Lt ITC	A B C D E F G H I J K L M N O P Q R S T U V W X Y Z
American Typewriter Med ITC	A B C D E F G H I J K L M N O P Q R S T U V W X Y Z
American Typewriter Bd ITC	**A B C D E F G H I J K L M N O P Q R S T U V W X Y Z**
American Typewriter Lt Cond ITC	A B C D E F G H I J K L M N O P Q R S T U V W X Y Z
American Typewriter Med Cond ITC	A B C D E F G H I J K L M N O P Q R S T U V W X Y Z
American Typewriter Bd Cond ITC	**A B C D E F G H I J K L M N O P Q R S T U V W X Y Z**
Beton Bold	**A B C D E F G H I J K L M N O P Q R S T U V W X Y Z**
Beton Extra Bold	**A B C D E F G H I J K L M N O P Q R S T U V W X Y Z**
Beton Bold Condensed	**A B C D E F G H I J K L M N O P Q R S T U V W X Y Z**
Candida	A B C D E F G H I J K L M N O P Q R S T U V W X Y Z
Candida Bold	**A B C D E F G H I J K L M N O P Q R S T U V W X Y Z**
Cheltenham	A B C D E F G H I J K L M N O P Q R S T U V W X Y Z
Cheltenham Bold	**A B C D E F G H I J K L M N O P Q R S T U V W X Y Z**
Cheltenham Bold Condensed	**A B C D E F G H I J K L M N O P Q R S T U V W X Y Z**
Cheltenham Bold Extra Condensed	**A B C D E F G H I J K L M N O P Q R S T U V W X Y Z**
Cheltenham Nova	A B C D E F G H I J K L M N O P Q R S T U V W X Y Z
Cheltenham Nova Bold	**A B C D E F G H I J K L M N O P Q R S T U V W X Y Z**
Cheltenham Light ITC	A B C D E F G H I J K L M N O P Q R S T U V W X Y Z
Cheltenham Book ITC	A B C D E F G H I J K L M N O P Q R S T U V W X Y Z
Cheltenham Bold ITC	**A B C D E F G H I J K L M N O P Q R S T U V W X Y Z**
Cheltenham Ultra ITC	**A B C D E F G H I J K L M N O P Q R S T U V W X Y Z**
Cheltenham Light Condensed ITC	A B C D E F G H I J K L M N O P Q R S T U V W X Y Z
Cheltenham Book Condensed ITC	**A B C D E F G H I J K L M N O P Q R S T U V W X Y Z**

abcdefghijklmnopqrstuvwxyz&.,"!?1234567890

abcdefghijklmnopqrstuvwxyz&.,"!?1234567890

abcdefghijklmnopqrstuvwxyz&.,"!?1234567890

abcdefghijklmnopqrstuvwxyz&.,"!?1234567890

abcdefghijklmnopqrstuvwxyz&.,"!?1234567890

abcdefghijklmnopqrstuvwxyz&.,"!?1234567890

abcdefghijklmnopqrstuvwxyz&.,"!?1234567890

abcdefghijklmnopqrstuvwxyz&.,"!?1234567890

abcdefghijklmnopqrstuvwxyz&.,"!?1234567890

abcdefghijklmnopqrstuvwxyz&.,"!?1234567890

abcdefghijklmnopqrstuvwxyz&.,"!?1234567890

abcdefghijklmnopqrstuvwxyz&.,"!?1234567890

abcdefghijklmnopqrstuvwxyz&.,"!?1234567890

abcdefghijklmnopqrstuvwxyz&.,"!?1234567890

abcdefghijklmnopqrstuvwxyz&.,"!?1234567890

abcdefghijklmnopqrstuvwxyz&.,"!?1234567890

abcdefghijklmnopqrstuvwxyz&.,"!?1234567890

abcdefghijklmnopqrstuvwxyz&.,"!?1234567890

abcdefghijklmnopqrstuvwxyz&.,"!?1234567890

abcdefghijklmnopqrstuvwxyz&.,"!?1234567890

abcdefghijklmnopqrstuvwxyz&.,"!?1234567890

abcdefghijklmnopqrstuvwxyz&.,"!?1234567890

abcdefghijklmnopqrstuvwxyz&.,"!?1234567890

abcdefghijklmnopqrstuvwxyz&.,"!?1234567890

abcdefghijklmnopqrstuvwxyz&.,"!?1234567890

abcdefghijklmnopqrstuvwxyz&.,"!?1234567890

abcdefghijklmnopqrstuvwxyz&.,"!?1234567890

Cheltenham Bd Condensed ITC	A B C D E F G H I J K L M N O P Q R S T U V W X Y Z
Cheltenham Ultra Cond ITC	A B C D E F G H I J K L M N O P Q R S T U V W X Y Z
City Light	A B C D E F G H I J K L M N O P Q R S T U V W X Y Z
City Medium	A B C D E F G H I J K L M N O P Q R S T U V W X Y Z
City Bold	A B C D E F G H I J K L M N O P Q R S T U V W X Y Z
Clarendon Light	A B C D E F G H I J K L M N O P Q R S T U V W X Y Z
Clarendon	A B C D E F G H I J K L M N O P Q R S T U V W X Y Z
Clarendon Heavy	A B C D E F G H I J K L M N O P Q R S T U V W X Y Z
Clarendon Bold	A B C D E F G H I J K L M N O P Q R S T U V W X Y Z
Clarendon Black	A B C D E F G H I J K L M N O P Q R S T U V W X Y Z
Clarendon Condensed	A B C D E F G H I J K L M N O P Q R S T U V W X Y Z
Clarendon Bold Condensed	A B C D E F G H I J K L M N O P Q R S T U V W X Y Z
Clarinda Typewriter	A B C D E F G H I J K L M N O P Q R S T U V W X Y Z
Clarinda Typewriter Underscore	A̲ B̲ C̲ D̲ E̲ F̲ G̲ H̲ I̲ J̲ K̲ L̲ M̲ N̲ O̲ P̲ Q̲ R̲ S̲ T̲ U̲ V̲ W̲ X̲ Y̲ Z̲
Congress TSI	A B C D E F G H I J K L M N O P Q R S T U V W X Y Z
Congress Medium TSI	A B C D E F G H I J K L M N O P Q R S T U V W X Y Z
Congress Bold	A B C D E F G H I J K L M N O P Q R S T U V W X Y Z
Congress Heavy TSI	A B C D E F G H I J K L M N O P Q R S T U V W X Y Z
Corona	A B C D E F G H I J K L M N O P Q R S T U V W X Y Z
Corona Bold Face No. 2	A B C D E F G H I J K L M N O P Q R S T U V W X Y Z
Egyptian 505 Light	A B C D E F G H I J K L M N O P Q R S T U V W X Y Z
Egyptian 505	A B C D E F G H I J K L M N O P Q R S T U V W X Y Z
Egyptian 505 Medium	A B C D E F G H I J K L M N O P Q R S T U V W X Y Z
Egyptian 505 Bold	A B C D E F G H I J K L M N O P Q R S T U V W X Y Z
Egyptienne F 55	A B C D E F G H I J K L M N O P Q R S T U V W X Y Z
Egyptienne F 65 Bold	A B C D E F G H I J K L M N O P Q R S T U V W X Y Z
Egyptienne F 75 Black	A B C D E F G H I J K L M N O P Q R S T U V W X Y Z

a b c d e f g h i j k l m n o p q r s t u v w x y z & . , " ! ? 1 2 3 4 5 6 7 8 9 0

a b c d e f g h i j k l m n o p q r s t u v w x y z & . , " ! ? 1 2 3 4 5 6 7 8 9 0

a b c d e f g h i j k l m n o p q r s t u v w x y z & . , " ! ? 1 2 3 4 5 6 7 8 9 0

a b c d e f g h i j k l m n o p q r s t u v w x y z & . , " ! ? 1 2 3 4 5 6 7 8 9 0

a b c d e f g h i j k l m n o p q r s t u v w x y z & . , " ! ? 1 2 3 4 5 6 7 8 9 0

a b c d e f g h i j k l m n o p q r s t u v w x y z & . , " ! ? 1 2 3 4 5 6 7 8 9 0

a b c d e f g h i j k l m n o p q r s t u v w x y z & . , " ! ? 1 2 3 4 5 6 7 8 9 0

a b c d e f g h i j k l m n o p q r s t u v w x y z & . , " ! ? 1 2 3 4 5 6 7 8 9 0

a b c d e f g h i j k l m n o p q r s t u v w x y z & . , " ! ? 1 2 3 4 5 6 7 8 9 0

a b c d e f g h i j k l m n o p q r s t u v w x y z & . , " ! ? 1 2 3 4 5 6 7 8 9 0

a b c d e f g h i j k l m n o p q r s t u v w x y z & . , " ! ? 1 2 3 4 5 6 7 8 9 0

a b c d e f g h i j k l m n o p q r s t u v w x y z & . , " ! ? 1 2 3 4 5 6 7 8 9 0

a b c d e f g h i j k l m n o p q r s t u v w x y z & . , " ! ? 1 2 3 4 5 6 7 8 9 0

<u>a b c d e f g h i j k l m n o p q r s t u v w x y z & . , " ! ? 1 2 3 4 5 6 7 8 9 0</u>

a b c d e f g h i j k l m n o p q r s t u v w x y z & . , " ! ? 1 2 3 4 5 6 7 8 9 0

a b c d e f g h i j k l m n o p q r s t u v w x y z & . , " ! ? 1 2 3 4 5 6 7 8 9 0

a b c d e f g h i j k l m n o p q r s t u v w x y z & . , " ! ? 1 2 3 4 5 6 7 8 9 0

a b c d e f g h i j k l m n o p q r s t u v w x y z & . , " ! ? 1 2 3 4 5 6 7 8 9 0

a b c d e f g h i j k l m n o p q r s t u v w x y z & . , " ! ? 1 2 3 4 5 6 7 8 9 0

a b c d e f g h i j k l m n o p q r s t u v w x y z & . , " ! ? 1 2 3 4 5 6 7 8 9 0

a b c d e f g h i j k l m n o p q r s t u v w x y z & . , " ! ? 1 2 3 4 5 6 7 8 9 0

a b c d e f g h i j k l m n o p q r s t u v w x y z & . , " ! ? 1 2 3 4 5 6 7 8 9 0

a b c d e f g h i j k l m n o p q r s t u v w x y z & . , " ! ? 1 2 3 4 5 6 7 8 9 0

a b c d e f g h i j k l m n o p q r s t u v w x y z & . , " ! ? 1 2 3 4 5 6 7 8 9 0

a b c d e f g h i j k l m n o p q r s t u v w x y z & . , " ! ? 1 2 3 4 5 6 7 8 9 0

a b c d e f g h i j k l m n o p q r s t u v w x y z & . , " ! ? 1 2 3 4 5 6 7 8 9 0

a b c d e f g h i j k l m n o p q r s t u v w x y z & . , " ! ? 1 2 3 4 5 6 7 8 9 0

Egyptienne F 67 Bold Condensed	**A B C D E F G H I J K L M N O P Q R S T U V W X Y Z**
Excelsior	A B C D E F G H I J K L M N O P Q R S T U V W X Y Z
Excelsior Bd Face No. 2	**A B C D E F G H I J K L M N O P Q R S T U V W X Y Z**
Glypha 35 Thin	A B C D E F G H I J K L M N O P Q R S T U V W X Y Z
Glypha 45 Light	A B C D E F G H I J K L M N O P Q R S T U V W X Y Z
Glypha 55	A B C D E F G H I J K L M N O P Q R S T U V W X Y Z
Glypha 65 Bold	**A B C D E F G H I J K L M N O P Q R S T U V W X Y Z**
Glypha 75 Black	**A B C D E F G H I J K L M N O P Q R S T U V W X Y Z**
Italia Book ITC	A B C D E F G H I J K L M N O P Q R S T U V W X Y Z
Italia Medium ITC	A B C D E F G H I J K L M N O P Q R S T U V W X Y Z
Italia Bold ITC	**A B C D E F G H I J K L M N O P Q R S T U V W X Y Z**
Joanna	A B C D E F G H I J K L M N O P Q R S T U V W X Y Z
Joanna Bold	**A B C D E F G H I J K L M N O P Q R S T U V W X Y Z**
Joanna Extra Bold	**A B C D E F G H I J K L M N O P Q R S T U V W X Y Z**
Lubalin Graph Extra Lt ITC	A B C D E F G H I J K L M N O P Q R S T U V W X Y Z
Lubalin Graph Book ITC	A B C D E F G H I J K L M N O P Q R S T U V W X Y Z
Lubalin Graph Med ITC	A B C D E F G H I J K L M N O P Q R S T U V W X Y Z
Lubalin Graph Demi ITC	**A B C D E F G H I J K L M N O P Q R S T U V W X Y Z**
Lubalin Graph Bold ITC	**A B C D E F G H I J K L M N O P Q R S T U V W X Y Z**
Melior	A B C D E F G H I J K L M N O P Q R S T U V W X Y Z
Melior Medium	A B C D E F G H I J K L M N O P Q R S T U V W X Y Z
Melior Bold	**A B C D E F G H I J K L M N O P Q R S T U V W X Y Z**
Melior Black	**A B C D E F G H I J K L M N O P Q R S T U V W X Y Z**
Memphis Light	A B C D E F G H I J K L M N O P Q R S T U V W X Y Z
Memphis Medium	A B C D E F G H I J K L M N O P Q R S T U V W X Y Z
Memphis Bold	**A B C D E F G H I J K L M N O P Q R S T U V W X Y Z**
Memphis Extra Bold	**A B C D E F G H I J K L M N O P Q R S T U V W X Y Z**

a b c d e f g h i j k l m n o p q r s t u v w x y z & . , " ! ? 1 2 3 4 5 6 7 8 9 0

a b c d e f g h i j k l m n o p q r s t u v w x y z & . , " ! ? 1 2 3 4 5 6 7 8 9 0

a b c d e f g h i j k l m n o p q r s t u v w x y z & . , " ! ? 1 2 3 4 5 6 7 8 9 0

a b c d e f g h i j k l m n o p q r s t u v w x y z & . , " ! ? 1 2 3 4 5 6 7 8 9 0

a b c d e f g h i j k l m n o p q r s t u v w x y z & . , " ! ? 1 2 3 4 5 6 7 8 9 0

a b c d e f g h i j k l m n o p q r s t u v w x y z & . , " ! ? 1 2 3 4 5 6 7 8 9 0

a b c d e f g h i j k l m n o p q r s t u v w x y z & . , " ! ? 1 2 3 4 5 6 7 8 9 0

a b c d e f g h i j k l m n o p q r s t u v w x y z & . , " ! ? 1 2 3 4 5 6 7 8 9 0

a b c d e f g h i j k l m n o p q r s t u v w x y z & . , " ! ? 1 2 3 4 5 6 7 8 9 0

a b c d e f g h i j k l m n o p q r s t u v w x y z & . , " ! ? 1 2 3 4 5 6 7 8 9 0

a b c d e f g h i j k l m n o p q r s t u v w x y z & . , " ! ? 1 2 3 4 5 6 7 8 9 0

a b c d e f g h i j k l m n o p q r s t u v w x y z & . , " ! ? 1 2 3 4 5 6 7 8 9 0

a b c d e f g h i j k l m n o p q r s t u v w x y z & . , " ! ? 1 2 3 4 5 6 7 8 9 0

a b c d e f g h i j k l m n o p q r s t u v w x y z & . , " ! ? 1 2 3 4 5 6 7 8 9 0

a b c d e f g h i j k l m n o p q r s t u v w x y z & . , " ! ? 1 2 3 4 5 6 7 8 9 0

a b c d e f g h i j k l m n o p q r s t u v w x y z & . , " ! ? 1 2 3 4 5 6 7 8 9 0

a b c d e f g h i j k l m n o p q r s t u v w x y z & . , " ! ? 1 2 3 4 5 6 7 8 9 0

a b c d e f g h i j k l m n o p q r s t u v w x y z & . , " ! ? 1 2 3 4 5 6 7 8 9 0

a b c d e f g h i j k l m n o p q r s t u v w x y z & . , " ! ? 1 2 3 4 5 6 7 8 9 0

a b c d e f g h i j k l m n o p q r s t u v w x y z & . , " ! ? 1 2 3 4 5 6 7 8 9 0

a b c d e f g h i j k l m n o p q r s t u v w x y z & . , " ! ? 1 2 3 4 5 6 7 8 9 0

a b c d e f g h i j k l m n o p q r s t u v w x y z & . , " ! ? 1 2 3 4 5 6 7 8 9 0

a b c d e f g h i j k l m n o p q r s t u v w x y z & . , " ! ? 1 2 3 4 5 6 7 8 9 0

a b c d e f g h i j k l m n o p q r s t u v w x y z & . , " ! ? 1 2 3 4 5 6 7 8 9 0

a b c d e f g h i j k l m n o p q r s t u v w x y z & . , " ! ? 1 2 3 4 5 6 7 8 9 0

a b c d e f g h i j k l m n o p q r s t u v w x y z & . , " ! ? 1 2 3 4 5 6 7 8 9 0

Memphis Medium Condensed	A B C D E F G H I J K L M N O P Q R S T U V W X Y Z
Memphis Bold Condensed	**A B C D E F G H I J K L M N O P Q R S T U V W X Y Z**
Memphis Extra Bold Condensed	**A B C D E F G H I J K L M N O P Q R S T U V W X Y Z**
Playbill	**A B C D E F G H I J K L M N O P Q R S T U V W X Y Z**
Prestige Elite Typewriter	A B C D E F G H I J K L M N O P Q R S T U V W X Y Z
Rockwell Light	A B C D E F G H I J K L M N O P Q R S T U V W X Y Z
Rockwell	A B C D E F G H I J K L M N O P Q R S T U V W X Y Z
Rockwell Bold	**A B C D E F G H I J K L M N O P Q R S T U V W X Y Z**
Rockwell Extra Bold	**A B C D E F G H I J K L M N O P Q R S T U V W X Y Z**
Stempel Schadow Light	A B C D E F G H I J K L M N O P Q R S T U V W X Y Z
Stempel Schadow	A B C D E F G H I J K L M N O P Q R S T U V W X Y Z
Stempel Schadow Med	A B C D E F G H I J K L M N O P Q R S T U V W X Y Z
Stempel Schadow Bold	**A B C D E F G H I J K L M N O P Q R S T U V W X Y Z**
Stempel Schadow Blk	**A B C D E F G H I J K L M N O P Q R S T U V W X Y Z**
Stempel Schadow Black Condensed	**A B C D E F G H I J K L M N O P Q R S T U V W X Y Z**
Serifa 35 Thin	A B C D E F G H I J K L M N O P Q R S T U V W X Y Z
Serifa 45 Light	A B C D E F G H I J K L M N O P Q R S T U V W X Y Z
Serifa 55	A B C D E F G H I J K L M N O P Q R S T U V W X Y Z
Serifa 65 Bold	**A B C D E F G H I J K L M N O P Q R S T U V W X Y Z**
Serifa 75 Black	**A B C D E F G H I J K L M N O P Q R S T U V W X Y Z**
Serifa 67 Bold Condensed	**A B C D E F G H I J K L M N O P Q R S T U V W X Y Z**
L&C Stymie Hairline ITC	A B C D E F G H I J K L M N O P Q R S T U V W X Y Z
Stymie Light	A B C D E F G H I J K L M N O P Q R S T U V W X Y Z
Stymie Extra Bold	**A B C D E F G H I J K L M N O P Q R S T U V W X Y Z**
Textype	A B C D E F G H I J K L M N O P Q R S T U V W X Y Z
Textype Bold	**A B C D E F G H I J K L M N O P Q R S T U V W X Y Z**
Venus Egyptienne Bold	A B C D E F G H I J K L M N O P Q R S T U V W X Y Z

α b c d e f g h i j k l m n o p q r s t u v w x y z & . , " ! ? 1 2 3 4 5 6 7 8 9 0

α b c d e f g h i j k l m n o p q r s t u v w x y z & . , " ! ? 1 2 3 4 5 6 7 8 9 0

α b c d e f g h i j k l m n o p q r s t u v w x y z & . , " ! ? 1 2 3 4 5 6 7 8 9 0

a b c d e f g h i j k l m n o p q r s t u v w x y z & . , " ! ? 1 2 3 4 5 6 7 8 9 0

a b c d e f g h i j k l m n o p q r s t u v w x y z & . , " ! ? 1 2 3 4 5 6 7 8 9 0

a b c d e f g h i j k l m n o p q r s t u v w x y z & . , " ! ? 1 2 3 4 5 6 7 8 9 0

a b c d e f g h i j k l m n o p q r s t u v w x y z & . , " ! ? 1 2 3 4 5 6 7 8 9 0

a b c d e f g h i j k l m n o p q r s t u v w x y z & . , " ! ? 1 2 3 4 5 6 7 8 9 0

abcdefghijklmnopqrstuvwxyz&.,"!?1234567890

a b c d e f g h i j k l m n o p q r s t u v w x y z & . , " ! ? 1 2 3 4 5 6 7 8 9 0

a b c d e f g h i j k l m n o p q r s t u v w x y z & . , " ! ? 1 2 3 4 5 6 7 8 9 0

a b c d e f g h i j k l m n o p q r s t u v w x y z & . , " ! ? 1 2 3 4 5 6 7 8 9 0

a b c d e f g h i j k l m n o p q r s t u v w x y z & . , " ! ? 1 2 3 4 5 6 7 8 9 0

a b c d e f g h i j k l m n o p q r s t u v w x y z & . , " ! ? 1 2 3 4 5 6 7 8 9 0

a b c d e f g h i j k l m n o p q r s t u v w x y z & . , " ! ? 1 2 3 4 5 6 7 8 9 0

a b c d e f g h i j k l m n o p q r s t u v w x y z & . , " ! ? 1 2 3 4 5 6 7 8 9 0

a b c d e f g h i j k l m n o p q r s t u v w x y z & . , " ! ? 1 2 3 4 5 6 7 8 9 0

a b c d e f g h i j k l m n o p q r s t u v w x y z & . , " ! ? 1 2 3 4 5 6 7 8 9 0

a b c d e f g h i j k l m n o p q r s t u v w x y z & . , " ! ? 1 2 3 4 5 6 7 8 9 0

a b c d e f g h i j k l m n o p q r s t u v w x y z & . , " ! ? 1 2 3 4 5 6 7 8 9 0

a b c d e f g h i j k l m n o p q r s t u v w x y z & . , " ! ? 1 2 3 4 5 6 7 8 9 0

a b c d e f g h i j k l m n o p q r s t u v w x y z & . , " ! ? 1 2 3 4 5 6 7 8 9 0

a b c d e f g h i j k l m n o p q r s t u v w x y z & . , " ! ? 1 2 3 4 5 6 7 8 9 0

abcdefghijklmnopqrstuvwxyz&.,"!?1234567890

a b c d e f g h i j k l m n o p q r s t u v w x y z & . , " ! ? 1 2 3 4 5 6 7 8 9 0

a b c d e f g h i j k l m n o p q r s t u v w x y z & . , " ! ? 1 2 3 4 5 6 7 8 9 0

a b c d e f g h i j k l m n o p q r s t u v w x y z & . , " ! ? 1 2 3 4 5 6 7 8 9 0

Candida Italic	*A B C D E F G H I J K L M N O P Q R S T U V W X Y Z*
Cheltenham Italic	*A B C D E F G H I J K L M N O P Q R S T U V W X Y Z*
Cheltenham Bold Italic	**A B C D E F G H I J K L M N O P Q R S T U V W X Y Z**
Cheltenham Bd Condensed Italic	**A B C D E F G H I J K L M N O P Q R S T U V W X Y Z**
Cheltenham Light Italic [ITC]	*A B C D E F G H I J K L M N O P Q R S T U V W X Y Z*
Cheltenham Book Italic [ITC]	*A B C D E F G H I J K L M N O P Q R S T U V W X Y Z*
Cheltenham Bold Italic [ITC]	**A B C D E F G H I J K L M N O P Q R S T U V W X Y Z**
Cheltenham Ultra Ital [ITC]	**A B C D E F G H I J K L M N O P Q R S T U V W X Y Z**
Cheltenham Lt Condensed Ital [ITC]	*A B C D E F G H I J K L M N O P Q R S T U V W X Y Z*
Cheltenham Book Cond Italic [ITC]	*A B C D E F G H I J K L M N O P Q R S T U V W X Y Z*
Cheltenham Bold Cond Ital [ITC]	**A B C D E F G H I J K L M N O P Q R S T U V W X Y Z**
Cheltenham Ultra Cond Ital [ITC]	**A B C D E F G H I J K L M N O P Q R S T U V W X Y Z**
Congress Italic [TSI]	*A B C D E F G H I J K L M N O P Q R S T U V W X Y Z*
Corona Italic	*A B C D E F G H I J K L M N O P Q R S T U V W X Y Z*
Egyptienne F 56 Italic	*A B C D E F G H I J K L M N O P Q R S T U V W X Y Z*
Excelsior Italic	*A B C D E F G H I J K L M N O P Q R S T U V W X Y Z*
Glypha 36 Thin Italic	*A B C D E F G H I J K L M N O P Q R S T U V W X Y Z*
Glypha 46 Light Italic	*A B C D E F G H I J K L M N O P Q R S T U V W X Y Z*
Glypha 56 Italic	*A B C D E F G H I J K L M N O P Q R S T U V W X Y Z*
Glypha 66 Bold Italic	**A B C D E F G H I J K L M N O P Q R S T U V W X Y Z**
Glypha 76 Black Italic	**A B C D E F G H I J K L M N O P Q R S T U V W X Y Z**
Joanna Italic	A B C D E F G H I J K L M N O P Q R S T U V W X Y Z
Lubalin Graph Ex Lt Oblique [ITC]	*A B C D E F G H I J K L M N O P Q R S T U V W X Y Z*
Lubalin Graph Book Oblique [ITC]	*A B C D E F G H I J K L M N O P Q R S T U V W X Y Z*
Lubalin Graph Med Oblique [ITC]	**A B C D E F G H I J K L M N O P Q R S T U V W X Y Z**
Lubalin Graph Demi Oblique [ITC]	**A B C D E F G H I J K L M N O P Q R S T U V W X Y Z**

a b c d e f g h i j k l m n o p q r s t u v w x y z & . , " ! ? 1 2 3 4 5 6 7 8 9 0

a b c d e f g h i j k l m n o p q r s t u v w x y z & . , " ! ? 1 2 3 4 5 6 7 8 9 0

a b c d e f g h i j k l m n o p q r s t u v w x y z & . , " ! ? 1 2 3 4 5 6 7 8 9 0

a b c d e f g h i j k l m n o p q r s t u v w x y z & . , " ! ? 1 2 3 4 5 6 7 8 9 0

a b c d e f g h i j k l m n o p q r s t u v w x y z & . , " ! ? 1 2 3 4 5 6 7 8 9 0

a b c d e f g h i j k l m n o p q r s t u v w x y z & . , " ! ? 1 2 3 4 5 6 7 8 9 0

a b c d e f g h i j k l m n o p q r s t u v w x y z & . , " ! ? 1 2 3 4 5 6 7 8 9 0

a b c d e f g h i j k l m n o p q r s t u v w x y z & . , " ! ? 1 2 3 4 5 6 7 8 9 0

a b c d e f g h i j k l m n o p q r s t u v w x y z & . , " ! ? 1 2 3 4 5 6 7 8 9 0

a b c d e f g h i j k l m n o p q r s t u v w x y z & . , " ! ? 1 2 3 4 5 6 7 8 9 0

a b c d e f g h i j k l m n o p q r s t u v w x y z & . , " ! ? 1 2 3 4 5 6 7 8 9 0

a b c d e f g h i j k l m n o p q r s t u v w x y z & . , " ! ? 1 2 3 4 5 6 7 8 9 0

a b c d e f g h i j k l m n o p q r s t u v w x y z & . , " ! ? 1 2 3 4 5 6 7 8 9 0

a b c d e f g h i j k l m n o p q r s t u v w x y z & . , " ! ? 1 2 3 4 5 6 7 8 9 0

a b c d e f g h i j k l m n o p q r s t u v w x y z & . , " ! ? 1 2 3 4 5 6 7 8 9 0

a b c d e f g h i j k l m n o p q r s t u v w x y z & . , " ! ? 1 2 3 4 5 6 7 8 9 0

a b c d e f g h i j k l m n o p q r s t u v w x y z & . , " ! ? 1 2 3 4 5 6 7 8 9 0

a b c d e f g h i j k l m n o p q r s t u v w x y z & . , " ! ? 1 2 3 4 5 6 7 8 9 0

a b c d e f g h i j k l m n o p q r s t u v w x y z & . , " ! ? 1 2 3 4 5 6 7 8 9 0

a b c d e f g h i j k l m n o p q r s t u v w x y z & . , " ! ? 1 2 3 4 5 6 7 8 9 0

a b c d e f g h i j k l m n o p q r s t u v w x y z & . , " ! ? 1 2 3 4 5 6 7 8 9 0

a b c d e f g h i j k l m n o p q r s t u v w x y z & . , " ! ? 1 2 3 4 5 6 7 8 9 0

a b c d e f g h i j k l m n o p q r s t u v w x y z & . , " ! ? 1 2 3 4 5 6 7 8 9 0

a b c d e f g h i j k l m n o p q r s t u v w x y z & . , " ! ? 1 2 3 4 5 6 7 8 9 0

a b c d e f g h i j k l m n o p q r s t u v w x y z & . , " ! ? 1 2 3 4 5 6 7 8 9 0

a b c d e f g h i j k l m n o p q r s t u v w x y z & . , " ! ? 1 2 3 4 5 6 7 8 9 0

Lubalin Graph Bd Oblique ITC	**A B C D E F G H I J K L M N O P Q R S T U V W X Y Z**
Melior Italic	*A B C D E F G H I J K L M N O P Q R S T U V W X Y Z*
Melior Medium Italic	*A B C D E F G H I J K L M N O P Q R S T U V W X Y Z*
Melior Bold Italic	**A B C D E F G H I J K L M N O P Q R S T U V W X Y Z**
Melior Black Italic	**A B C D E F G H I J K L M N O P Q R S T U V W X Y Z**
Memphis Light Italic	*A B C D E F G H I J K L M N O P Q R S T U V W X Y Z*
Memphis Medium Italic	*A B C D E F G H I J K L M N O P Q R S T U V W X Y Z*
Memphis Bold Italic	**A B C D E F G H I J K L M N O P Q R S T U V W X Y Z**
Memphis Extra Bold Ital	**A B C D E F G H I J K L M N O P Q R S T U V W X Y Z**
Rockwell Light Italic	*A B C D E F G H I J K L M N O P Q R S T U V W X Y Z*
Rockwell Italic	**A B C D E F G H I J K L M N O P Q R S T U V W X Y Z**
Stempel Schadow Light Ital	*A B C D E F G H I J K L M N O P Q R S T U V W X Y Z*
Stempel Schadow Italic	*A B C D E F G H I J K L M N O P Q R S T U V W X Y Z*
Stempel Schadow Med Ital	**A B C D E F G H I J K L M N O P Q R S T U V W X Y Z**
Stempel Schadow Bd Ital	**A B C D E F G H I J K L M N O P Q R S T U V W X Y Z**
Stempel Schadow Blk Ital	**A B C D E F G H I J K L M N O P Q R S T U V W X Y Z**
Serifa 36 Thin Italic	*A B C D E F G H I J K L M N O P Q R S T U V W X Y Z*
Serifa 46 Light Italic	*A B C D E F G H I J K L M N O P Q R S T U V W X Y Z*
Serifa 56 Italic	*A B C D E F G H I J K L M N O P Q R S T U V W X Y Z*
Textype Italic	*A B C D E F G H I J K L M N O P Q R S T U V W X Y Z*
Textype Bold Italic	**A B C D E F G H I J K L M N O P Q R S T U V W X Y Z**

abcdefghijklmnopqrstuvwxyz&.,"!?1234567890

abcdefghijklmnopqrstuvwxyz&.,"!?1234567890

abcdefghijklmnopqrstuvwxyz&.,"!?1234567890

abcdefghijklmnopqrstuvwxyz&.,"!?1234567890

abcdefghijklmnopqrstuvwxyz&.,"!?1234567890

abcdefghijklmnopqrstuvwxyz&.,"!?1234567890

abcdefghijklmnopqrstuvwxyz&.,"!?1234567890

abcdefghijklmnopqrstuvwxyz&.,"!?1234567890

abcdefghijklmnopqrstuvwxyz&.,"!?1234567890

abcdefghijklmnopqrstuvwxyz&.,"!?1234567890

abcdefghijklmnopqrstuvwxyz&.,"!?1234567890

abcdefghijklmnopqrstuvwxyz&.,"!?1234567890

abcdefghijklmnopqrstuvwxyz&.,"!?1234567890

abcdefghijklmnopqrstuvwxyz&.,"!?1234567890

abcdefghijklmnopqrstuvwxyz&.,"!?1234567890

abcdefghijklmnopqrstuvwxyz&.,"!?1234567890

abcdefghijklmnopqrstuvwxyz&.,"!?1234567890

abcdefghijklmnopqrstuvwxyz&.,"!?1234567890

abcdefghijklmnopqrstuvwxyz&.,"!?1234567890

abcdefghijklmnopqrstuvwxyz&.,"!?1234567890

abcdefghijklmnopqrstuvwxyz&.,"!?1234567890

The first typefaces without serifs were created at the beginning of the 19th century in England, their distinguishing feature being an optically consistent line weight. The "grotesques" as they were formerly called, appear constructed, although there are typefaces which show an individual touch. Curiously enough, these typefaces are regarded as the true incarnation of this century, when a hitherto unknown range of versions was created, from the lightest to the heaviest, from extremely condensed to extremely extended.

Part Five: Sans Serif

Akzidenz-Grotesk**

Alpine**

Antique Olive

Avant Garde Gothic ITC**

BANK GOTHIC

Bauhaus ITC**

Benguiat Gothic ITC**

Blippo Black

Block

BLOCK GOTHIC

Bolt Bold ITC

BUSORAMA ITC**

CARTOON SCRIPT

Churchward 70**

Clearface Gothic

Compacta

DIN 1451 Mittelschrift

DIN Neuzeit* Grotesk

Doric Black

Eras ITC**

Erbar

Eurostile**

Flyer*

Folio**

Franklin Gothic

Franklin Gothic ITC**

Frutiger*

Futura**

Gill Sans**

Goudy Sans ITC**

Grizzly ITC

Hanseatic*

Harry**

Headline

Heldustry TS**

Helvetica*

Helvetica* Inserat

neue Helvetica*

Helvetica* Rounded

Impact

Information*

Kabel*

Kabel ITC**

Lightline Gothic

Machine ITC

Metrolite* 2

Metromedium* 2

Metroblack* 2

Mixage ITC**

Modula

Neuzeit*

Neuzeit* S

News Gothic

Oliver TS

Optima*

Placard**

Plak*

Ronda ITC**

Sans Serif Shaded No. 2

Serpentine

Spartan*

Stark Debonair

Symbol ITC**

Syntax*

Trade Gothic*

Univers**

VAG Rundschrift

Venus**

Wexford**

*Trademark of Linotype AG and/or its Subsidiaries
**Licensed Trademark

Akzidenz-Grotesk Light	A B C D E F G H I J K L M N O P Q R S T U V W X Y Z
Akzidenz-Grotesk	A B C D E F G H I J K L M N O P Q R S T U V W X Y Z
Akzidenz-Grotesk Bold	**A B C D E F G H I J K L M N O P Q R S T U V W X Y Z**
Akzidenz-Grotesk Black	**A B C D E F G H I J K L M N O P Q R S T U V W X Y Z**
Akzidenz-Grotesk Condensed	A B C D E F G H I J K L M N O P Q R S T U V W X Y Z
Akzidenz-Grotesk Bold Condensed	**A B C D E F G H I J K L M N O P Q R S T U V W X Y Z**
Akzidenz-Grotesk Blk Cond	**A B C D E F G H I J K L M N O P Q R S T U V W X Y Z**
Alpine	A B C D E F G H I J K L M N O P Q R S T U V W X Y Z
Antique Olive Light	A B C D E F G H I J K L M N O P Q R S T U V W X Y Z
Antique Olive	A B C D E F G H I J K L M N O P Q R S T U V W X Y Z
Antique Olive Bold	**A B C D E F G H I J K L M N O P Q R S T U V W X Y Z**
Antique Olive Black	**A B C D E F G H I J K L M N O P Q R S T U V W X Y Z**
Antique Olive Bold Condensed	**A B C D E F G H I J K L M N O P Q R S T U V W X Y Z**
Antique Olive Compact	**A B C D E F G H I J K L M N O P Q R S T U V W X Y Z**
Antique Olive Nord	**A B C D E F G H I J K L M N O P Q R S T U V W X Y Z**
Avant Garde Gothic Ex Lt ITC	A B C D E F G H I J K L M N O P Q R S T U V W X Y Z
Avant Garde Gothic Book ITC	A B C D E F G H I J K L M N O P Q R S T U V W X Y Z
Avant Garde Gothic Med ITC	A B C D E F G H I J K L M N O P Q R S T U V W X Y Z
Avant Garde Gothic Demi ITC	**A B C D E F G H I J K L M N O P Q R S T U V W X Y Z**
Avant Garde Gothic Bd ITC	**A B C D E F G H I J K L M N O P Q R S T U V W X Y Z**
Avant Garde Gothic Bk Cond ITC	A B C D E F G H I J K L M N O P Q R S T U V W X Y Z
Avant Garde Gothic Med Cond ITC	A B C D E F G H I J K L M N O P Q R S T U V W X Y Z
Avant Garde Gothic Demi Cond ITC	**A B C D E F G H I J K L M N O P Q R S T U V W X Y Z**
Avant Garde Gothic Bd Cond ITC	**A B C D E F G H I J K L M N O P Q R S T U V W X Y Z**
BANK GOTHIC MEDIUM	A B C D E F G H I J K L M N O P Q R S T U V W X Y Z
Bauhaus Light ITC	A B C D E F G H I J K L M N O P Q R S T U V W X Y Z

abcdefghijklmnopqrstuvwxyz&.,"!?1234567890

abcdefghijklmnopqrstuvwxyz&.,"!?1234567890

abcdefghijklmnopqrstuvwxyz&.,"!?1234567890

abcdefghijklmnopqrstuvwxyz&.,"!?1234567890

abcdefghijklmnopqrstuvwxyz&.,"!?1234567890

abcdefghijklmnopqrstuvwxyz&.,"!?1234567890

abcdefghijklmnopqrstuvwxyz&.,"!?1234567890

abcdefghijklmnopqrstuvwxyz&.,"!?1234567890

abcdefghijklmnopqrstuvwxyz&.,"!?1234567890

abcdefghijklmnopqrstuvwxyz&.,"!?1234567890

abcdefghijklmnopqrstuvwxyz&.,"!?1234567890

abcdefghijklmnopqrstuvwxyz&.,"!?1234567890

abcdefghijklmnopqrstuvwxyz&.,"!?1234567890

abcdefghijklmnopqrstuvwxyz&.,"!?1234567890

abcdefghijklmnopqrstuvwxyz&.,"!?1234567890

abcdefghijklmnopqrstuvwxyz&.,"!?1234567890

abcdefghijklmnopqrstuvwxyz&.,"!?1234567890

abcdefghijklmnopqrstuvwxyz&.,"!?1234567890

abcdefghijklmnopqrstuvwxyz&.,"!?1234567890

abcdefghijklmnopqrstuvwxyz&.,"!?1234567890

abcdefghijklmnopqrstuvwxyz&.,"!?1234567890

abcdefghijklmnopqrstuvwxyz&.,"!?1234567890

abcdefghijklmnopqrstuvwxyz&.,"!?1234567890

abcdefghijklmnopqrstuvwxyz&.,"!?1234567890

ABCDEFGHIJKLMNOPQRSTUVWXYZ&.,"!?1234567890

abcdeighijklmnopqrstuvwxyz&.,"!?1234567890

Bauhaus Medium ITC	A B C D E F G H I J K L M N O P Q R S T U V W X Y Z
Bauhaus Demi ITC	A B C D E F G H I J K L M N O P Q R S T U W X Y Z
Bauhaus Bold ITC	A B C D E F G H I J K L M N O P Q R S T U W X Y Z
Bauhaus Heavy ITC	A B C D E F G H I J K L M N O P Q R S T U W X Y Z
Bauhaus Heavy Outline ITC	A B C D E F G H I J K L M N O P Q R S T U W X Y Z
Benguiat Gothic Book ITC	A B C D E F G H I J K L M N O P Q R S T U V W X Y Z
Benguiat Gothic Medium ITC	A B C D E F G H I J K L M N O P Q R S T U V W X Y Z
Benguiat Gothic Bold ITC	A B C D E F G H I J K L M N O P Q R S T U V W X Y Z
Benguiat Gothic Heavy ITC	A B C D E F G H I J K L M N O P Q R S T U V W X Y Z
Blippo Black	A B C D E F G H I J K L M N O P Q R S T U V W X Y Z
Block Black Condensed	A B C D E F G H I J K L M N O P Q R S T U V W X Y Z
Block Extra Condensed	A B C D E F G H I J K L M N O P Q R S T U V W X Y Z
BLOCK GOTHIC 2 LINE	A B C D E F G H I J K L M N O P Q R S T U V W X Y Z
BLOCK GOTHIC 3 LINE	A B C D E F G H I J K L M N O P Q R S T U V W X Y Z
BLOCK GOTHIC 4 LINE	A B C D E F G H I J K L M N O P Q R S T U V W X Y Z
BLOCK GOTHIC 5 LINE	A B C D E F G H I J K L M N O P Q R S T U V W X Y Z
BLOCK GOTHIC 6 LINE	A B C D E F G H I J K L M N O P Q R S T U V W X Y Z
Bolt Bold ITC	**A B C D E F G H I J K L M N O P Q R S T U V W X Y Z**
BUSORAMA LIGHT ITC	A B C D E F G H I J K L M N O P Q R S T U V W X Y Z
BUSORAMA MEDIUM ITC	A B C D E F G H I J K L M N O P Q R S T U V W X Y Z
BUSORAMA BOLD ITC	A B C D E F G H I J K L M N O P Q R S T U V W X Y Z
CARTOON SCRIPT	A B C D E F G H I J K L M N O P Q R S T U V W X Y Z
Churchward 70 Ultra Light	A B C D E F G H I J K L M N O P Q R S T U V W X Y Z
Churchward 70 Light	A B C D E F G H I J K L M N O P Q R S T U V W X Y Z
Churchward 70 Medium	A B C D E F G H I J K L M N O P Q R S T U V W X Y Z
Churchward 70 Demi Bold	A B C D E F G H I J K L M N O P Q R S T U V W X Y Z

abcdefghijklmnopqrstuvwxyz&.,"!?1234567890

abcdefghijklmnopqrstuvwxyz&.,"!?1234567890

abcdefghijklmnopqrstuvwxyz&.,"!?1234567890

abcdefghijklmnopqrstuvwxyz&.,"!?1234567890

abcdefghijklmnopqrstuvwxyz&.,"!?1234567890

abcdefghijklmnopqrstuvwxyz&.,"!?1234567890

abcdefghijklmnopqrstuvwxyz&.,"!?1234567890

abcdefghijklmnopqrstuvwxyz&.,"!?1234567890

abcdefghijklmnopqrstuvwxyz&.,"!?1234567890

abcdefghijklmnopqrstuvwxyz&.,"!?1234567890

abcdefghijklmnopqrstuvwxyz&.,"!?1234567890

abcdefghijklmnopqrstuvwxyz&.,"!?1234567890

ABCDEFGHIJKLMNOPQRSTUVWXYZ&.,"!?1234567890

ABCDEFGHIJKLMNOPQRSTUVWXYZ&.,"!?1234567890

ABCDEFGHIJKLMNOPQRSTUVWXYZ&.,"!?1234567890

ABCDEFGHIJKLMNOPQRSTUVWXYZ&.,"!?1234567890

ABCDEFGHIJKLMNOPQRSTUVWXYZ&.,"!?1234567890

abcdefghijklmnopqrstuvwxyz&.,"!?1234567890

ABCDEFGHIJKLMNOPQRSTUVWXYZ&.,"!?1234567890

ABCDEFGHIJKLMNOPQRSTUVWXYZ&.,"!?1234567890

ABCDEFGHIJKLMNOPQRSTUVWXYZ&.,"!?1234567890

&.,"!?1234567890

abcdefghijklmnopqrstuvwxyz&.,"!?1234567890

abcdefghijklmnopqrstuvwxyz&.,"!?1234567890

abcdefghijklmnopqrstuvwxyz&.,"!?1234567890

abcdefghijklmnopqrstuvwxyz&.,"!?1234567890

Churchward 70 Ultra Bd	A B C D E F G H I J K L M N O P Q R S T U V W X Y Z
Clearface Gothic 45 Light	A B C D E F G H I J K L M N O P Q R S T U V W X Y Z
Clearface Gothic 55	A B C D E F G H I J K L M N O P Q R S T U V W X Y Z
Clearface Gothic 65 Medium	A B C D E F G H I J K L M N O P Q R S T U V W X Y Z
Clearface Gothic 75 Bold	A B C D E F G H I J K L M N O P Q R S T U V W X Y Z
Clearface Gothic 95 Black	A B C D E F G H I J K L M N O P Q R S T U V W X Y Z
Compacta Bold	A B C D E F G H I J K L M N O P Q R S T U V W X Y Z
DIN 1451 Engschrift	A B C D E F G H I J K L M N O P Q R S T U V W X Y Z
DIN 1451 Mittelschrift	A B C D E F G H I J K L M N O P Q R S T U V W X Y Z
DIN Neuzeit Grotesk	A B C D E F G H I J K L M N O P Q R S T U V W X Y Z
Eras Light ITC	A B C D E F G H I J K L M N O P Q R S T U V W X Y Z
Eras Book ITC	A B C D E F G H I J K L M N O P Q R S T U V W X Y Z
Eras Medium ITC	A B C D E F G H I J K L M N O P Q R S T U V W X Y Z
Eras Demi ITC	A B C D E F G H I J K L M N O P Q R S T U V W X Y Z
Eras Bold ITC	A B C D E F G H I J K L M N O P Q R S T U V W X Y Z
Eras Ultra ITC	A B C D E F G H I J K L M N O P Q R S T U V W X Y Z
Erbar Bold	A B C D E F G H I J K L M N O P Q R S T U V W X Y Z
Erbar Lite Condensed	A B C D E F G H I J K L M N O P Q R S T U V W X Y Z
Erbar Bold Condensed	A B C D E F G H I J K L M N O P Q R S T U V W X Y Z
Eurostile	A B C D E F G H I J K L M N O P Q R S T U V W X Y Z
Eurostile Bold	A B C D E F G H I J K L M N O P Q R S T U V W X Y Z
Eurostile Condensed	A B C D E F G H I J K L M N O P Q R S T U V W X Y Z
Eurostile Bold Condensed	A B C D E F G H I J K L M N O P Q R S T U V W X Y Z
Eurostile Extended No. 2	A B C D E F G H I J K L M N O P Q R S T U V W X Y Z
Eurostile Bd Ext No. 2	A B C D E F G H I J K L M N O P Q R S T U V W X Y Z
Eurostile Bold Outline	A B C D E F G H I J K L M N O P Q R S T U V W X Y Z

abcdefghijklmnopqrstuvwxyz&.,"!?1234567890

abcdefghijklmnopqrstuvwxyz&.,"!?1234567890

abcdefghijklmnopqrstuvwxyz&.,"!?1234567890

abcdefghijklmnopqrstuvwxyz&.,"!?1234567890

abcdefghijklmnopqrstuvwxyz&.,"!?1234567890

abcdefghijklmnopqrstuvwxyz&.,"!?1234567890

abcdefghijklmnopqrstuvwxyz&.,"!?1234567890

abcdefghijklmnopqrstuv'wxyz&.,"!?1234567890

abcdefghijklmnopqrstuvwxyz&.,"!?1234567890

abcdefghijklmnopqrstuvwxyz&.,"!?1234567890

abcdefghijklmnopqrstuvwxyz&.,"!?1234567890

abcdefghijklmnopqrstuvwxyz&.,"!?1234567890

abcdefghijklmnopqrstuvwxyz&.,"!?1234567890

abcdefghijklmnopqrstuvwxyz&.,"!?1234567890

abcdefghijklmnopqrstuvwxyz&.,"!?1234567890

abcdefghijklmnopqrstuvwxyz&.,"!?1234567890

abcdefghijklmnopqrstuvwxyz&.,"!?1234567890

abcdefghijklmnopqrstuvwxyz&.,"!?1234567890

abcdefghijklmnopqrstuvwxyz&.,"!?1234567890

abcdefghijklmnopqrstuvwxyz&.,"!?1234567890

abcdefghijklmnopqrstuvwxyz&.,"!?1234567890

abcdefghijklmnopqrstuvwxyz&.,"!?1234567890

abcdefghijklmnopqrstuvwxyz&.,"!?1234567890

abcdefghijklmnopqrstuvwxyz&.,"!?1234567890

abcdefghijklmnopqrstuvwxyz&.,"!?1234567890

Flyer Black Condensed	A B C D E F G H I J K L M N O P Q R S T U V W X Y Z
Flyer Extra Black Condensed	A B C D E F G H I J K L M N O P Q R S T U V W X Y Z
Folio Light	A B C D E F G H I J K L M N O P Q R S T U V W X Y Z
Folio Medium	A B C D E F G H I J K L M N O P Q R S T U V W X Y Z
Folio Bold	A B C D E F G H I J K L M N O P Q R S T U V W X Y Z
Folio Extra Bold	A B C D E F G H I J K L M N O P Q R S T U V W X Y Z
Folio Bold Condensed	A B C D E F G H I J K L M N O P Q R S T U V W X Y Z
Franklin Gothic	A B C D E F G H I J K L M N O P Q R S T U V W X Y Z
Franklin Gothic No. 2	A B C D E F G H I J K L M N O P Q R S T U V W X Y Z
Franklin Gothic Condensed	A B C D E F G H I J K L M N O P Q R S T U V W X Y Z
Franklin Gothic Extra Condensed	A B C D E F G H I J K L M N O P Q R S T U V W X Y Z
Franklin Gothic Book ᴵᵀᶜ	A B C D E F G H I J K L M N O P Q R S T U V W X Y Z
Franklin Gothic Medium ᴵᵀᶜ	A B C D E F G H I J K L M N O P Q R S T U V W X Y Z
Franklin Gothic Demi ᴵᵀᶜ	A B C D E F G H I J K L M N O P Q R S T U V W X Y Z
Franklin Gothic Heavy ᴵᵀᶜ	A B C D E F G H I J K L M N O P Q R S T U V W X Y Z
Frutiger 45 Light	A B C D E F G H I J K L M N O P Q R S T U V W X Y Z
Frutiger 55	A B C D E F G H I J K L M N O P Q R S T U V W X Y Z
Frutiger 65 Bold	A B C D E F G H I J K L M N O P Q R S T U V W X Y Z
Frutiger 75 Black	A B C D E F G H I J K L M N O P Q R S T U V W X Y Z
Frutiger 95 Extra Black	A B C D E F G H I J K L M N O P Q R S T U V W X Y Z
Frutiger 47 Light Condensed	A B C D E F G H I J K L M N O P Q R S T U V W X Y Z
Frutiger 57 Condensed	A B C D E F G H I J K L M N O P Q R S T U V W X Y Z
Frutiger 67 Bold Condensed	A B C D E F G H I J K L M N O P Q R S T U V W X Y Z
Frutiger 77 Blk Condensed	A B C D E F G H I J K L M N O P Q R S T U V W X Y Z
Frutiger 87 Extra Blk Cond	A B C D E F G H I J K L M N O P Q R S T U V W X Y Z
Futura Light	A B C D E F G H I J K L M N O P Q R S T U V W X Y Z

a b c d e f g h i j k l m n o p q r s t u v w x y z & . , " ! ? 1 2 3 4 5 6 7 8 9 0

a b c d e f g h i j k l m n o p q r s t u v w x y z & . , " ! ? 1 2 3 4 5 6 7 8 9 0

a b c d e f g h i j k l m n o p q r s t u v w x y z & . , " ! ? 1 2 3 4 5 6 7 8 9 0

a b c d e f g h i j k l m n o p q r s t u v w x y z & . , " ! ? 1 2 3 4 5 6 7 8 9 0

a b c d e f g h i j k l m n o p q r s t u v w x y z & . , " ! ? 1 2 3 4 5 6 7 8 9 0

a b c d e f g h i j k l m n o p q r s t u v w x y z & . , " ! ? 1 2 3 4 5 6 7 8 9 0

a b c d e f g h i j k l m n o p q r s t u v w x y z & . , " ! ? 1 2 3 4 5 6 7 8 9 0

a b c d e f g h i j k l m n o p q r s t u v w x y z & . , " ! ? 1 2 3 4 5 6 7 8 9 0

a b c d e f g h i j k l m n o p q r s t u v w x y z & . , " ! ? 1 2 3 4 5 6 7 8 9 0

a b c d e f g h i j k l m n o p q r s t u v w x y z & . , " ! ? 1 2 3 4 5 6 7 8 9 0

a b c d e f g h i j k l m n o p q r s t u v w x y z & . , " ! ? 1 2 3 4 5 6 7 8 9 0

a b c d e f g h i j k l m n o p q r s t u v w x y z & . , " ! ? 1 2 3 4 5 6 7 8 9 0

a b c d e f g h i j k l m n o p q r s t u v w x y z & . , " ! ? 1 2 3 4 5 6 7 8 9 0

a b c d e f g h i j k l m n o p q r s t u v w x y z & . , " ! ? 1 2 3 4 5 6 7 8 9 0

a b c d e f g h i j k l m n o p q r s t u v w x y z & . , " ! ? 1 2 3 4 5 6 7 8 9 0

a b c d e f g h i j k l m n o p q r s t u v w x y z & . , " ! ? 1 2 3 4 5 6 7 8 9 0

a b c d e f g h i j k l m n o p q r s t u v w x y z & . , " ! ? 1 2 3 4 5 6 7 8 9 0

a b c d e f g h i j k l m n o p q r s t u v w x y z & . , " ! ? 1 2 3 4 5 6 7 8 9 0

a b c d e f g h i j k l m n o p q r s t u v w x y z & . , " ! ? 1 2 3 4 5 6 7 8 9 0

a b c d e f g h i j k l m n o p q r s t u v w x y z & . , " ! ? 1 2 3 4 5 6 7 8 9 0

a b c d e f g h i j k l m n o p q r s t u v w x y z & . , " ! ? 1 2 3 4 5 6 7 8 9 0

a b c d e f g h i j k l m n o p q r s t u v w x y z & . , " ! ? 1 2 3 4 5 6 7 8 9 0

a b c d e f g h i j k l m n o p q r s t u v w x y z & . , " ! ? 1 2 3 4 5 6 7 8 9 0

a b c d e f g h i j k l m n o p q r s t u v w x y z & . , " ! ? 1 2 3 4 5 6 7 8 9 0

a b c d e f g h i j k l m n o p q r s t u v w x y z & . , " ! ? 1 2 3 4 5 6 7 8 9 0

Futura Book	A B C D E F G H I J K L M N O P Q R S T U V W X Y Z
Futura Medium	A B C D E F G H I J K L M N O P Q R S T U V W X Y Z
Futura Heavy	A B C D E F G H I J K L M N O P Q R S T U V W X Y Z
Futura Bold	A B C D E F G H I J K L M N O P Q R S T U V W X Y Z
Futura Extra Black	A B C D E F G H I J K L M N O P Q R S T U V W X Y Z
Futura Black	A B C D E F G H I J K L M N O P Q R S T U V W X Y Z
Futura Light Condensed	A B C D E F G H I J K L M N O P Q R S T U V W X Y Z
Futura Medium Condensed	A B C D E F G H I J K L M N O P Q R S T U V W X Y Z
Futura Bold Condensed	A B C D E F G H I J K L M N O P Q R S T U V W X Y Z
Futura Extra Black Condensed	A B C D E F G H I J K L M N O P Q R S T U V W X Y Z
Futura Ex Black Outline	A B C D E F G H I J K L M N O P Q R S T U V W X Y Z
Futura Display	A B C D E F G H I J K L M N O P Q R S T U V W X Y Z
Gill Sans Light	A B C D E F G H I J K L M N O P Q R S T U V W X Y Z
Gill Sans	A B C D E F G H I J K L M N O P Q R S T U V W X Y Z
Gill Sans Bold	A B C D E F G H I J K L M N O P Q R S T U V W X Y Z
Gill Sans Extra Bold	A B C D E F G H I J K L M N O P Q R S T U V W X Y Z
Gill Sans Ultra Bold	A B C D E F G H I J K L M N O P Q R S T U V W X Y Z
Gill Sans Condensed	A B C D E F G H I J K L M N O P Q R S T U V W X Y Z
Gill Sans Bold Condensed	A B C D E F G H I J K L M N O P Q R S T U V W X Y Z
Gill Sans Extra Bold Condensed	A B C D E F G H I J K L M N O P Q R S T U V W X Y Z
Gill Sans Ultra Bold Condensed	A B C D E F G H I J K L M N O P Q R S T U V W X Y Z
Gill Sans Ultra Bd Outline	A B C D E F G H I J K L M N O P Q R S T U V W X Y Z
Goudy Sans Book ITC	A B C D E F G H I J K L M N O P Q R S T U V W X Y Z
Goudy Sans Medium ITC	A B C D E F G H I J K L M N O P Q R S T U V W X Y Z
Goudy Sans Bold ITC	A B C D E F G H I J K L M N O P Q R S T U V W X Y Z
Goudy Sans Black ITC	A B C D E F G H I J K L M N O P Q R S T U V W X Y Z

abcdefghijklmnopqrstuvwxyz&.,"!?1234567890

abcdefghijklmnopqrstuvwxyz&.,"!?1234567890

abcdefghijklmnopqrstuvwxyz&.,"!?1234567890

abcdefghijklmnopqrstuvwxyz&.,"!?1234567890

abcdefghijklmnopqrstuvwxyz&.,"!?1234567890

abcdefghijklmnopqrstuvwxyz&.,"!?1234567890

abcdefghijklmnopqrstuvwxyz&.,"!?1234567890

abcdefghijklmnopqrstuvwxyz&.,"!?1234567890

abcdefghijklmnopqrstuvwxyz&.,"!?1234567890

abcdefghijklmnopqrstuvwxyz&.,"!?1234567890

abcdefghijklmnopqrstuvwxyz&.,"!?1234567890

abcdefghijklmnopqrstuvwxyz&.,"!?1234567890

abcdefghijklmnopqrstuvwxyz&.,"!?1234567890

abcdefghijklmnopqrstuvwxyz&.,"!?1234567890

abcdefghijklmnopqrstuvwxyz&.,"!?1234567890

abcdefghijklmnopqrstuvwxyz&.,"!?1234567890

abcdefghijklmnopqrstuvwxyz&.,"!?1234567890

abcdefghijklmnopqrstuvwxyz&.,"!?1234567890

abcdefghijklmnopqrstuvwxyz&.,"!?1234567890

abcdefghijklmnopqrstuvwxyz&.,"!?1234567890

abcdefghijklmnopqrstuvwxyz&.,"!?1234567890

abcdefghijklmnopqrstuvwxyz&.,"!?1234567890

abcdefghijklmnopqrstuvwxyz&.,"!?1234567890

abcdefghijklmnopqrstuvwxyz&.,"!?1234567890

abcdefghijklmnopqrstuvwxyz&.,"!?1234567890

Grizzly ITC	**A B C D E F G H I J K L M N O P Q R S T U V W X Y Z**
Hanseatic	**A B C D E F G H I J K L M N O P Q R S T U V W X Y Z**
Harry Thin	A B C D E F G H I J K L M N O P Q R S T U V W X Y Z
Harry Plain	A B C D E F G H I J K L M N O P Q R S T U V W X Y Z
Harry Heavy	A B C D E F G H I J K L M N O P Q R S T U V W X Y Z
Harry Fat	**A B C D E F G H I J K L M N O P Q R S T U V W X Y Z**
Harry Obese	**A B C D E F G H I J K L M N O P Q R S T U V W X Y Z**
Headline	**A B C D E F G H I J K L M N O P Q R S T U V W X Y Z**
Headline Outline	A B C D E F G H I J K L M N O P Q R S T U V W X Y Z
Heldustry Regular TS	A B C D E F G H I J K L M N O P Q R S T U V W X Y Z
Heldustry Medium TS	A B C D E F G H I J K L M N O P Q R S T U V W X Y Z
Heldustry Demi Bold TS	**A B C D E F G H I J K L M N O P Q R S T U V W X Y Z**
Helvetica Thin	A B C D E F G H I J K L M N O P Q R S T U V W X Y Z
Helvetica Light	A B C D E F G H I J K L M N O P Q R S T U V W X Y Z
Helvetica	A B C D E F G H I J K L M N O P Q R S T U V W X Y Z
Helvetica Bold	**A B C D E F G H I J K L M N O P Q R S T U V W X Y Z**
Helvetica Bold No. 2	**A B C D E F G H I J K L M N O P Q R S T U V W X Y Z**
Helvetica Heavy	**A B C D E F G H I J K L M N O P Q R S T U V W X Y Z**
Helvetica Black	**A B C D E F G H I J K L M N O P Q R S T U V W X Y Z**
Helvetica Black No. 2	**A B C D E F G H I J K L M N O P Q R S T U V W X Y Z**
Helvetica Textbook	A B C D E F G H I J K L M N O P Q R S T U V W X Y Z
Helvetica Textbook Bold	**A B C D E F G H I J K L M N O P Q R S T U V W X Y Z**
Helvetica Light Condensed	A B C D E F G H I J K L M N O P Q R S T U V W X Y Z
Helvetica Condensed	A B C D E F G H I J K L M N O P Q R S T U V W X Y Z
Helvetica Bold Condensed	**A B C D E F G H I J K L M N O P Q R S T U V W X Y Z**
Helvetica Black Condensed	**A B C D E F G H I J K L M N O P Q R S T U V W X Y Z**

abcdefghijklmnopqrstuvwxyz&.,"!?1234567890

abcdefghijklmnopqrstuvwxyz&.,"!?1234567890

abcdefghijklmnopqrstuvwxyz&.,"!?1234567890

abcdefghijklmnopqrstuvwxyz&.,"!?1234567890

abcdefghijklmnopqrstuvwxyz&.,"!?1234567890

abcdefghijklmnopqrstuvwxyz&.,"!?1234567890

abcdefghijklmnopqrstuvwxyz&.,"!?1234567890

abcdefghijklmnopqrstuvwxyz&.,"!?1234567890

abcdefghijklmnopqrstuvwxyz&.,"!?1234567890

abcdefghijklmnopqrstuvwxyz&.,"!?1234567890

abcdefghijklmnopqrstuvwxyz&.,"!?1234567890

abcdefghijklmnopqrstuvwxyz&.,"!?1234567890

abcdefghijklmnopqrstuvwxyz&.,"!?1234567890

abcdefghijklmnopqrstuvwxyz&.,"!?1234567890

abcdefghijklmnopqrstuvwxyz&.,"!?1234567890

abcdefghijklmnopqrstuvwxyz&.,"!?1234567890

abcdefghijklmnopqrstuvwxyz&.,"!?1234567890

abcdefghijklmnopqrstuvwxyz&.,"!?1234567890

abcdefghijklmnopqrstuvwxyz&.,"!?1234567890

abcdefghijklmnopqrstuvwxyz&.,"!?1234567890

abcdefghijklmnopqrstuvwxyz&.,"!?1234567890

abcdefghijklmnopqrstuvwxyz&.,"!?1234567890

abcdefghijklmnopqrstuvwxyz&.,"!?1234567890

abcdefghijklmnopqrstuvwxyz&.,"!?1234567890

abcdefghijklmnopqrstuvwxyz&.,"!?1234567890

Helvetica Compressed (Scaled)	A B C D E F G H I J K L M N O P Q R S T U V W X Y Z
Helvetica Extra Compressed (Scaled)	A B C D E F G H I J K L M N O P Q R S T U V W X Y Z
Helvetica Ultra Compressed	A B C D E F G H I J K L M N O P Q R S T U V W X Y Z
Helvetica Light Extended	A B C D E F G H I J K L M N O P Q R S T U V W X Y Z
Helvetica Extended	A B C D E F G H I J K L M N O P Q R S T U V W X Y Z
Helvetica Bold Extended	A B C D E F G H I J K L M N O P Q R S T U V W X Y Z
Helvetica Blk Extended	A B C D E F G H I J K L M N O P Q R S T U V W X Y Z
Helvetica Bold Outline	A B C D E F G H I J K L M N O P Q R S T U V W X Y Z
Helvetica Rounded Bold	A B C D E F G H I J K L M N O P Q R S T U V W X Y Z
Helvetica Rounded Blk	A B C D E F G H I J K L M N O P Q R S T U V W X Y Z
Helvetica Rounded Bd Condensed	A B C D E F G H I J K L M N O P Q R S T U V W X Y Z
Helvetica Rnd Bd Outline	A B C D E F G H I J K L M N O P Q R S T U V W X Y Z
Helvetica Inserat	A B C D E F G H I J K L M N O P Q R S T U V W X Y Z
neue Helvetica 25 Ultra Light	A B C D E F G H I J K L M N O P Q R S T U V W X Y Z
neue Helvetica 35 Thin	A B C D E F G H I J K L M N O P Q R S T U V W X Y Z
neue Helvetica 45 Light	A B C D E F G H I J K L M N O P Q R S T U V W X Y Z
neue Helvetica 55	A B C D E F G H I J K L M N O P Q R S T U V W X Y Z
neue Helvetica 65 Medium	A B C D E F G H I J K L M N O P Q R S T U V W X Y Z
neue Helvetica 75 Bold	A B C D E F G H I J K L M N O P Q R S T U V W X Y Z
neue Helvetica 85 Heavy	A B C D E F G H I J K L M N O P Q R S T U V W X Y Z
neue Helvetica 95 Blk	A B C D E F G H I J K L M N O P Q R S T U V W X Y Z
neue Helvetica 27 Ultra Light Cond	A B C D E F G H I J K L M N O P Q R S T U V W X Y Z
neue Helvetica 37 Thin Condensed	A B C D E F G H I J K L M N O P Q R S T U V W X Y Z
neue Helvetica 47 Light Condensed	A B C D E F G H I J K L M N O P Q R S T U V W X Y Z
neue Helvetica 57 Condensed	A B C D E F G H I J K L M N O P Q R S T U V W X Y Z
neue Helvetica 67 Med Cond	A B C D E F G H I J K L M N O P Q R S T U V W X Y Z

abcdefghijklmnopqrstuvwxyz&.,"!?1234567890

abcdefghijklmnopqrstuvwxyz&.,"!?1234567890

abcdefghijklmnopqrstuvwxyz&.,"!?1234567890

abcdefghijklmnopqrstuvwxyz&.,"!?1234567890

abcdefghijklmnopqrstuvwxyz&.,"!?1234567890

abcdefghijklmnopqrstuvwxyz&.,"!?1234567890

abcdefghijklmnopqrstuvwxyz&.,"!?1234567890

abcdefghijklmnopqrstuvwxyz&.,"!?1234567890

abcdefghijklmnopqrstuvwxyz&.,"!?1234567890

abcdefghijklmnopqrstuvwxyz&.,"!?1234567890

abcdefghijklmnopqrstuvwxyz&.,"!?1234567890

abcdefghijklmnopqrstuvwxyz&.,"!?1234567890

abcdefghijklmnopqrstuvwxyz&.,"!?1234567890

abcdefghijklmnopqrstuvwxyz&.,"!?1234567890

abcdefghijklmnopqrstuvwxyz&.,"!?1234567890

abcdefghijklmnopqrstuvwxyz&.,"!?1234567890

abcdefghijklmnopqrstuvwxyz&.,"!?1234567890

abcdefghijklmnopqrstuvwxyz&.,"!?1234567890

abcdefghijklmnopqrstuvwxyz&.,"!?1234567890

abcdefghijklmnopqrstuvwxyz&.,"!?1234567890

abcdefghijklmnopqrstuvwxyz&.,"!?1234567890

abcdefghijklmnopqrstuvwxyz&.,"!?1234567890

abcdefghijklmnopqrstuvwxyz&.,"!?1234567890

abcdefghijklmnopqrstuvwxyz&.,"!?1234567890

abcdefghijklmnopqrstuvwxyz&.,"!?1234567890

abcdefghijklmnopqrstuvwxyz&.,"!?1234567890

neue Helvetica 77 Bd Cond	**A B C D E F G H I J K L M N O P Q R S T U V W X Y Z**
neue Helvetica 87 Heavy Cond	**A B C D E F G H I J K L M N O P Q R S T U V W X Y Z**
neue Helvetica 97 Blk Cond	**A B C D E F G H I J K L M N O P Q R S T U V W X Y Z**
neue Helvetica 107 Ex Blk Cond	**A B C D E F G H I J K L M N O P Q R S T U V W X Y Z**
neue Helvetica 23 Ultra Lt Ext	A B C D E F G H I J K L M N O P Q R S T U V W X Y Z
neue Helvetica 33 Thin Ext	A B C D E F G H I J K L M N O P Q R S T U V W X Y Z
neue Helvetica 43 Lt Ext	A B C D E F G H I J K L M N O P Q R S T U V W X Y Z
neue Helvetica 53 Ext	A B C D E F G H I J K L M N O P Q R S T U V W X Y Z
neue Helvetica 63 Med Ext	A B C D E F G H I J K L M N O P Q R S T U V W X Y Z
neue Helvetica 73 Bd Ext	**A B C D E F G H I J K L M N O P Q R S T U V W X Y Z**
neue Helvetica 83 Hvy Ext	**A B C D E F G H I J K L M N O P Q R S T U V W X Y Z**
neue Helvetica 93 Blk Ext	**A B C D E F G H I J K L M N O P Q R S T U V W X Y Z**
neue Helvetica 75 Bd Outline	A B C D E F G H I J K L M N O P Q R S T U V W X Y Z
neue Helvetica 75 Contour	A B C D E F G H I J K L M N O P Q R S T U V W X Y Z
neue Helvetica 75 Shaded	A B C D E F G H I J K L M N O P Q R S T U V W X Y Z
Impact	**A B C D E F G H I J K L M N O P Q R S T U V W X Y Z**
Information Blk Ext	**A B C D E F G H I J K L M N O P Q R S T U V W X Y Z**
Kabel Light	A B C D E F G H I J K L M N O P Q R S T U V W X Y Z
Kabel Heavy	A B C D E F G H I J K L M N O P Q R S T U V W X Y Z
Kabel Black	**A B C D E F G H I J K L M N O P Q R S T U V W X Y Z**
Kabel Black Outline	A B C D E F G H I J K L M N O P Q R S T U V W X Y Z
Kabel Bold Condensed	**A B C D E F G H I J K L M N O P Q R S T U V W X Y Z**
Kabel Shaded	A B C D E F G H I J K L M N O P Q R S T U V W X Y Z
Kabel Book ITC	A B C D E F G H I J K L M N O P Q R S T U V W X Y Z
Kabel Medium ITC	A B C D E F G H I J K L M N O P Q R S T U V W X Y Z
Kabel Demi ITC	**A B C D E F G H I J K L M N O P Q R S T U V W X Y Z**

abcdefghijklmnopqrstuvwxyz&.,"!?1234567890

abcdefghijklmnopqrstuvwxyz&.,"!?1234567890

abcdefghijklmnopqrstuvwxyz&.,"!?1234567890

abcdefghijklmnopqrstuvwxyz&.,"!?1234567890

abcdefghijklmnopqrstuvwxyz&.,"!?1234567890

abcdefghijklmnopqrstuvwxyz&.,"!?1234567890

abcdefghijklmnopqrstuvwxyz&.,"!?1234567890

abcdefghijklmnopqrstuvwxyz&.,"!?1234567890

abcdefghijklmnopqrstuvwxyz&.,"!?1234567890

abcdefghijklmnopqrstuvwxyz&.,"!?1234567890

abcdefghijklmnopqrstuvwxyz&.,"!?1234567890

abcdefghijklmnopqrstuvwxyz&.,"!?1234567890

abcdefghijklmnopqrstuvwxyz&.,"!?1234567890

abcdefghijklmnopqrstuvwxyz&.,"!?1234567890

abcdefghijklmnopqrstuvwxyz&.,"!?1234567890

abcdefghijklmnopqrstuvwxyz&.,"!?1234567890

abcdefghijklmnopqrstuvwxyz&.,"!?1234567890

abcdefghijklmnopqrstuvwxyz&.,"!?1234567890

abcdefghijklmnopqrstuvwxyz&.,"!?1234567890

abcdefghijklmnopqrstuvwxyz&.,"!?1234567890

abcdefghijklmnopqrstuvwxyz&.,"!?1234567890

abcdefghijklmnopqrstuvwxyz&.,"!?1234567890

abcdefghijklmnopqrstuvwxyz&.,"!?1234567890

abcdefghijklmnopqrstuvwxyz&.,"!?1234567890

Kabel Bold ITC	**A B C D E F G H I J K L M N O P Q R S T U V W X Y Z**
Kabel Ultra ITC	**A B C D E F G H I J K L M N O P Q R S T U V W X Y Z**
Lightline Gothic	A B C D E F G H I J K L M N O P Q R S T U V W X Y Z
Machine ITC	**A B C D E F G H I J K L M N O P Q R S T U V W X Y Z**
Machine Bold ITC	**A B C D E F G H I J K L M N O P Q R S T U V W X Y Z**
Metrolite 2	A B C D E F G H I J K L M N O P Q R S T U V W X Y Z
Metromedium 2	A B C D E F G H I J K L M N O P Q R S T U V W X Y Z
Metroblack 2	**A B C D E F G H I J K L M N O P Q R S T U V W X Y Z**
Mixage Book ITC	A B C D E F G H I J K L M N O P Q R S T U V W X Y Z
Mixage Medium ITC	A B C D E F G H I J K L M N O P Q R S T U V W X Y Z
Mixage Bold ITC	**A B C D E F G H I J K L M N O P Q R S T U V W X Y Z**
Mixage Black ITC	**A B C D E F G H I J K L M N O P Q R S T U V W X Y Z**
Modula Regular	A B C D E F G H I J K L M N O P Q R S T U V W X Y Z
Modula Medium	A B C D E F G H I J K L M N O P Q R S T U V W X Y Z
Modula Bold	**A B C D E F G H I J K L M N O P Q R S T U V W X Y Z**
Modula Extra Bold	**A B C D E F G H I J K L M N O P Q R S T U V W X Y Z**
Neuzeit	A B C D E F G H I J K L M N O P Q R S T U V W X Y Z
Neuzeit Black	**A B C D E F G H I J K L M N O P Q R S T U V W X Y Z**
Neuzeit Bold Condensed	A B C D E F G H I J K L M N O P Q R S T U V W X Y Z
Neuzeit Black Condensed	**A B C D E F G H I J K L M N O P Q R S T U V W X Y Z**
Neuzeit S Book	A B C D E F G H I J K L M N O P Q R S T U V W X Y Z
Neuzeit S Book Heavy	**A B C D E F G H I J K L M N O P Q R S T U V W X Y Z**
News Gothic Light	A B C D E F G H I J K L M N O P Q R S T U V W X Y Z
News Gothic	A B C D E F G H I J K L M N O P Q R S T U V W X Y Z
News Gothic Medium	A B C D E F G H I J K L M N O P Q R S T U V W X Y Z
News Gothic Bold	**A B C D E F G H I J K L M N O P Q R S T U V W X Y Z**

a b c d e f g h i j k l m n o p q r s t u v w x y z & . , " ! ? 1 2 3 4 5 6 7 8 9 0

a b c d e f g h i j k l m n o p q r s t u v w x y z & . , " ! ? 1 2 3 4 5 6 7 8 9 0

a b c d e f g h i j k l m n o p q r s t u v w x y z & . , " ! ? 1 2 3 4 5 6 7 8 9 0

a b c d e f g h i j k l m n o p q r s t u v w x y z & . , " ! ? 1 2 3 4 5 6 7 8 9 0

a b c d e f g h i j k l m n o p q r s t u v w x y z & . , " ! ? 1 2 3 4 5 6 7 8 9 0

a b c d e f g h i j k l m n o p q r s t u v w x y z & . , " ! ? 1 2 3 4 5 6 7 8 9 0

a b c d e f g h i j k l m n o p q r s t u v w x y z & . , " ! ? 1 2 3 4 5 6 7 8 9 0

a b c d e f g h i j k l m n o p q r s t u v w x y z & . , " ! ? 1 2 3 4 5 6 7 8 9 0

a b c d e f g h i j k l m n o p q r s t u v w x y z & . , " ! ? 1 2 3 4 5 6 7 8 9 0

a b c d e f g h i j k l m n o p q r s t u v w x y z & . , " ! ? 1 2 3 4 5 6 7 8 9 0

a b c d e f g h i j k l m n o p q r s t u v w x y z & . , " ! ? 1 2 3 4 5 6 7 8 9 0

a b c d e f g h i j k l m n o p q r s t u v w x y z & . , " ! ? 1 2 3 4 5 6 7 8 9 0

a b c d e f g h i j k l m n o p q r s t u v w x y z & . , " ! ? 1 2 3 4 5 6 7 8 9 0

a b c d e f g h i j k l m n o p q r s t u v w x y z & . , " ! ? 1 2 3 4 5 6 7 8 9 0

a b c d e f g h i j k l m n o p q r s t u v w x y z & . , " ! ? 1 2 3 4 5 6 7 8 9 0

a b c d e f g h i j k l m n o p q r s t u v w x y z & . , " ! ? 1 2 3 4 5 6 7 8 9 0

a b c d e f g h i j k l m n o p q r s t u v w x y z & . , " ! ? 1 2 3 4 5 6 7 8 9 0

a b c d e f g h i j k l m n o p q r s t u v w x y z & . , " ! ? 1 2 3 4 5 6 7 8 9 0

a b c d e f g h i j k l m n o p q r s t u v w x y z & . , " ! ? 1 2 3 4 5 6 7 8 9 0

a b c d e f g h i j k l m n o p q r s t u v w x y z & . , " ! ? 1 2 3 4 5 6 7 8 9 0

a b c d e f g h i j k l m n o p q r s t u v w x y z & . , " ! ? 1 2 3 4 5 6 7 8 9 0

a b c d e f g h i j k l m n o p q r s t u v w x y z & . , " ! ? 1 2 3 4 5 6 7 8 9 0

a b c d e f g h i j k l m n o p q r s t u v w x y z & . , " ! ? 1 2 3 4 5 6 7 8 9 0

a b c d e f g h i j k l m n o p q r s t u v w x y z & . , " ! ? 1 2 3 4 5 6 7 8 9 0

a b c d e f g h i j k l m n o p q r s t u v w x y z & . , " ! ? 1 2 3 4 5 6 7 8 9 0

a b c d e f g h i j k l m n o p q r s t u v w x y z & . , " ! ? 1 2 3 4 5 6 7 8 9 0

News Gothic Black	A B C D E F G H I J K L M N O P Q R S T U V W X Y Z
News Gothic No. 2 Thin	A B C D E F G H I J K L M N O P Q R S T U V W X Y Z
Oliver Light ᵀˢ	A B C D E F G H I J K L M N O P Q R S T U V W X Y Z
Oliver Medium ᵀˢ	A B C D E F G H I J K L M N O P Q R S T U V W X Y Z
Oliver Bold ᵀˢ	A B C D E F G H I J K L M N O P Q R S T U V W X Y Z
Oliver Light Condensed ᵀˢ	A B C D E F G H I J K L M N O P Q R S T U V W X Y Z
Optima	A B C D E F G H I J K L M N O P Q R S T U V W X Y Z
Optima Medium	A B C D E F G H I J K L M N O P Q R S T U V W X Y Z
Optima Demi-Bold	A B C D E F G H I J K L M N O P Q R S T U V W X Y Z
Optima Bold	A B C D E F G H I J K L M N O P Q R S T U V W X Y Z
Optima Black	A B C D E F G H I J K L M N O P Q R S T U V W X Y Z
Optima Extra Black	A B C D E F G H I J K L M N O P Q R S T U V W X Y Z
Placard Bold Condensed	A B C D E F G H I J K L M N O P Q R S T U V W X Y Z
Plak Black	A B C D E F G H I J K L M N O P Q R S T U V W X Y Z
Plak Black Condensed	A B C D E F G H I J K L M N O P Q R S T U V W X Y Z
Plak Black Extra Condensed	A B C D E F G H I J K L M N O P Q R S T U V W X Y Z
Ronda Light ᴵᵀᶜ	A B C D E F G H I J K L M N O P Q R S T U V W X Y Z
Ronda ᴵᵀᶜ	A B C D E F G H I J K L M N O P Q R S T U V W X Y Z
Ronda Bold ᴵᵀᶜ	A B C D E F G H I J K L M N O P Q R S T U V W X Y Z
Sans Serif Shaded No. 2	A B C D E F G H I J K L M N O P Q R S T U V W X Y Z
Serpentine Light	A B C D E F G H I J K L M N O P Q R S T U V W X Y Z
Serpentine Medium	A B C D E F G H I J K L M N O P Q R S T U V W X Y Z
Serpentine Bold	A B C D E F G H I J K L M N O P Q R S T U V W X Y Z
Spartan Light	A B C D E F G H I J K L M N O P Q R S T U V W X Y Z
Spartan Book	A B C D E F G H I J K L M N O P Q R S T U V W X Y Z
Spartan Medium	A B C D E F G H I J K L M N O P Q R S T U V W X Y Z

abcdefghijklmnopqrstuvwxyz&.,"!?1234567890

abcdefghijklmnopqrstuvwxyz&.,"!?1234567890

abcdefghijklmnopqrstuvwxyz&.,"!?1234567890

abcdefghijklmnopqrstuvwxyz&.,"!?1234567890

abcdefghijklmnopqrstuvwxyz&.,"!?1234567890

abcdefghijklmnopqrstuvwxyz&.,"!?1234567890

abcdefghijklmnopqrstuvwxyz&.,"!?1234567890

abcdefghijklmnopqrstuvwxyz&.,"!?1234567890

abcdefghijklmnopqrstuvwxyz&.,"!?1234567890

abcdefghijklmnopqrstuvwxyz&.,"!?1234567890

abcdefghijklmnopqrstuvwxyz&.,"!?1234567890

abcdefghijklmnopqrstuvwxyz&.,"!?1234567890

abcdefghijklmnopqrstuvwxyz&.,"!?1234567890

abcdefghijklmnopqrstuvwxyz&.,"!?1234567890

abcdefghijklmnopqrstuvwxyz&.,"!?1234567890

abcdefghijklmnopqrstuvwxyz&.,"!?1234567890

abcdefghijklmnopqrstuvwxyz&.,"!?1234567890

abcdefghijklmnopqrstuvwxyz&.,"!?1234567890

abcdefghijklmnopqrstuvwxyz&.,"!?1234567890O

abcdefghijklmnopqrstuvwxyz&.,"!?1234567890

abcdefghijklmnopqrstuvwxyz&..'!?1234567890

abcdefghijklmnopqrstuvwxyz&..'!?1234567890

abcdefghijklmnopqrstuvwxyz&..'!?1234567890

abcdefghijklmnopqrstuvwxyz&.,"!?1234567890

abcdefghijklmnopqrstuvwxyz&.,"!?1234567890

abcdefghijklmnopqrstuvwxyz&.,"!?1234567890

Spartan Bold	A B C D E F G H I J K L M N O P Q R S T U V W X Y Z
Spartan Heavy	A B C D E F G H I J K L M N O P Q R S T U V W X Y Z
Spartan Black	A B C D E F G H I J K L M N O P Q R S T U V W X Y Z
Spartan Extra Black A	A B C D E F G H I J K L M N O P Q R S T U V W X Y Z
Spartan Extra Black B	A B C D E F G H I J K L M N O P Q R S T U V W X Y Z
Spartan Book Condensed	A B C D E F G H I J K L M N O P Q R S T U V W X Y Z
Spartan Medium Condensed	A B C D E F G H I J K L M N O P Q R S T U V W X Y Z
Spartan Bold Condensed	A B C D E F G H I J K L M N O P Q R S T U V W X Y Z
Spartan Heavy Condensed	A B C D E F G H I J K L M N O P Q R S T U V W X Y Z
Spartan Black Condensed	A B C D E F G H I J K L M N O P Q R S T U V W X Y Z
Spartan Ex Blk Condensed	A B C D E F G H I J K L M N O P Q R S T U V W X Y Z
Stark Debonair	A B C D E F G H I J K L M N O P Q R S T U V W X Y Z
Symbol Book ITC	A B C D E F G H I J K L M N O P Q R S T U V W X Y Z
Symbol Medium ITC	A B C D E F G H I J K L M N O P Q R S T U V W X Y Z
Symbol Bold ITC	A B C D E F G H I J K L M N O P Q R S T U V W X Y Z
Symbol Black ITC	A B C D E F G H I J K L M N O P Q R S T U V W X Y Z
Syntax	A B C D E F G H I J K L M N O P Q R S T U V W X Y Z
Syntax Bold	A B C D E F G H I J K L M N O P Q R S T U V W X Y Z
Syntax Black	A B C D E F G H I J K L M N O P Q R S T U V W X Y Z
Syntax Ultra Black	A B C D E F G H I J K L M N O P Q R S T U V W X Y Z
Trade Gothic Light	A B C D E F G H I J K L M N O P Q R S T U V W X Y Z
Trade Gothic	A B C D E F G H I J K L M N O P Q R S T U V W X Y Z
Trade Gothic Bold	A B C D E F G H I J K L M N O P Q R S T U V W X Y Z
Trade Gothic Bold No. 2	A B C D E F G H I J K L M N O P Q R S T U V W X Y Z
Trade Gothic No. 18 Condensed	A B C D E F G H I J K L M N O P Q R S T U V W X Y Z
Trade Gothic No. 20 Bold Cond	A B C D E F G H I J K L M N O P Q R S T U V W X Y Z
Trade Gothic No. 17 Extra Condensed	A B C D E F G H I J K L M N O P Q R S T U V W X Y Z

a b c d e f g h i j k l m n o p q r s t u v w x y z & . , " ! ? 1 2 3 4 5 6 7 8 9 0

a b c d e f g h i j k l m n o p q r s t u v w x y z & . , " ! ? 1 2 3 4 5 6 7 8 9 0

a b c d e f g h i j k l m n o p q r s t u v w x y z & . , " ! ? 1 2 3 4 5 6 7 8 9 0

a b c d e f g h i j k l m n o p q r s t u v w x y z & . , " ! ? 1 2 3 4 5 6 7 8 9 0

a b c d e f g h i j k l m n o p q r s t u v w x y z & . , " ! ? 1 2 3 4 5 6 7 8 9 0

a b c d e f g h i j k l m n o p q r s t u v w x y z & . , " ! ? 1 2 3 4 5 6 7 8 9 0

a b c d e f g h i j k l m n o p q r s t u v w x y z & . , " ! ? 1 2 3 4 5 6 7 8 9 0

a b c d e f g h i j k l m n o p q r s t u v w x y z & . , " ! ? 1 2 3 4 5 6 7 8 9 0

a b c d e f g h i j k l m n o p q r s t u v w x y z & . , " ! ? 1 2 3 4 5 6 7 8 9 0

a b c d e f g h i j k l m n o p q r s t u v w x y z & . , " ! ? 1 2 3 4 5 6 7 8 9 0

a b c d e f g h i j k l m n o p q r s t u v w x y z & . , " ! ? 1 2 3 4 5 6 7 8 9 0

a b c d e f g h i j k l m n o p q r s t u v w x y z & . , " ! ? 1 2 3 4 5 6 7 8 9 0

a b c d e f g h i j k l m n o p q r s t u v w x y z & . , " ! ? 1 2 3 4 5 6 7 8 9 0

a b c d e f g h i j k l m n o p q r s t u v w x y z & . , " ! ? 1 2 3 4 5 6 7 8 9 0

a b c d e f g h i j k l m n o p q r s t u v w x y z & . , " ! ? 1 2 3 4 5 6 7 8 9 0

a b c d e f g h i j k l m n o p q r s t u v w x y z & . , " ! ? 1 2 3 4 5 6 7 8 9 0

a b c d e f g h i j k l m n o p q r s t u v w x y z & . , " ! ? 1 2 3 4 5 6 7 8 9 0

a b c d e f g h i j k l m n o p q r s t u v w x y z & . , " ! ? 1 2 3 4 5 6 7 8 9 0

a b c d e f g h i j k l m n o p q r s t u v w x y z & . , " ! ? 1 2 3 4 5 6 7 8 9 0

a b c d e f g h i j k l m n o p q r s t u v w x y z & . , " ! ? 1 2 3 4 5 6 7 8 9 0

a b c d e f g h i j k l m n o p q r s t u v w x y z & . , " ! ? 1 2 3 4 5 6 7 8 9 0

a b c d e f g h i j k l m n o p q r s t u v w x y z & . , " ! ? 1 2 3 4 5 6 7 8 9 0

a b c d e f g h i j k l m n o p q r s t u v w x y z & . , " ! ? 1 2 3 4 5 6 7 8 9 0

a b c d e f g h i j k l m n o p q r s t u v w x y z & . , " ! ? 1 2 3 4 5 6 7 8 9 0

a b c d e f g h i j k l m n o p q r s t u v w x y z & . , " ! ? 1 2 3 4 5 6 7 8 9 0

a b c d e f g h i j k l m n o p q r s t u v w x y z & . , " ! ? 1 2 3 4 5 6 7 8 9 0

a b c d e f g h i j k l m n o p q r s t u v w x y z & . , " ! ? 1 2 3 4 5 6 7 8 9 0

Trade Gothic No. 19 Bold Extra Cond	A B C D E F G H I J K L M N O P Q R S T U V W X Y Z
Trade Gothic Extended	A B C D E F G H I J K L M N O P Q R S T U V W X Y Z
Trade Gothic Bd Ext	A B C D E F G H I J K L M N O P Q R S T U V W X Y Z
Univers 45 Light	A B C D E F G H I J K L M N O P Q R S T U V W X Y Z
Univers 55	A B C D E F G H I J K L M N O P Q R S T U V W X Y Z
Univers 65 Bold	A B C D E F G H I J K L M N O P Q R S T U V W X Y Z
Univers 75 Black	A B C D E F G H I J K L M N O P Q R S T U V W X Y Z
Univers 85 Extra Black	A B C D E F G H I J K L M N O P Q R S T U V W X Y Z
Univers 47 Light Condensed	A B C D E F G H I J K L M N O P Q R S T U V W X Y Z
Univers 57 Condensed	A B C D E F G H I J K L M N O P Q R S T U V W X Y Z
Univers 67 Bold Condensed	A B C D E F G H I J K L M N O P Q R S T U V W X Y Z
Univers 49 Light Ultra Condensed (Scaled)	A B C D E F G H I J K L M N O P Q R S T U V W X Y Z
Univers 59 Ultra Condensed	A B C D E F G H I J K L M N O P Q R S T U V W X Y Z
Univers 53 Extended	A B C D E F G H I J K L M N O P Q R S T U V W X Y Z
Univers 63 Bold Extended	A B C D E F G H I J K L M N O P Q R S T U V W X Y Z
Univers 73 Blk Extended	A B C D E F G H I J K L M N O P Q R S T U V W X Y Z
Universal Dot Matrix	A B C D E F G H I J K L M N O P Q R S T U V W X Y Z
VAG Rundschrift Thin	A B C D E F G H I J K L M N O P Q R S T U V W X Y Z
VAG Rundschrift Light	A B C D E F G H I J K L M N O P Q R S T U V W X Y Z
VAG Rundschrift	A B C D E F G H I J K L M N O P Q R S T U V W X Y Z
VAG Rundschrift Bold	A B C D E F G H I J K L M N O P Q R S T U V W X Y Z
Venus Light	A B C D E F G H I J K L M N O P Q R S T U V W X Y Z
Venus Bold	A B C D E F G H I J K L M N O P Q R S T U V W X Y Z
Wexford	A B C D E F G H I J K L M N O P Q R S T U V W X Y Z
Wexford Medium	A B C D E F G H I J K L M N O P Q R S T U V W X Y Z
Wexford Bold	A B C D E F G H I J K L M N O P Q R S T U V W X Y Z
Wexford Ultra Bold	A B C D E F G H I J K L M N O P Q R S T U V W X Y Z

a b c d e f g h i j k l m n o p q r s t u v w x y z & . , " ! ? 1 2 3 4 5 6 7 8 9 0

abcdefghijklmnopqrstuvwxyz&.,"!?1234567890

abcdefghijklmnopqrstuvwxyz&.,"!?1234567890

a b c d e f g h i j k l m n o p q r s t u v w x y z & . , " ! ? 1 2 3 4 5 6 7 8 9 0

a b c d e f g h i j k l m n o p q r s t u v w x y z & . , " ! ? 1 2 3 4 5 6 7 8 9 0

a b c d e f g h i j k l m n o p q r s t u v w x y z & . , " ! ? 1 2 3 4 5 6 7 8 9 0

a b c d e f g h i j k l m n o p q r s t u v w x y z & . , " ! ? 1 2 3 4 5 6 7 8 9 0

abcdefghijklmnopqrstuvwxyz&.,"!?1234567890

a b c d e f g h i j k l m n o p q r s t u v w x y z & . , " ! ? 1 2 3 4 5 6 7 8 9 0

a b c d e f g h i j k l m n o p q r s t u v w x y z & . , " ! ? 1 2 3 4 5 6 7 8 9 0

a b c d e f g h i j k l m n o p q r s t u v w x y z & . , " ! ? 1 2 3 4 5 6 7 8 9 0

a b c d e f g h i j k l m n o p q r s t u v w x y z & . , " ! ? 1 2 3 4 5 6 7 8 9 0

a b c d e f g h i j k l m n o p q r s t u v w x y z & . , " ! ? 1 2 3 4 5 6 7 8 9 0

a b c d e f g h i j k l m n o p q r s t u v w x y z & . , " ! ? 1 2 3 4 5 6 7 8 9 0

a b c d e f g h i j k l m n o p q r s t u v w x y z & . , " ! ? 1 2 3 4 5 6 7 8 9 0

a b c d e f g h i j k l m n o p q r s t u v w x y z & . , " ! ? 1 2 3 4 5 6 7 8 9 0

a b c d e f g h i j k l m n o p q r s t u v w x y z & . , ! ? 1 2 3 4 5 6 7 8 9 0

a b c d e f g h i j k l m n o p q r s t u v w x y z & . , " ! ? 1 2 3 4 5 6 7 8 9 0

a b c d e f g h i j k l m n o p q r s t u v w x y z & . , " ! ? 1 2 3 4 5 6 7 8 9 0

a b c d e f g h i j k l m n o p q r s t u v w x y z & . , " ! ? 1 2 3 4 5 6 7 8 9 0

a b c d e f g h i j k l m n o p q r s t u v w x y z & . , " ! ? 1 2 3 4 5 6 7 8 9 0

a b c d e f g h i j k l m n o p q r s t u v w x y z & . , " ! ? 1 2 3 4 5 6 7 8 9 0

a b c d e f g h i j k l m n o p q r s t u v w x y z & . , " ! ? 1 2 3 4 5 6 7 8 9 0

a b c d e f g h i j k l m n o p q r s t u v w x y z & . , " ! ? 1 2 3 4 5 6 7 8 9 0

a b c d e f g h i j k l m n o p q r s t u v w x y z & . , " ! ? 1 2 3 4 5 6 7 8 9 0

a b c d e f g h i j k l m n o p q r s t u v w x y z & . , " ! ? 1 2 3 4 5 6 7 8 9 0

a b c d e f g h i j k l m n o p q r s t u v w x y z & . , " ! ? 1 2 3 4 5 6 7 8 9 0

Akzidenz-Grotesk Italic	A B C D E F G H I J K L M N O P Q R S T U V W X Y Z
Antique Olive Italic	A B C D E F G H I J K L M N O P Q R S T U V W X Y Z
Antique Olive Nord Italic	**A B C D E F G H I J K L M N O P Q R S T U V W X Y Z**
Avant Garde Gothic Ex Lt Oblique ITC	A B C D E F G H I J K L M N O P Q R S T U V W X Y Z
Avant Garde Gothic Book Oblique ITC	A B C D E F G H I J K L M N O P Q R S T U V W X Y Z
Avant Garde Gothic Med Oblique ITC	A B C D E F G H I J K L M N O P Q R S T U V W X Y Z
Avant Garde Gothic Dm Oblique ITC	A B C D E F G H I J K L M N O P Q R S T U V W X Y Z
Avant Garde Gothic Bd Oblique ITC	**A B C D E F G H I J K L M N O P Q R S T U V W X Y Z**
Benguiat Gothic Book Ital ITC	A B C D E F G H I J K L M N O P Q R S T U V W X Y Z
Benguiat Gothic Med Italic ITC	A B C D E F G H I J K L M N O P Q R S T U V W X Y Z
Benguiat Gothic Bd Italic ITC	**A B C D E F G H I J K L M N O P Q R S T U V W X Y Z**
Benguiat Gothic Hvy Ital ITC	**A B C D E F G H I J K L M N O P Q R S T U V W X Y Z**
Churchward 70 Ultra Bd Ital	**A B C D E F G H I J K L M N O P Q R S T U V W X Y Z**
Doric Black	**A B C D E F G H I J K L M N O P Q R S T U V W X Y Z**
Folio Light Italic	A B C D E F G H I J K L M N O P Q R S T U V W X Y Z
Folio Extra Bold Oblique	**A B C D E F G H I J K L M N O P Q R S T U V W X Y Z**
Franklin Gothic No. 2 Italic	**A B C D E F G H I J K L M N O P Q R S T U V W X Y Z**
Franklin Gothic Extra Condensed Italic	**A B C D E F G H I J K L M N O P Q R S T U V W X Y Z**
Franklin Gothic Condensed Italic	**A B C D E F G H I J K L M N O P Q R S T U V W X Y Z**
Franklin Gothic Book Italic ITC	A B C D E F G H I J K L M N O P Q R S T U V W X Y Z
Franklin Gothic Medium Italic ITC	A B C D E F G H I J K L M N O P Q R S T U V W X Y Z
Franklin Gothic Demi Italic ITC	**A B C D E F G H I J K L M N O P Q R S T U V W X Y Z**
Franklin Gothic Heavy Italic ITC	**A B C D E F G H I J K L M N O P Q R S T U V W X Y Z**
Frutiger 46 Light Italic	A B C D E F G H I J K L M N O P Q R S T U V W X Y Z
Frutiger 56 Italic	A B C D E F G H I J K L M N O P Q R S T U V W X Y Z
Frutiger 66 Bold Italic	**A B C D E F G H I J K L M N O P Q R S T U V W X Y Z**

abcdefghijklmnopqrstuvwxyz&.,"!?1234567890

abcdefghijklmnopqrstuvwxyz&.,"!?1234567890

abcdefghijklmnopqrstuvwxyz&.,"!?1234567890

abcdefghijklmnopqrstuvwxyz&.,"!?1234567890

abcdefghijklmnopqrstuvwxyz&.,"!?1234567890

abcdefghijklmnopqrstuvwxyz&.,"!?1234567890

abcdefghijklmnopqrstuvwxyz&.,"!?1234567890

abcdefghijklmnopqrstuvwxyz&.,"!?1234567890

abcdefghijklmnopqrstuvwxyz&.,"!?1234567890

abcdefghijklmnopqrstuvwxyz&.,"!?1234567890

abcdefghijklmnopqrstuvwxyz&.,"!?1234567890

abcdefghijklmnopqrstuvwxyz&.,"!?1234567890

abcdefghijklmnopqrstuvwxyz&.,"!?1234567890

abcdefghijklmnopqrstuvwxyz&.,"!?1234567890

abcdefghijklmnopqrstuvwxyz&.,"!?1234567890

abcdefghijklmnopqrstuvwxyz&.,"!?1234567890

abcdefghijklmnopqrstuvwxyz&.,"!?1234567890

abcdefghijklmnopqrstuvwxyz&.,"!?1234567890

abcdefghijklmnopqrstuvwxyz&.,"!?1234567890

abcdefghijklmnopqrstuvwxyz&.,"!?1234567890

abcdefghijklmnopqrstuvwxyz&.,"!?1234567890

abcdefghijklmnopqrstuvwxyz&.,"!?1234567890

abcdefghijklmnopqrstuvwxyz&.,"!?1234567890

abcdefghijklmnopqrstuvwxyz&.,"!?1234567890

abcdefghijklmnopqrstuvwxyz&.,"!?1234567890

abcdefghijklmnopqrstuvwxyz&.,"!?1234567890

Frutiger 76 Black Italic	**A B C D E F G H I J K L M N O P Q R S T U V W X Y Z**
Futura Light Italic	A B C D E F G H I J K L M N O P Q R S T U V W X Y Z
Futura Book Italic	A B C D E F G H I J K L M N O P Q R S T U V W X Y Z
Futura Medium Italic	A B C D E F G H I J K L M N O P Q R S T U V W X Y Z
Futura Heavy Italic	**A B C D E F G H I J K L M N O P Q R S T U V W X Y Z**
Futura Bold Italic	**A B C D E F G H I J K L M N O P Q R S T U V W X Y Z**
Futura Extra Black Italic	**A B C D E F G H I J K L M N O P Q R S T U V W X Y Z**
Futura Bold Condensed Italic	**A B C D E F G H I J K L M N O P Q R S T U V W X Y Z**
Futura Ex Blk Condensed Italic	**A B C D E F G H I J K L M N O P Q R S T U V W X Y Z**
Gill Sans Light Italic	A B C D E F G H I J K L M N O P Q R S T U V W X Y Z
Gill Sans Italic	A B C D E F G H I J K L M N O P Q R S T U V W X Y Z
Gill Sans Bold Italic	**A B C D E F G H I J K L M N O P Q R S T U V W X Y Z**
Goudy Sans Book Italic [ITC]	A B C D E F G H I J K L M N O P Q R S T U V W X Y Z
Goudy Sans Medium Italic [ITC]	A B C D E F G H I J K L M N O P Q R S T U V W X Y Z
Goudy Sans Bold Italic [ITC]	**A B C D E F G H I J K L M N O P Q R S T U V W X Y Z**
Goudy Sans Black Italic [ITC]	**A B C D E F G H I J K L M N O P Q R S T U V W X Y Z**
Heldustry Regular Italic [TS]	A B C D E F G H I J K L M N O P Q R S T U V W X Y Z
Heldustry Medium Italic [TS]	A B C D E F G H I J K L M N O P Q R S T U V W X Y Z
Heldustry Demi-Bd Ital [TS]	**A B C D E F G H I J K L M N O P Q R S T U V W X Y Z**
Helvetica Thin Italic	A B C D E F G H I J K L M N O P Q R S T U V W X Y Z
Helvetica Light Italic	A B C D E F G H I J K L M N O P Q R S T U V W X Y Z
Helvetica Italic	A B C D E F G H I J K L M N O P Q R S T U V W X Y Z
Helvetica Bold Italic	**A B C D E F G H I J K L M N O P Q R S T U V W X Y Z**
Helvetica Heavy Italic	**A B C D E F G H I J K L M N O P Q R S T U V W X Y Z**
Helvetica Black Italic	**A B C D E F G H I J K L M N O P Q R S T U V W X Y Z**
Helvetica Light Condensed Italic	A B C D E F G H I J K L M N O P Q R S T U V W X Y Z

abcdefghijklmnopqrstuvwxyz&.,"!?1234567890

abcdefghijklmnopqrstuvwxyz&.,"!?1234567890

abcdefghijklmnopqrstuvwxyz&.,"!?1234567890

abcdefghijklmnopqrstuvwxyz&.,"!?1234567890

abcdefghijklmnopqrstuvwxyz&.,"!?1234567890

abcdefghijklmnopqrstuvwxyz&.,"!?1234567890

abcdefghijklmnopqrstuvwxyz&.,"!?1234567890

abcdefghijklmnopqrstuvwxyz&.,"!?1234567890

abcdefghijklmnopqrstuvwxyz&.,"!?1234567890

abcdefghijklmnopqrstuvwxyz&.,"!?1234567890

abcdefghijklmnopqrstuvwxyz&.,"!?1234567890

abcdefghijklmnopqrstuvwxyz&.,"!?1234567890

abcdefghijklmnopqrstuvwxyz&.,"!?1234567890

abcdefghijklmnopqrstuvwxyz&.,"!?1234567890

abcdefghijklmnopqrstuvwxyz&.,"!?1234567890

abcdefghijklmnopqrstuvwxyz&.,"!?1234567890

abcdefghijklmnopqrstuvwxyz&.,"!?1234567890

abcdefghijklmnopqrstuvwxyz&.,"!?1234567890

abcdefghijklmnopqrstuvwxyz&.,"!?1234567890

abcdefghijklmnopqrstuvwxyz&.,"!?1234567890

abcdefghijklmnopqrstuvwxyz&.,"!?1234567890

abcdefghijklmnopqrstuvwxyz&.,"!?1234567890

abcdefghijklmnopqrstuvwxyz&.,"!?1234567890

abcdefghijklmnopqrstuvwxyz&.,"!?1234567890

abcdefghijklmnopqrstuvwxyz&.,"!?1234567890

abcdefghijklmnopqrstuvwxyz&.,"!?1234567890

Helvetica Condensed Italic	*A B C D E F G H I J K L M N O P Q R S T U V W X Y Z*
Helvetica Bold Condensed Ital	**A B C D E F G H I J K L M N O P Q R S T U V W X Y Z**
Helvetica Blk Condensed Ital	**A B C D E F G H I J K L M N O P Q R S T U V W X Y Z**
Helvetica Rounded Bd Ital	**A B C D E F G H I J K L M N O P Q R S T U V W X Y Z**
Helvetica Rounded Blk Ital	**A B C D E F G H I J K L M N O P Q R S T U V W X Y Z**
Helvetica Inserat Italic	**A B C D E F G H I J K L M N O P Q R S T U V W X Y Z**
neue Helvetica 26 Ultra Lt Ital	*A B C D E F G H I J K L M N O P Q R S T U V W X Y Z*
neue Helvetica 36 Thin Italic	*A B C D E F G H I J K L M N O P Q R S T U V W X Y Z*
neue Helvetica 46 Light Italic	*A B C D E F G H I J K L M N O P Q R S T U V W X Y Z*
neue Helvetica 56 Italic	*A B C D E F G H I J K L M N O P Q R S T U V W X Y Z*
neue Helvetica 66 Med Ital	*A B C D E F G H I J K L M N O P Q R S T U V W X Y Z*
neue Helvetica 76 Bd Ital	**A B C D E F G H I J K L M N O P Q R S T U V W X Y Z**
neue Helvetica 86 Hvy Ital	**A B C D E F G H I J K L M N O P Q R S T U V W X Y Z**
neue Helvetica 96 Blk Ital	**A B C D E F G H I J K L M N O P Q R S T U V W X Y Z**
Metrolite No. 2 Italic	*A B C D E F G H I J K L M N O P Q R S T U V W X Y Z*
Metromedium No. 2 Italic	*A B C D E F G H I J K L M N O P Q R S T U V W X Y Z*
Metroblack No. 2 Italic	**A B C D E F G H I J K L M N O P Q R S T U V W X Y Z**
Mixage Book Italic ᴵᵀᶜ	*A B C D E F G H I J K L M N O P Q R S T U V W X Y Z*
Mixage Medium Italic ᴵᵀᶜ	*A B C D E F G H I J K L M N O P Q R S T U V W X Y Z*
Mixage Bold Italic ᴵᵀᶜ	**A B C D E F G H I J K L M N O P Q R S T U V W X Y Z**
Mixage Black Italic ᴵᵀᶜ	**A B C D E F G H I J K L M N O P Q R S T U V W X Y Z**
Oliver Bold Italic ᵀˢ	**A B C D E F G H I J K L M N O P Q R S T U V W X Y Z**
Optima Italic	*A B C D E F G H I J K L M N O P Q R S T U V W X Y Z*
Optima Medium Italic	*A B C D E F G H I J K L M N O P Q R S T U V W X Y Z*
Optima Demi-Bold Italic	*A B C D E F G H I J K L M N O P Q R S T U V W X Y Z*
Optima Bold Italic	**A B C D E F G H I J K L M N O P Q R S T U V W X Y Z**

a b c d e f g h i j k l m n o p q r s t u v w x y z & . , " ! ? 1 2 3 4 5 6 7 8 9 0

a b c d e f g h i j k l m n o p q r s t u v w x y z & . , " ! ? 1 2 3 4 5 6 7 8 9 0

a b c d e f g h i j k l m n o p q r s t u v w x y z & . , " ! ? 1 2 3 4 5 6 7 8 9 0

a b c d e f g h i j k l m n o p q r s t u v w x y z & . , " ! ? 1 2 3 4 5 6 7 8 9 0

a b c d e f g h i j k l m n o p q r s t u v w x y z & . , " ! ? 1 2 3 4 5 6 7 8 9 0

a b c d e f g h i j k l m n o p q r s t u v w x y z & . , " ! ? 1 2 3 4 5 6 7 8 9 0

a b c d e f g h i j k l m n o p q r s t u v w x y z & . , " ! ? 1 2 3 4 5 6 7 8 9 0

a b c d e f g h i j k l m n o p q r s t u v w x y z & . , " ! ? 1 2 3 4 5 6 7 8 9 0

a b c d e f g h i j k l m n o p q r s t u v w x y z & . , " ! ? 1 2 3 4 5 6 7 8 9 0

a b c d e f g h i j k l m n o p q r s t u v w x y z & . , " ! ? 1 2 3 4 5 6 7 8 9 0

a b c d e f g h i j k l m n o p q r s t u v w x y z & . , " ! ? 1 2 3 4 5 6 7 8 9 0

a b c d e f g h i j k l m n o p q r s t u v w x y z & . , " ! ? 1 2 3 4 5 6 7 8 9 0

a b c d e f g h i j k l m n o p q r s t u v w x y z & . , " ! ? 1 2 3 4 5 6 7 8 9 0

a b c d e f g h i j k l m n o p q r s t u v w x y z & . , " ! ? 1 2 3 4 5 6 7 8 9 0

a b c d e f g h i j k l m n o p q r s t u v w x y z & . , " ! ? 1 2 3 4 5 6 7 8 9 0

a b c d e f g h i j k l m n o p q r s t u v w x y z & . , " ! ? 1 2 3 4 5 6 7 8 9 0

a b c d e f g h i j k l m n o p q r s t u v w x y z & . , " ! ? 1 2 3 4 5 6 7 8 9 0

a b c d e f g h i j k l m n o p q r s t u v w x y z & . , " ! ? 1 2 3 4 5 6 7 8 9 0

a b c d e f g h i j k l m n o p q r s t u v w x y z & . , " ! ? 1 2 3 4 5 6 7 8 9 0

a b c d e f g h i j k l m n o p q r s t u v w x y z & . , " ! ? 1 2 3 4 5 6 7 8 9 0

a b c d e f g h i j k l m n o p q r s t u v w x y z & . , " ! ? 1 2 3 4 5 6 7 8 9 0

a b c d e f g h i j k l m n o p q r s t u v w x y z & . , " ! ? 1 2 3 4 5 6 7 8 9 0

a b c d e f g h i j k l m n o p q r s t u v w x y z & . , " ! ? 1 2 3 4 5 6 7 8 9 0

a b c d e f g h i j k l m n o p q r s t u v w x y z & . , " ! ? 1 2 3 4 5 6 7 8 9 0

a b c d e f g h i j k l m n o p q r s t u v w x y z & . , " ! ? 1 2 3 4 5 6 7 8 9 0

a b c d e f g h i j k l m n o p q r s t u v w x y z & . , " ! ? 1 2 3 4 5 6 7 8 9 0

Optima Black Italic	A B C D E F G H I J K L M N O P Q R S T U V W X Y Z
Optima Extra Black Italic	A B C D E F G H I J K L M N O P Q R S T U V W X Y Z
Serpentine Bold Italic	A B C D E F G H I J K L M N O P Q R S T U V W X Y Z
Spartan Light Italic	A B C D E F G H I J K L M N O P Q R S T U V W X Y Z
Spartan Book Italic	A B C D E F G H I J K L M N O P Q R S T U V W X Y Z
Spartan Medium Italic	A B C D E F G H I J K L M N O P Q R S T U V W X Y Z
Spartan Bold Italic	A B C D E F G H I J K L M N O P Q R S T U V W X Y Z
Spartan Heavy Italic	A B C D E F G H I J K L M N O P Q R S T U V W X Y Z
Spartan Black Italic	A B C D E F G H I J K L M N O P Q R S T U V W X Y Z
Spartan Extra Blk Italic	A B C D E F G H I J K L M N O P Q R S T U V W X Y Z
Symbol Book Italic ᴵᵀᶜ	A B C D E F G H I J K L M N O P Q R S T U V W X Y Z
Symbol Medium Italic ᴵᵀᶜ	A B C D E F G H I J K L M N O P Q R S T U V W X Y Z
Symbol Bold Italic ᴵᵀᶜ	A B C D E F G H I J K L M N O P Q R S T U V W X Y Z
Symbol Black Italic ᴵᵀᶜ	A B C D E F G H I J K L M N O P Q R S T U V W X Y Z
Syntax Italic	A B C D E F G H I J K L M N O P Q R S T U V W X Y Z
Trade Gothic Light Italic	A B C D E F G H I J K L M N O P Q R S T U V W X Y Z
Trade Gothic Italic	A B C D E F G H I J K L M N O P Q R S T U V W X Y Z
Trade Gothic Bold No. 2 Ital	A B C D E F G H I J K L M N O P Q R S T U V W X Y Z
Trade Gothic No. 18 Condensed Ital	A B C D E F G H I J K L M N O P Q R S T U V W X Y Z
Trade Gothic No. 20 Bd Cond Ital	A B C D E F G H I J K L M N O P Q R S T U V W X Y Z
Univers 46 Light Italic	A B C D E F G H I J K L M N O P Q R S T U V W X Y Z
Univers 56 Italic	A B C D E F G H I J K L M N O P Q R S T U V W X Y Z
Univers 66 Bold Italic	A B C D E F G H I J K L M N O P Q R S T U V W X Y Z
Univers 76 Black Italic	A B C D E F G H I J K L M N O P Q R S T U V W X Y Z
Univers 48 Light Condensed Italic	A B C D E F G H I J K L M N O P Q R S T U V W X Y Z
Univers 58 Condensed Italic	A B C D E F G H I J K L M N O P Q R S T U V W X Y Z
Univers 68 Bold Cond Italic	A B C D E F G H I J K L M N O P Q R S T U V W X Y Z

a b c d e f g h i j k l m n o p q r s t u v w x y z & . , " ! ? 1 2 3 4 5 6 7 8 9 0

a b c d e f g h i j k l m n o p q r s t u v w x y z & . , " ! ? 1 2 3 4 5 6 7 8 9 0

a b c d e f g h i j k l m n o p q r s t u v w x y z & . , " ! ? 1 2 3 4 5 6 7 8 9 0

a b c d e f g h i j k l m n o p q r s t u v w x y z & . , " ! ? 1 2 3 4 5 6 7 8 9 0

a b c d e f g h i j k l m n o p q r s t u v w x y z & . , " ! ? 1 2 3 4 5 6 7 8 9 0

a b c d e f g h i j k l m n o p q r s t u v w x y z & . , " ! ? 1 2 3 4 5 6 7 8 9 0

a b c d e f g h i j k l m n o p q r s t u v w x y z & . , " ! ? 1 2 3 4 5 6 7 8 9 0

a b c d e f g h i j k l m n o p q r s t u v w x y z & . , " ! ? 1 2 3 4 5 6 7 8 9 0

a b c d e f g h i j k l m n o p q r s t u v w x y z & . , " ! ? 1 2 3 4 5 6 7 8 9 0

a b c d e f g h i j k l m n o p q r s t u v w x y z & . , " ! ? 1 2 3 4 5 6 7 8 9 0

a b c d e f g h i j k l m n o p q r s t u v w x y z & . , " ! ? 1 2 3 4 5 6 7 8 9 0

a b c d e f g h i j k l m n o p q r s t u v w x y z & . , " ! ? 1 2 3 4 5 6 7 8 9 0

a b c d e f g h i j k l m n o p q r s t u v w x y z & . , " ! ? 1 2 3 4 5 6 7 8 9 0

a b c d e f g h i j k l m n o p q r s t u v w x y z & . , " ! ? 1 2 3 4 5 6 7 8 9 0

a b c d e f g h i j k l m n o p q r s t u v w x y z & . , " ! ? 1 2 3 4 5 6 7 8 9 0

a b c d e f g h i j k l m n o p q r s t u v w x y z & . , " ! ? 1 2 3 4 5 6 7 8 9 0

a b c d e f g h i j k l m n o p q r s t u v w x y z & . , " ! ? 1 2 3 4 5 6 7 8 9 0

a b c d e f g h i j k l m n o p q r s t u v w x y z & . , " ! ? 1 2 3 4 5 6 7 8 9 0

a b c d e f g h i j k l m n o p q r s t u v w x y z & . , " ! ? 1 2 3 4 5 6 7 8 9 0

a b c d e f g h i j k l m n o p q r s t u v w x y z & . , " ! ? 1 2 3 4 5 6 7 8 9 0

a b c d e f g h i j k l m n o p q r s t u v w x y z & . , " ! ? 1 2 3 4 5 6 7 8 9 0

a b c d e f g h i j k l m n o p q r s t u v w x y z & . , " ! ? 1 2 3 4 5 6 7 8 9 0

a b c d e f g h i j k l m n o p q r s t u v w x y z & . , " ! ? 1 2 3 4 5 6 7 8 9 0

a b c d e f g h i j k l m n o p q r s t u v w x y z & . , " ! ? 1 2 3 4 5 6 7 8 9 0

a b c d e f g h i j k l m n o p q r s t u v w x y z & . , " ! ? 1 2 3 4 5 6 7 8 9 0

a b c d e f g h i j k l m n o p q r s t u v w x y z & . , " ! ? 1 2 3 4 5 6 7 8 9 0

a b c d e f g h i j k l m n o p q r s t u v w x y z & . , " ! ? 1 2 3 4 5 6 7 8 9 0

This group comprises all those typefaces which cannot be classified with certainty, in particular those which combine design elements from different styles or have markedly individual, original or especially decorative forms. The group also includes typefaces in the uncial style which were in use between the 4th and the 8th centuries, cartographic typefaces, and swash characters or alphabets made up of capital letters only.

Part Six: Decorative and Display

Ad Lib**

Allegro**

Amelia**

Antikva Margaret

Antique Solid

Antique Shaded

Antique Open

Arnold Bocklin

Athenaeum

Auriol**

Baker Signet**

Barcelona ITC**

Becket

Belwe

Benguiat ITC**

Bernhard

Biltmore

Bloc

Bramley TSI**

Brighton TSI**

Britannic**

Broadway

Broadway Engraved

Bryn Mawr**

Charleston

Chwast Buffalo**

Cooper Black

Cooper Black Outline

COPPERPLATE GOTHIC

DAVIDA**

Della Robbia

Eckmann

Elan ITC**

Expert Haas**

Fantail

Fehrle Display

Floreal Haas**

Florentine

Folkwang*

Friz Quadrata ITC**

Gorilla ITC**

Hobo

Icone*

Isar*

Isbell ITC**

Kismet

Koch-Antiqua*

Kompakt*

Korinna ITC**

Lafayette

LIBRA**

Lucian**

Macbeth

MEXICO OLYMPIC

Mikado Black

Mr. Big**

NEULAND*

Newtext ITC**

Nubian

Pabst*

Parisian**

Parliament

Parsons TS**

PEIGNOT**

Pierrot**

Plymouth

Post-Antiqua**

QUARTZ

Quorum ITC**

Rainbow Bass*

Revue

Romic TSI**

Russell Square

Seagull**

Serif Gothic ITC**

SMARAGD

Souvenir ITC**

Souvenir Gothic**

STENCIL

STOP

Tango**

Thaddeus WTC**

UMBRA

University**

Usherwood ITC**

Granjon Flowers No. 1

Granjon Flowers No. 2

*Trademark of Linotype AG and/or its Subsidiaries
**Licensed Trademark

Ad Lib	A B C D E F G H I J K L M N O P Q R S T U V W X Y Z
Allegro	A B C D E F G H I J K L M N O P Q R S T U V W X Y Z
Amelia	A B C D E F G H I J K L M N O P Q R S T U V W X Y Z
Antikva Margaret Light	A B C D E F G H I J K L M N O P Q R S T U V W X Y Z
Antikva Margaret	A B C D E F G H I J K L M N O P Q R S T U V W X Y Z
Antikva Margaret Ex Bold	A B C D E F G H I J K L M N O P Q R S T U V W X Y Z
Antikva Margaret Black	A B C D E F G H I J K L M N O P Q R S T U V W X Y Z
Antique Solid	A B C D E F G H I J K L M N O P Q R S T U V W X Y Z
Antique Shaded	A B C D E F G H I J K L M N O P Q R S T U V W X Y Z
Antique Open	A B C D E F G H I J K L M N O P Q R S T U V W X Y Z
Arnold Bocklin	A B C D E F G H I J K L M N O P Q R S T U V W X Y Z
Athenaeum	A B C D E F G H I J K L M N O P Q R S T U V W X Y Z
Auriol	A B C D E F G H I J K L M N O P Q R S T U V W X Y Z
Auriol Bold	A B C D E F G H I J K L M N O P Q R S T U V W X Y Z
Auriol Black	A B C D E F G H I J K L M N O P Q R S T U V W X Y Z
Baker Signet	A B C D E F G H I J K L M N O P Q R S T U V W X Y Z
Barcelona Book ITC	A B C D E F G H I J K L M N O P Q R S T U V W X Y Z
Barcelona Medium ITC	A B C D E F G H I J K L M N O P Q R S T U V W X Y Z
Barcelona Bold ITC	A B C D E F G H I J K L M N O P Q R S T U V W X Y Z
Barcelona Heavy ITC	A B C D E F G H I J K L M N O P Q R S T U V W X Y Z
Becket	A B C D E F G H I J K L M N O P Q R S T U V W X Y Z
Belwe Light	A B C D E F G H I J K L M N O P Q R S T U V W X Y Z
Belwe Medium	A B C D E F G H I J K L M N O P Q R S T U V W X Y Z
Belwe Bold	A B C D E F G H I J K L M N O P Q R S T U V W X Y Z
Belwe Condensed	A B C D E F G H I J K L M N O P Q R S T U V W X Y Z
Benguiat Book ITC	A B C D E F G H I J K L M N O P Q R S T U V W X Y Z

abcdefghijklmnopqrstuvwxyz&.,"!?1234567890

abcdefghijklmnopqrstuvwxyz&.,"!?1234567890

abcdefghijklmnopqrstuvwxyz&.,"!?1234567890

abcdefghijklmnopqrstuvwxyz&.,"!?1234567890

abcdefghijklmnopqrstuvwxyz&.,"!?1234567890

abcdefghijklmnopqrstuvwxyz&.,"!?1234567890

abcdefghijklmnopqrstuvwxyz&.,"!?1234567890

abcdefghijklmnopqrstuvwxyz & .. ¨ !? 1234567890

abcdefghijklmnopqrstuvwxyz & ., ¨ !? 1234567890

abcdefghijklmnopqrstuvwxyz & ., ¨ !? 1234567890

abcdefghijklmnopqrstuvwxyz&.,"!?1234567890

abcdefghijklmnopqrstuvwxyz&.,"!?1234567890

abcdefghijklmnopqrstuvwxyz&.,"!?1234567890

abcdefghijklmnopqrstuvwxyz&.,"!?1234567890

abcdefghijklmnopqrstuvwxyz&.,"!?1234567890

abcdefghijklmnopqrstuvwxyz&.,"!?1234567890

abcdefghijklmnopqrstuvwxyz&.,"!?1234567890

abcdefghijklmnopqrstuvwxyz&.,"!?1234567890

abcdefghijklmnopqrstuvwxyz&.,"!?1234567890

abcdefghijklmnopqrstuvwxyz&.,"!?1234567890

abcdefghijklmnopqrstuvwxyz&.,"!?1234567890

abcdefghijklmnopqrstuvwxyz&.,"!?1234567890

abcdefghijklmnopqrstuvwxyz&.,"!?1234567890

abcdefghijklmnopqrstuvwxyz&.,"!?1234567890

abcdefghijklmnopqrstuvwxyz&.,"!?1234567890

abcdefghijklmnopqrstuvwxyz&.,"!?1234567890

Benguiat Medium ^{ITC}	A B C D E F G H I J K L M N O P Q R S T U V W X Y Z
Benguiat Bold ^{ITC}	A B C D E F G H I J K L M N O P Q R S T U V W X Y Z
Benguiat Book Condensed ^{ITC}	A B C D E F G H I J K L M N O P Q R S T U V W X Y Z
Benguiat Medium Condensed ^{ITC}	A B C D E F G H I J K L M N O P Q R S T U V W X Y Z
Benguiat Bold Condensed ^{ITC}	A B C D E F G H I J K L M N O P Q R S T U V W X Y Z
Bernhard Bold Condensed	A B C D E F G H I J K L M N O P Q R S T U V W X Y Z
Biltmore	A B C D E F G H I J K L M N O P Q R S T U V W X Y Z
Bloc	A B C D E F G H I J K L M N O P Q R S T U V W X Y Z
Bramley Light ^{TSI}	A B C D E F G H I J K L M N O P Q R S T U V W X Y Z
Bramley Medium ^{TSI}	A B C D E F G H I J K L M N O P Q R S T U V W X Y Z
Bramley Bold ^{TSI}	A B C D E F G H I J K L M N O P Q R S T U V W X Y Z
Bramley Extra Bold ^{TSI}	A B C D E F G H I J K L M N O P Q R S T U V W X Y Z
Brighton Light ^{TSI}	A B C D E F G H I J K L M N O P Q R S T U V W X Y Z
Brighton Medium ^{TSI}	A B C D E F G H I J K L M N O P Q R S T U V W X Y Z
Brighton Bold ^{TSI}	A B C D E F G H I J K L M N O P Q R S T U V W X Y Z
Britannic	A B C D E F G H I J K L M N O P Q R S T U V W X Y Z
Britannic Bold	A B C D E F G H I J K L M N O P Q R S T U V W X Y Z
Broadway	A B C D E F G H I J K L M N O P Q R S T U V W X Y Z
Broadway Engraved	A B C D E F G H I J K L M N O P Q R S T U V W X Y Z
Bryn Mawr Light	A B C D E F G H I J K L M N O P Q R S T U V W X Y Z
Bryn Mawr Book	A B C D E F G H I J K L M N O P Q R S T U V W X Y Z
Bryn Mawr Medium	A B C D E F G H I J K L M N O P Q R S T U V W X Y Z
Bryn Mawr Bold	A B C D E F G H I J K L M N O P Q R S T U V W X Y Z
Charleston	A B C D E F G H I J K L M N O P Q R S T U V W X Y Z
Chwast Buffalo Blk Cond	A B C D E F G H I J K L M N O P Q R S T U V W X Y Z
Cooper Black	A B C D E F G H I J K L M N O P Q R S T U V W X Y Z

abcdefghijklmnopqrstuvwxyz&.,"!?1234567890

abcdefghijklmnopqrstuvwxyz&.,"!?1234567890

abcdefghijklmnopqrstuvwxyz&.,"!?1234567890

abcdefghijklmnopqrstuvwxyz&.,"!?1234567890

abcdefghijklmnopqrstuvwxyz&.,"!?1234567890

abcdefghijklmnopqrstuvwxyz&.,"!?1234567890

abcdefghijklmnopqrstuvwxyz&.,"!?1234567890

abcdefghijklmnopqrstuvwxyz&.,"!?1234567890

abcdefghijklmnopqrstuvwxyz&.,"!?1234567890

abcdefghijklmnopqrstuvwxyz&.,"!?1234567890

abcdefghijklmnopqrstuvwxyz&.,"!?1234567890

abcdefghijklmnopqrstuvwxyz&.,"!?1234567890

abcdefghijklmnopqrstuvwxyz&.,"!?1234567890

abcdefghijklmnopqrstuvwxyz&.,"!?1234567890

abcdefghijklmnopqrstuvwxyz&.,"!?1234567890

abcdefghijklmnopqrstuvwxyz&.,"!?1234567890

abcdefghijklmnopqrstuvwxyz&.,"!?1234567890

abcdefghijklmnopqrstuvwxyz&.,"!?1234567890

abcdefghijklmnopqrstuvwxyz&.,"!?1234567890

abcdefghijklmnopqrstuvwxyz&.,"!?1234567890

abcdefghijklmnopqrstuvwxyz&.,"!?1234567890

abcdefghijklmnopqrstuvwxyz&.,"!?1234567890

abcdefghijklmnopqrstuvwxyz&.,"!?1234567890

abcdefghijklmnopqrstuvwxyz&.,"!?1234567890

abcdefghijklmnopqrstuvwxyz&.,"!?1234567890

abcdefghijklmnopqrstuvwxyz&.,"!?1234567890

Cooper Black Outline	A B C D E F G H I J K L M N O P Q R S T U V W X Y Z
COPPERPLATE GOTHIC 29 B/C	A B C D E F G H I J K L M N O P Q R S T U V W X Y Z
COPPERPLATE GOTHIC 29 A/B	A B C D E F G H I J K L M N O P Q R S T U V W X Y Z
COPPERPLATE GOTHIC 30 B/C	A B C D E F G H I J K L M N O P Q R S T U V W X Y Z
COPPERPLATE GOTHIC 30 A/B	A B C D E F G H I J K L M N O P Q R S T U V W X Y Z
COPPERPLATE GOTH 31 B/C	A B C D E F G H I J K L M N O P Q R S T U V W X Y Z
COPPERPLATE GOTH 31 A/B	A B C D E F G H I J K L M N O P Q R S T U V W X Y Z
COPPERPLATE GOTH 32 B/C	A B C D E F G H I J K L M N O P Q R S T U V W X Y Z
COPPERPLATE GOTH 32 A/B	A B C D E F G H I J K L M N O P Q R S T U V W X Y Z
COPPERPLATE GOTH 33 B/C	A B C D E F G H I J K L M N O P Q R S T U V W X Y Z
DAVIDA	A B C D E F G H I J K L M N O P Q R S T U V W X Y Z
Della Robbia	A B C D E F G H I J K L M N O P Q R S T U V W X Y Z
Della Robbia Bold	A B C D E F G H I J K L M N O P Q R S T U V W X Y Z
Eckmann	A B C D E F G H I J K L M N O P Q R S T U V W X Y Z
Elan Book ITC	A B C D E F G H I J K L M N O P Q R S T U V W X Y Z
Elan Medium ITC	A B C D E F G H I J K L M N O P Q R S T U V W X Y Z
Elan Bold ITC	A B C D E F G H I J K L M N O P Q R S T U V W X Y Z
Elan Black ITC	A B C D E F G H I J K L M N O P Q R S T U V W X Y Z
Expert Haas Light	A B C D E F G H I J K L M N O P Q R S T U V W X Y Z
Expert Haas	A B C D E F G H I J K L M N O P Q R S T U V W X Y Z
Expert Haas Bold	A B C D E F G H I J K L M N O P Q R S T U V W X Y Z
Expert Haas Black	A B C D E F G H I J K L M N O P Q R S T U V W X Y Z
Fantail	A B C D E F G H I J K L M N O P Q R S T U V W X Y Z
Fehrle Display	A B C D E F G H I J K L M N O P Q R S T U V W X Y Z
Floreal Haas Light	A B C D E F G H I J K L M N O P Q R S T U V W X Y Z
Floreal Haas	A B C D E F G H I J K L M N O P Q R S T U V W X Y Z

abcdefghijklmnopqrstuvwxyz&.,"!?1234567890

A B C D E F G H I J K L M N O P Q R S T U V W X Y Z & . , " ! ? 1 2 3 4 5 6 7 8 9 0

A B C D E F G H I J K L M N O P Q R S T U V W X Y Z & . , " ! ? 1 2 3 4 5 6 7 8 9 0

A B C D E F G H I J K L M N O P Q R S T U V W X Y Z & . , " ! ? 1 2 3 4 5 6 7 8 9 0

A B C D E F G H I J K L M N O P Q R S T U V W X Y Z & . , " ! ? 1 2 3 4 5 6 7 8 9 0

A B C D E F G H I J K L M N O P Q R S T U V W X Y Z & . , " ! ? 1 2 3 4 5 6 7 8 9 0

ABCDEFGHIJKLMNOPQRSTUVWXYZ&.,"!?1234567890

A B C D E F G H I J K L M N O P Q R S T U V W X Y Z & . , " ! ? 1 2 3 4 5 6 7 8 9 0

ABCDEFGHIJKLMNOPQRSTUVWXYZ&.,"!?1234567890

A B C D E F G H I J K L M N O P Q R S T U V W X Y Z & . , " ! ? 1 2 3 4 5 6 7 8 9 0

&.,"!?1234567890

abcdefghijklmnopqrstuvwxyz&.,"!?1234567890

abcdefghijklmnopqrstuvwxyz&.,"!?1234567890

abcdefghijklmnopqrstuvwxyz&.,"!?1234567890

abcdefghijklmnopqrstuvwxyz&.,"!?1234567890

abcdefghijklmnopqrstuvwxyz&.,"!?1234567890

abcdefghijklmnopqrstuvwxyz&.,"!?1234567890

abcdefghijklmnopqrstuvwxyz&.,"!?1234567890

abcdefghijklmnopqrstuvwxyz&.,"!?1234567890

abcdefghijklmnopqrstuvwxyz&.,"!?1234567890

abcdefghijklmnopqrstuvwxyz&.,"!?1234567890

abcdefghijklmnopqrstuvwxyz&.,"!?1234567890

abcdefghijklmnopqrstuvwxyz&.,"!?1234567890

abcdefghijklmnopqrstuvwxyz&.,"!?1234567890

abcdefghijklmnopqrstuvwxyz&.,"!?1234567890

abcdefghijklmnopqrstuvwxyz&.,"!?1234567890

Floreal Haas Bold	A B C D E F G H I J K L M N O P Q R S T U V W X Y Z
Floreal Haas Black	A B C D E F G H I J K L M N O P Q R S T U V W X Y Z
Florentine	A B C D E F G H I J K L M N O P Q R S T U V W X Y Z
Folkwang	A B C D E F G H I J K L M N O P Q R S T U V W X Y Z
Friz Quadrata ITC	A B C D E F G H I J K L M N O P Q R S T U V W X Y Z
Friz Quadrata Bold ITC	A B C D E F G H I J K L M N O P Q R S T U V W X Y Z
Gorilla ITC	A B C D E F G H I J K L M N O P Q R S T U V W X Y Z
Hobo	A B C D E F G H I J K L M N O P Q R S T U V W X Y Z
Icone 45 Light	A B C D E F G H I J K L M N O P Q R S T U V W X Y Z
Icone 55	A B C D E F G H I J K L M N O P Q R S T U V W X Y Z
Icone 65 Bold	A B C D E F G H I J K L M N O P Q R S T U V W X Y Z
Icone 65 Bold Outline	A B C D E F G H I J K L M N O P Q R S T U V W X Y Z
Icone 85 Extra Black	A B C D E F G H I J K L M N O P Q R S T U V W X Y Z
Isar	A B C D E F G H I J K L M N O P Q R S T U V W X Y Z
Isbell Book ITC	A B C D E F G H I J K L M N O P Q R S T U V W X Y Z
Isbell Medium ITC	A B C D E F G H I J K L M N O P Q R S T U V W X Y Z
Isbell Bold ITC	A B C D E F G H I J K L M N O P Q R S T U V W X Y Z
Isbell Heavy ITC	A B C D E F G H I J K L M N O P Q R S T U V W X Y Z
Kismet	A B C D E F G H I J K L M N O P Q R S T U V W X Y Z
Koch-Antiqua	A B C D E F G H I J K L M N O P Q R S T U V W X Y Z
Kompakt	A B C D E F G H I J K L M N O P Q R S T U V W X Y Z
Korinna ITC	A B C D E F G H I J K L M N O P Q R S T U V W X Y Z
Korinna Bold ITC	A B C D E F G H I J K L M N O P Q R S T U V W X Y Z
Korinna Extra Bold ITC	A B C D E F G H I J K L M N O P Q R S T U V W X Y Z
Korinna Heavy ITC	A B C D E F G H I J K L M N O P Q R S T U V W X Y Z
Korinna Bold Outline ITC	A B C D E F G H I J K L M N O P Q R S T U V W X Y Z

abcdefghijklmnopqrstuvwxyz&.,"!?1234567890

abcdefghijklmnopqrstuvwxyz&.,"!?1234567890

abcdefghijklmnopqrstuvwxyz&.,"!?1234567890

abcdefghijklmnopqrstuvwxyz&.,"!?1234567890

abcdefghijklmnopqrstuvwxyz&.,"!?1234567890

abcdefghijklmnopqrstuvwxyz&.,"!?1234567890

abcdefghijklmnopqrstuvwxyz@.,"!?1234567890

abcdefghijklmnopqrstuvwxyz&.,"!?1234567890

abcdefghijklmnopqrstuvwxyz&.,"!?1234567890

abcdefghijklmnopqrstuvwxyz&.,"!?1234567890

abcdefghijklmnopqrstuvwxyz&.,"!?1234567890

abcdefghijklmnopqrstuvwxyz&.,"!?1234567890

abcdefghijklmnopqrstuvwxyz&.,"!?1234567890

abcdefghijklmnopqrstuvwxyz&.,"!?1234567890

abcdefghijklmnopqrstuvwxyz&.,"!?1234567890

abcdefghijklmnopqrstuvwxyz&.,"!?1234567890

abcdefghijklmnopqrstuvwxyz&.,"!?1234567890

abcdefghijklmnopqrstuvwxyz&.,"!?1234567890

abcdefghijklmnopqrstuvwxyz&.,"!?1234567890

abcdefghijklmnopqrstuvwxyz&.,"!?1234567890

abcdefghijklmnopqrstuvwxyz&.,"!?1234567890

abcdefghijklmnopqrstuvwxyz&.,"!?1234567890

abcdefghijklmnopqrstuvwxyz&.,"!?1234567890

abcdefghijklmnopqrstuvwxyz&.,"!?1234567890

abcdefghijklmnopqrstuvwxyz&.,"!?1234567890

abcdefghijklmnopqrstuvwxyz&.,"!?1234567890

Lafayette	A B C D E F G H I J K L M N O P Q R S T U V W X Y Z
LIBRA	a b c d e f g h i j k l m n o p q r s t u v w x y z
Lucian	A B C D E F G H I J K L M N O P Q R S T U V W X Y Z
Lucian Bold	A B C D E F G H I J K L M N O P Q R S T U V W X Y Z
Macbeth	A B C D E F G H I J K L M N O P Q R S T U V W X Y Z
MEXICO OLYMPIC	A B C D E F G H I J K L M N O P Q R S T U V W X Y Z
Mikado Black	A B C D E F G H I J K L M N O P Q R S T U V W X Y Z
Mr. Big	A B C D E F G H I J K L M N O P Q R S T U V W X Y Z
NEULAND	A B C D E F G H I J K L M N O P Q R S T U V W X Y Z
Newtext Light ITC	A B C D E F G H I J K L M N O P Q R S T U V W X Y Z
Newtext Book ITC	A B C D E F G H I J K L M N O P Q R S T U V W X Y Z
Newtext Regular ITC	A B C D E F G H I J K L M N O P Q R S T U V W X Y Z
Newtext Demi ITC	A B C D E F G H I J K L M N O P Q R S T U V W X Y Z
Nubian	A B C D E F G H I J K L M N O P Q R S T U V W X Y Z
Pabst Extra Bold	A B C D E F G H I J K L M N O P Q R S T U V W X Y Z
Parisian	A B C D E F G H I J K L M N O P Q R S T U V W X Y Z
Parliament	A B C D E F G H I J K L M N O P Q R S T U V W X Y Z
Parsons TS	A B C D E F G H I J K L M N O P Q R S T U V W X Y Z
Parsons Bold TS	A B C D E F G H I J K L M N O P Q R S T U V W X Y Z
Peignot Light	A B C D E F G H I J K L M N O P Q R S T U V W X Y Z
Peignot Demi	A B C D E F G H I J K L M N O P Q R S T U V W X Y Z
Peignot Bold	A B C D E F G H I J K L M N O P Q R S T U V W X Y Z
Pierrot	A B C D E F G H I J K L M N O P Q R S T U V W X Y Z
Plymouth	A B C D E F G H I J K L M N O P Q R S T U V W X Y Z
Post-Antiqua	A B C D E F G H I J K L M N O P Q R S T U V W X Y Z
Post-Antiqua Bold	A B C D E F G H I J K L M N O P Q R S T U V W X Y Z

a b c d e f g h i j k l m n o p q r s t u v w x y z & . , " ! ? 1 2 3 4 5 6 7 8 9 0

A B C D E F G H I J K L M N O P Q R S T U V W X Y Z & . , " ! ? 1 2 3 4 5 6 7 8 9 0

a b c d e f g h i j k l m n o p q r s t u v w x y z & . , " ! ? 1 2 3 4 5 6 7 8 9 0

a b c d e f g h i j k l m n o p q r s t u v w x y z & . , " ! ? 1 2 3 4 5 6 7 8 9 0

a b c d e f g h i j k l m n o p q r s t u v w x y z & . , " ! ? 1 2 3 4 5 6 7 8 9 0

& . , " ! ? 1 2 3 4 5 6 7 8 9 0

a b c d e f g h i j k l m n o p q r s t u v w x y z & . , " ! ? 1 2 3 4 5 6 7 8 9 0

a b c d e f g h i j k l m n o p q r s t u v w x y z & . , " ! ? 1 2 3 4 5 6 7 8 9 0

& . , " ! ? 1 2 3 4 5 6 7 8 9 0

a b c d e f g h i j k l m n o p q r s t u v w x y z & . , " ! ? 1 2 3 4 5 6 7 8 9 0

a b c d e f g h i j k l m n o p q r s t u v w x y z & . , " ! ? 1 2 3 4 5 6 7 8 9 0

a b c d e f g h i j k l m n o p q r s t u v w x y z & . , " ! ? 1 2 3 4 5 6 7 8 9 0

a b c d e f g h i j k l m n o p q r s t u v w x y z & . , " ! ? 1 2 3 4 5 6 7 8 9 0

a b c d e f g h i j k l m n o p q r s t u v w x y z & . , " ! ? 1 2 3 4 5 6 7 8 9 0

a b c d e f g h i j k l m n o p q r s t u v w x y z & . , " ! ? 1 2 3 4 5 6 7 8 9 0

a b c d e f g h i j k l m n o p q r s t u v w x y z & . , " ! ? 1 2 3 4 5 6 7 8 9 0

a b c d e f g h i j k l m n o p q r s t u v w x y z & . . " ! ? 1 2 3 4 5 6 7 8 9 0

a b c d e f g h i j k l m n o p q r s t u v w x y z & . , " ! ? 1 2 3 4 5 6 7 8 9 0

a b c d e f g h i j k l m n o p q r s t u v w x y z & . , " ! ? 1 2 3 4 5 6 7 8 9 0

A B C D E F G H I J K L M N O P Q R S T U V W X Y Z & . , " ! ? 1 2 3 4 5 6 7 8 9 0

A B C D E F G H I J K L M N O P Q R S T U V W X Y Z & . , " ! ? 1 2 3 4 5 6 7 8 9 0

A B C D E F G H I J K L M N O P Q R S T U V W X Y Z & . , " ! ? 1 2 3 4 5 6 7 8 9 0

a b c d e f g h i j k l m n o p q r s t u v w x y z & . , " ! ? 1 2 3 4 5 6 7 8 9 0

a b c d e f g h i j k l m n o p q r s t u v w x y z & . , " ! ? 1 2 3 4 5 6 7 8 9 0

a b c d e f g h i j k l m n o p q r s t u v w x y z & . , " ! ? 1 2 3 4 5 6 7 8 9 0

a b c d e f g h i j k l m n o p q r s t u v w x y z & . , " ! ? 1 2 3 4 5 6 7 8 9 0

QUARTZ 45 LIGHT	A B C D E F G H I J K L M N O P Q R S T U V W X Y Z
QUARTZ 75 BOLD	A B C D E F G H I J K L M N O P Q R S T U V W X Y Z
Quorum Light ITC	A B C D E F G H I J K L M N O P Q R S T U V W X Y Z
Quorum Book ITC	A B C D E F G H I J K L M N O P Q R S T U V W X Y Z
Quorum Medium ITC	A B C D E F G H I J K L M N O P Q R S T U V W X Y Z
Quorum Bold ITC	A B C D E F G H I J K L M N O P Q R S T U V W X Y Z
Quorum Black ITC	A B C D E F G H I J K L M N O P Q R S T U V W X Y Z
Rainbow Bass	A B C D E F G H I J K L M N O P Q R S T U V W X Y Z
Revue	A B C D E F G H I J K L M N O P Q R S T U V W X Y Z
Romic Light TSI	A B C D E F G H I J K L M N O P Q R S T U V W X Y Z
Romic Medium TSI	A B C D E F G H I J K L M N O P Q R S T U V W X Y Z
Romic Bold TSI	A B C D E F G H I J K L M N O P Q R S T U V W X Y Z
Romic Extra Bold TSI	A B C D E F G H I J K L M N O P Q R S T U V W X Y Z
Russell Square	A B C D E F G H I J K L M N O P Q R S T U V W X Y Z
Seagull Light	A B C D E F G H I J K L M N O P Q R S T U V W X Y Z
Seagull Medium	A B C D E F G H I J K L M N O P Q R S T U V W X Y Z
Seagull Bold	A B C D E F G H I J K L M N O P Q R S T U V W X Y Z
Seagull Black	A B C D E F G H I J K L M N O P Q R S T U V W X Y Z
Serif Gothic Light ITC	A B C D E F G H I J K L M N O P Q R S T U V W X Y Z
Serif Gothic ITC	A B C D E F G H I J K L M N O P Q R S T U V W X Y Z
Serif Gothic Bold ITC	A B C D E F G H I J K L M N O P Q R S T U V W X Y Z
Serif Gothic Extra Bold ITC	A B C D E F G H I J K L M N O P Q R S T U V W X Y Z
Serif Gothic Heavy ITC	A B C D E F G H I J K L M N O P Q R S T U V W X Y Z
Serif Gothic Black ITC	A B C D E F G H I J K L M N O P Q R S T U V W X Y Z
SMARAGD	A B C D E F G H I J K L M N O P Q R S T U V W X Y Z
Souvenir Light ITC	A B C D E F G H I J K L M N O P Q R S T U V W X Y Z

&.,"!?1234567890

&.,"!?1234567890

abcdefghijklmnopqrstuvwxyz&.,"!?1234567890

abcdefghijklmnopqrstuvwxyz&.,"!?1234567890

abcdefghijklmnopqrstuvwxyz&.,"!?1234567890

abcdefghijklmnopqrstuvwxyz&.,"!?1234567890

abcdefghijklmnopqrstuvwxyz&.,"!?1234567890

abcdefghijklmnopqrstuvwxyz&.,"!?1234567890

abcdefghijklmnopqrstuvwxyz&.,"!?1234567890

abcdefghijklmnopqrstuvwxyz&.,"!?1234567890

abcdefghijklmnopqrstuvwxyz&.,"!?1234567890

abcdefghijklmnopqrstuvwxyz&.,"!?1234567890

abcdefghijklmnopqrstuvwxyz&.,"!?1234567890

abcdefghijklmnopqrstuvwxyz&.,"!?1234567890

abcdefghijklmnopqrstuvwxyz&.,"!?1234567890

abcdefghijklmnopqrstuvwxyz&.,"!?1234567890

abcdefghijklmnopqrstuvwxyz&.,"!?1234567890

abcdefghijklmnopqrstuvwxyz&.,"!?1234567890

abcdefghijklmnopqrstuvwxyz&.,"!?1234567890

abcdefghijklmnopqrstuvwxyz&.,"!?1234567890

abcdefghijklmnopqrstuvwxyz&.,"!?1234567890

abcdefghijklmnopqrstuvwxyz&.,"!?1234567890

abcdefghijklmnopqrstuvwxyz&.,"!?1234567890

abcdefghijklmnopqrstuvwxyz&.,"!?1234567890

&.,"!?1234567890

abcdefghijklmnopqrstuvwxyz&.,"!?1234567890

Souvenir Medium ITC	A B C D E F G H I J K L M N O P Q R S T U V W X Y Z
Souvenir Demi ITC	A B C D E F G H I J K L M N O P Q R S T U V W X Y Z
Souvenir Bold ITC	A B C D E F G H I J K L M N O P Q R S T U V W X Y Z
Souvenir Bd Outline ITC	A B C D E F G H I J K L M N O P Q R S T U V W X Y Z
Souvenir Gothic Light TS	A B C D E F G H I J K L M N O P Q R S T U V W X Y Z
Souvenir Gothic Medium TS	A B C D E F G H I J K L M N O P Q R S T U V W X Y Z
Souvenir Gothic Demi TS	A B C D E F G H I J K L M N O P Q R S T U V W X Y Z
STENCIL	A B C D E F G H I J K L M N O P Q R S T U V W X Y Z
STOP	A B C D E F G H I J K L M N O P Q R S T U V W X Y Z
Tango T89	A B C D E F G H I J K L M N O P Q R S T U V W X Y Z
Thaddeus Light WTC	A B C D E F G H I J K L M N O P Q R S T U V W X Y Z
Thaddeus Regular WTC	A B C D E F G H I J K L M N O P Q R S T U V W X Y Z
Thaddeus Medium WTC	A B C D E F G H I J K L M N O P Q R S T U V W X Y Z
Thaddeus Bold WTC	A B C D E F G H I J K L M N O P Q R S T U V W X Y Z
UMBRA	A B C D E F G H I J K L M N O P Q R S T U V W X Y Z
University	A B C D E F G H I J K L M N O P Q R S T U V W X Y Z
Usherwood Book ITC	A B C D E F G H I J K L M N O P Q R S T U V W X Y Z
Usherwood Medium ITC	A B C D E F G H I J K L M N O P Q R S T U V W X Y Z
Usherwood Bold ITC	A B C D E F G H I J K L M N O P Q R S T U V W X Y Z
Usherwood Black ITC	A B C D E F G H I J K L M N O P Q R S T U V W X Y Z

abcdefghijklmnopqrstuvwxyz&.,"!?1234567890

abcdefghijklmnopqrstuvwxyz&.,"!?1234567890

abcdefghijklmnopqrstuvwxyz&.,"!?1234567890

abcdefghijklmnopqrstuvwxyz&.,"!?1234567890

abcdefghijklmnopqrstuvwxyz&.,"!?1234567890

abcdefghijklmnopqrstuvwxyz&.,"!?1234567890

abcdefghijklmnopqrstuvwxyz&.,"!?1234567890

&.,"!?1234567890

&.,"!?1234567890

abcdefghijklmnopqrstuvwxyz&.,"!?1234567890

abcdefghijklmnopqrstuvwxyz&.,"!?1234567890

abcdefghijklmnopqrstuvwxyz&.,"!?1234567890

abcdefghijklmnopqrstuvwxyz&.,"!?1234567890

abcdefghijklmnopqrstuvwxyz&.,"!?1234567890

&.,"!?1234567890

abcdefghijklmnopqrstuvwxyz&.,"!?1234567890

abcdefghijklmnopqrstuvwxyz&.,"!?1234567890

abcdefghijklmnopqrstuvwxyz&.,"!?1234567890

abcdefghijklmnopqrstuvwxyz&.,"!?1234567890

abcdefghijklmnopqrstuvwxyz&.,"!?1234567890

Antikva Margaret Italic	A B C D E F G H I J K L M N O P Q R S T U V W X Y Z
Auriol Italic	A B C D E F G H I J K L M N O P Q R S T U V W X Y Z
Auriol Bold Italic	A B C D E F G H I J K L M N O P Q R S T U V W X Y Z
Auriol Black Italic	A B C D E F G H I J K L M N O P Q R S T U V W X Y Z
Barcelona Book Italic ITC	A B C D E F G H I J K L M N O P Q R S T U V W X Y Z
Barcelona Medium Italic ITC	A B C D E F G H I J K L M N O P Q R S T U V W X Y Z
Barcelona Bold Italic ITC	A B C D E F G H I J K L M N O P Q R S T U V W X Y Z
Barcelona Heavy Italic ITC	A B C D E F G H I J K L M N O P Q R S T U V W X Y Z
Benguiat Book Italic ITC	A B C D E F G H I J K L M N O P Q R S T U V W X Y Z
Benguiat Medium Italic ITC	A B C D E F G H I J K L M N O P Q R S T U V W X Y Z
Benguiat Bold Italic ITC	A B C D E F G H I J K L M N O P Q R S T U V W X Y Z
Benguiat Book Condensed Italic ITC	A B C D E F G H I J K L M N O P Q R S T U V W X Y Z
Benguiat Med Condensed Italic ITC	A B C D E F G H I J K L M N O P Q R S T U V W X Y Z
Benguiat Bd Condensed Italic ITC	A B C D E F G H I J K L M N O P Q R S T U V W X Y Z
Brighton Light Italic TSI	A B C D E F G H I J K L M N O P Q R S T U V W X Y Z
Britannic Bold Italic	A B C D E F G H I J K L M N O P Q R S T U V W X Y Z
Bryn Mawr Light Italic	A B C D E F G H I J K L M N O P Q R S T U V W X Y Z
Bryn Mawr Book Italic	A B C D E F G H I J K L M N O P Q R S T U V W X Y Z
Bryn Mawr Medium Italic	A B C D E F G H I J K L M N O P Q R S T U V W X Y Z
Bryn Mawr Bold Italic	A B C D E F G H I J K L M N O P Q R S T U V W X Y Z
Cooper Black Italic	A B C D E F G H I J K L M N O P Q R S T U V W X Y Z
Elan Book Italic ITC	A B C D E F G H I J K L M N O P Q R S T U V W X Y Z
Elan Medium Italic ITC	A B C D E F G H I J K L M N O P Q R S T U V W X Y Z
Elan Bold Italic ITC	A B C D E F G H I J K L M N O P Q R S T U V W X Y Z
Elan Black Italic ITC	A B C D E F G H I J K L M N O P Q R S T U V W X Y Z
Expert Haas Light Italic	A B C D E F G H I J K L M N O P Q R S T U V W X Y Z

abcdefghijklmnopqrstuvwxyz&.,"!?1234567890

abcdefghijklmnopqrstuvwxyz&.,"!?1234567890

abcdefghijklmnopqrstuvwxyz&.,"!?1234567890

abcdefghijklmnopqrstuvwxyz&.,"!?1234567890

abcdefghijklmnopqrstuvwxyz&.,"!?1234567890

abcdefghijklmnopqrstuvwxyz&.,"!?1234567890

abcdefghijklmnopqrstuvwxyz&.,"!?1234567890

abcdefghijklmnopqrstuvwxyz&.,"!?1234567890

abcdefghijklmnopqrstuvwxyz&.,"!?1234567890

abcdefghijklmnopqrstuvwxyz&.,"!?1234567890

abcdefghijklmnopqrstuvwxyz&.,"!?1234567890

abcdefghijklmnopqrstuvwxyz&.,"!?1234567890

abcdefghijklmnopqrstuvwxyz&.,"!?1234567890

abcdefghijklmnopqrstuvwxyz&.,"!?1234567890

abcdefghijklmnopqrstuvwxyz&.,"!?1234567890

abcdefghijklmnopqrstuvwxyz&.,"!?1234567890

abcdefghijklmnopqrstuvwxyz&.,"!?1234567890

abcdefghijklmnopqrstuvwxyz&.,"!?1234567890

abcdefghijklmnopqrstuvwxyz&.,"!?1234567890

abcdefghijklmnopqrstuvwxyz&.,"!?1234567890

abcdefghijklmnopqrstuvwxyz&.,"!?1234567890

abcdefghijklmnopqrstuvwxyz&.,"!?1234567890

abcdefghijklmnopqrstuvwxyz&.,"!?1234567890

abcdefghijklmnopqrstuvwxyz&.,"!?1234567890

abcdefghijklmnopqrstuvwxyz&.,"!?1234567890

Expert Haas Italic	*A B C D E F G H I J K L M N O P Q R S T U V W X Y Z*
Icone 46 Light Italic	A B C D E F G H I J K L M N O P Q R S T U V W X Y Z
Icone 56 Italic	A B C D E F G H I J K L M N O P Q R S T U V W X Y Z
Icone 66 Bold Italic	**A B C D E F G H I J K L M N O P Q R S T U V W X Y Z**
Icone 86 Extra Black Italic	**A B C D E F G H I J K L M N O P Q R S T U V W X Y Z**
Isbell Book Italic ITC	*A B C D E F G H I J K L M N O P Q R S T U V W X Y Z*
Isbell Medium Italic ITC	*A B C D E F G H I J K L M N O P Q R S T U V W X Y Z*
Isbell Bold Italic ITC	**A B C D E F G H I J K L M N O P Q R S T U V W X Y Z**
Isbell Heavy Italic ITC	**A B C D E F G H I J K L M N O P Q R S T U V W X Y Z**
Korinna Kursive ITC	A B C D E F G H I J K L M N O P Q R S T U V W X Y Z
Korinna Bold Kursive ITC	**A B C D E F G H I J K L M N O P Q R S T U V W X Y Z**
Korinna Ext Bd Kursive ITC	**A B C D E F G H I J K L M N O P Q R S T U V W X Y Z**
Korinna Hvy Kursive ITC	**A B C D E F G H I J K L M N O P Q R S T U V W X Y Z**
Newtext Light Italic ITC	A B C D E F G H I J K L M N O P Q R S T U V W X Y Z
Newtext Book Italic ITC	A B C D E F G H I J K L M N O P Q R S T U V W X Y Z
Newtext Regular Italic ITC	A B C D E F G H I J K L M N O P Q R S T U V W X Y Z
Newtext Demi Italic ITC	**A B C D E F G H I J K L M N O P Q R S T U V W X Y Z**
Pabst Extra Bold Italic	**A B C D E F G H I J K L M N O P Q R S T U V W X Y Z**
Parsons Italic TS	*A B C D E F G H I J K L M N O P Q R S T U V W X Y Z*
Romic Light Italic TSI	A B C D E F G H I J K L M N O P Q R S T U V W X Y Z
Russell Square Italic	A B C D E F G H I J K L M N O P Q R S T U V W X Y Z
Souvenir Light Italic ITC	A B C D E F G H I J K L M N O P Q R S T U V W X Y Z
Souvenir Medium Italic ITC	A B C D E F G H I J K L M N O P Q R S T U V W X Y Z
Souvenir Demi Italic ITC	**A B C D E F G H I J K L M N O P Q R S T U V W X Y Z**
Souvenir Bold Italic ITC	**A B C D E F G H I J K L M N O P Q R S T U V W X Y Z**
Souvenir Gothic Light Italic TS	A B C D E F G H I J K L M N O P Q R S T U V W X Y Z

a b c d e f g h i j k l m n o p q r s t u v w x y z & . , " ! ? 1 2 3 4 5 6 7 8 9 0

a b c d e f g h i j k l m n o p q r s t u v w x y z & . , " ! ? 1 2 3 4 5 6 7 8 9 0

a b c d e f g h i j k l m n o p q r s t u v w x y z & . , " ! ? 1 2 3 4 5 6 7 8 9 0

a b c d e f g h i j k l m n o p q r s t u v w x y z & . , " ! ? 1 2 3 4 5 6 7 8 9 0

a b c d e f g h i j k l m n o p q r s t u v w x y z & . , " ! ? 1 2 3 4 5 6 7 8 9 0

a b c d e f g h i j k l m n o p q r s t u v w x y z & . , " ! ? 1 2 3 4 5 6 7 8 9 0

a b c d e f g h i j k l m n o p q r s t u v w x y z & . , " ! ? 1 2 3 4 5 6 7 8 9 0

a b c d e f g h i j k l m n o p q r s t u v w x y z & . , " ! ? 1 2 3 4 5 6 7 8 9 0

a b c d e f g h i j k l m n o p q r s t u v w x y z & . , " ! ? 1 2 3 4 5 6 7 8 9 0

a b c d e f g h i j k l m n o p q r s t u v w x y z & . , " ! ? 1 2 3 4 5 6 7 8 9 0

a b c d e f g h i j k l m n o p q r s t u v w x y z & . , " ! ? 1 2 3 4 5 6 7 8 9 0

a b c d e f g h i j k l m n o p q r s t u v w x y z & . , " ! ? 1 2 3 4 5 6 7 8 9 0

a b c d e f g h i j k l m n o p q r s t u v w x y z & . , " ! ? 1 2 3 4 5 6 7 8 9 0

a b c d e f g h i j k l m n o p q r s t u v w x y z & . , " ! ? 1 2 3 4 5 6 7 8 9 0

a b c d e f g h i j k l m n o p q r s t u v w x y z & . , " ! ? 1 2 3 4 5 6 7 8 9 0

a b c d e f g h i j k l m n o p q r s t u v w x y z & . , " ! ? 1 2 3 4 5 6 7 8 9 0

a b c d e f g h i j k l m n o p q r s t u v w x y z & . , " ! ? 1 2 3 4 5 6 7 8 9 0

a b c d e f g h i j k l m n o p q r s t u v w x y z & . , " ! ? 1 2 3 4 5 6 7 8 9 0

a b c d e f g h i j k l m n o p q r s t u v w x y z & . , " ! ? 1 2 3 4 5 6 7 8 9 0

a b c d e f g h i j k l m n o p q r s t u v w x y z & . , " ! ? 1 2 3 4 5 6 7 8 9 0

a b c d e f g h i j k l m n o p q r s t u v w x y z & . , ! ? 1 2 3 4 5 6 7 8 9 0

a b c d e f g h i j k l m n o p q r s t u v w x y z & . , " ! ? 1 2 3 4 5 6 7 8 9 0

a b c d e f g h i j k l m n o p q r s t u v w x y z & . , " ! ? 1 2 3 4 5 6 7 8 9 0

a b c d e f g h i j k l m n o p q r s t u v w x y z & . , " ! ? 1 2 3 4 5 6 7 8 9 0

a b c d e f g h i j k l m n o p q r s t u v w x y z & . , " ! ? 1 2 3 4 5 6 7 8 9 0

a b c d e f g h i j k l m n o p q r s t u v w x y z & . , " ! ? 1 2 3 4 5 6 7 8 9 0

Souvenir Gothic Med Italic [TS]	*A B C D E F G H I J K L M N O P Q R S T U V W X Y Z*
Souvenir Gothic Demi Ital [TS]	**A B C D E F G H I J K L M N O P Q R S T U V W X Y Z**
Thaddeus Light Italic [WTC]	*A B C D E F G H I J K L M N O P Q R S T U V W X Y Z*
Thaddeus Regular Italic [WTC]	*A B C D E F G H I J K L M N O P Q R S T U V W X Y Z*
Thaddeus Medium Italic [WTC]	*A B C D E F G H I J K L M N O P Q R S T U V W X Y Z*
Thaddeus Bold Italic [WTC]	**A B C D E F G H I J K L M N O P Q R S T U V W X Y Z**
University Italic	*A B C D E F G H I J K L M N O P Q R S T U V W X Y Z*
Usherwood Book Italic [ITC]	*A B C D E F G H I J K L M N O P Q R S T U V W X Y Z*
Usherwood Medium Italic [ITC]	*A B C D E F G H I J K L M N O P Q R S T U V W X Y Z*
Usherwood Bold Italic [ITC]	*A B C D E F G H I J K L M N O P Q R S T U V W X Y Z*
Usherwood Black Ital [ITC]	**A B C D E F G H I J K L M N O P Q R S T U V W X Y Z**

GRANJON FLOWERS NO. 1

GRANJON FLOWERS NO. 2

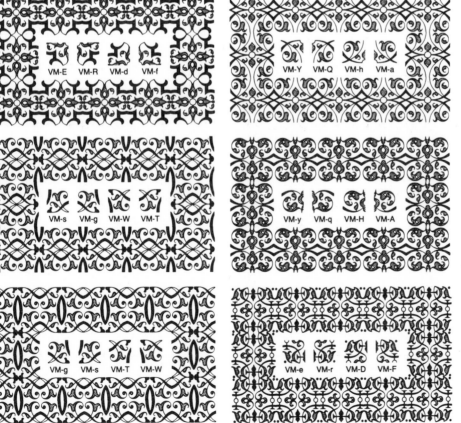

a b c d e f g h i j k l m n o p q r s t u v w x y z & . , " ! ? 1 2 3 4 5 6 7 8 9 0

a b c d e f g h i j k l m n o p q r s t u v w x y z & . , " ! ? 1 2 3 4 5 6 7 8 9 0

a b c d e f g h i j k l m n o p q r s t u v w x y z & . , " ! ? 1 2 3 4 5 6 7 8 9 0

a b c d e f g h i j k l m n o p q r s t u v w x y z & . , " ! ? 1 2 3 4 5 6 7 8 9 0

a b c d e f g h i j k l m n o p q r s t u v w x y z & . , " ! ? 1 2 3 4 5 6 7 8 9 0

a b c d e f g h i j k l m n o p q r s t u v w x y z & . , " ! ? 1 2 3 4 5 6 7 8 9 0

a b c d e f g h i j k l m n o p q r s t u v w x y z & . , " ! ? 1 2 3 4 5 6 7 8 9 0

a b c d e f g h i j k l m n o p q r s t u v w x y z & . , " ! ? 1 2 3 4 5 6 7 8 9 0

a b c d e f g h i j k l m n o p q r s t u v w x y z & . , " ! ? 1 2 3 4 5 6 7 8 9 0

a b c d e f g h i j k l m n o p q r s t u v w x y z & . , " ! ? 1 2 3 4 5 6 7 8 9 0

a b c d e f g h i j k l m n o p q r s t u v w x y z & . , " ! ? 1 2 3 4 5 6 7 8 9 0

GRANJON FLOWERS NO. 2 cont.

As long as letterpress printing was the only economically feasible means of reproducing texts, typefaces were designed to meet its technical limitations. The invention of lithography opened the path to unprecedented free forms. A fine example being 'English' script which was reproduced in a most elegant form by means of the stone engraving technique. Under its influence a number of similar printing types were created whose forms were derived from the hand writing prevalent in schools and mediaeval chancelleries, in which the writing tool—be it broad-edged pen, a round pen, a pointed pen or a brush—can still be discerned. Some of these typefaces still give a glimpse of the calligrapher's style and personality.

Part Seven: Script and Brush

American Greeting Script

Ariston**

BALLOON

BANCO

Bison*

Boutique**

Brush

Calligraphia

Cascade* Script

Charme

Choc**

Continental Script

Coronet

Diskus*

Dom Casual

Embassy Script

Gando Ronde* Script

Gavotte

Impuls**

Jiffy

Kaufmann

Künstler-Schreibschrift*

Linoscript*

Lucia Script No. 2

Medici* Script

Mistral**

Monterey Script

Noris Script*

Nuptial Script

Ondine**

Palmer Script

Park Avenue** Script

Present*

Reporter** No. 2

Shelley* Allegro Script

Shelley* Andante Script

Shelley* Volante Script

Snell Roundhand Script

Stuyvesant Script

Venture* Script No. 2

Zapf Chancery itc**

Granjon Flowers No. 3

Granjon Flowers No. 4

Auriol Flowers No. 1

Auriol Flowers No. 2

*Trademark of Linotype AG and/or its Subsidiaries
**Licensed Trademark

American Greeting Script	A B C D E F G H I J K L M N O P Q R S T U V W X Y Z
Ariston	A B C D E F G H I J K L M N O P Q R S T U V W X Y Z
Ariston Bold	A B C D E F G H I J K L M N O P Q R S T U V W X Y Z
Ariston Extra Bold	A B C D E F G H I J K L M N O P Q R S T U V W X Y Z
BALLOON LIGHT	A B C D E F G H I J K L M N O P Q R S T U V W X Y Z
BALLOON BOLD	A B C D E F G H I J K L M N O P Q R S T U V W X Y Z
BALLOON EXTRA BOLD	A B C D E F G H I J K L M N O P Q R S T U V W X Y Z
BANCO	A B C D E F G H I J K L M N O P Q R S T U V W X Y Z
Bison	A B C D E F G H I J K L M N O P Q R S T U V W X Y Z
Boutique	A B C D E F G H I J K L M N O P Q R S T U V W X Y Z
Brush	A B C D E F G H I J K L M N O P Q R S T U V W X Y Z
Calligraphia	A B C D E F G H I J K L M N O P Q R S T U V W X Y Z
Cascade Script	A B C D E F G H I J K L M N O P Q R S T U V W X Y Z
Charme	A B C D E F G H I J K L M N O P Q R S T U V W X Y Z
Choc	A B C D E F G H I J K L M N O P Q R S T U V W X Y Z
Continental Script	A B C D E F G H I J K L M N O P Q R S T U V W X Y Z
Coronet	A B C D E F G H I J K L M N O P Q R S T U V W X Y Z
Coronet Bold	A B C D E F G H I J K L M N O P Q R S T U V W X Y Z
Diskus	A B C D E F G H I J K L M N O P Q R S T U V W X Y Z
Diskus Bold	A B C D E F G H I J K L M N O P Q R S T U V W X Y Z
Dom Casual	A B C D E F G H I J K L M N O P Q R S T U V W X Y Z
Dom Casual Bold	A B C D E F G H I J K L M N O P Q R S T U V W X Y Z
Embassy Script	A B C D E F G H I J K L M N O P Q R S T U V W X Y Z
Gando Ronde Script	A B C D E F G H I J K L M N O P Q R S T U V W X Y Z
Gavotte	A B C D E F G H I J K L M N O P Q R S T U V W X Y Z
Impuls	A B C D E F G H I J K L M N O P Q R S T U V W X Y Z

a b c d e f g h i j k l m n o p q r s t u v w x y z & . . " ! ? 1 2 3 4 5 6 7 8 9 0

a b c d e f g h i j k l m n o p q r s t u v w x y z & . , " ! ? 1 2 3 4 5 6 7 8 9 0

a b c d e f g h i j k l m n o p q r s t u v w x y z & . , " ! ? 1 2 3 4 5 6 7 8 9 0

a b c d e f g h i j k l m n o p q r s t u v w x y z & . , " ! ? 1 2 3 4 5 6 7 8 9 0

& . , " ! ? 1 2 3 4 5 6 7 8 9 0

& . , " ! ? 1 2 3 4 5 6 7 8 9 0

& . , " ! ? 1 2 3 4 5 6 7 8 9 0

& . , " ! ? 1 2 3 4 5 6 7 8 9 0

a b c d e f g h i j k l m n o p q r s t u v w x y z & . , " ! ? 1 2 3 4 5 6 7 8 9 0

a b c d e f g h i j k l m n o p q r s t u v w x y z & . , " ! ? 1 2 3 4 5 6 7 8 9 0

a b c d e f g h i j k l m n o p q r s t u v w x y z & . . " ! ? 1 2 3 4 5 6 7 8 9 0

a b c d e f g h i j k l m n o p q r s t u v w x y z & . , " ! ? 1 2 3 4 5 6 7 8 9 0

a b c d e f g h i j k l m n o p q r s t u v w x y z & . , " ! ? 1 2 3 4 5 6 7 8 9 0

a b c d e f g h i j k l m n o p q r s t u v w x y z & . , " ! ? 1 2 3 4 5 6 7 8 9 0

a b c d e f g h i j k l m n o p q r s t u v w x y z & . , " ! ? 1 2 3 4 5 6 7 8 9 0

a b c d e f g h i j k l m n o p q r s t u v w x y z & . . " ! ? 1 2 3 4 5 6 7 8 9 0

a b c d e f g h i j k l m n o p q r s t u v w x y z & . , " ! ? 1 2 3 4 5 6 7 8 9 0

a b c d e f g h i j k l m n o p q r s t u v w x y z & . , " ! ? 1 2 3 4 5 6 7 8 9 0

a b c d e f g h i j k l m n o p q r s t u v w x y z & . , " ! ? 1 2 3 4 5 6 7 8 9 0

a b c d e f g h i j k l m n o p q r s t u v w x y z & . , " ! ? 1 2 3 4 5 6 7 8 9 0

a b c d e f g h i j k l m n o p q r s t u v w x y z & . , " ! ? 1 2 3 4 5 6 7 8 9 0

a b c d e f g h i j k l m n o p q r s t u v w x y z & . , " ! ? 1 2 3 4 5 6 7 8 9 0

a b c d e f g h i j k l m n o p q r s t u v w x y z & . , " ! ? 1 2 3 4 5 6 7 8 9 0

a b c d e f g b i j k l m n o p q r s t u v w x y z & . , " ! ? 1 2 3 4 5 6 7 8 9 0

a b c d e f g h i j k l m n o p q r s t u v w x y z & . , " ! ? 1 2 3 4 5 6 7 8 9 0

a b c d e f g h i j k l m n o p q r s t u v w x y z & . , " ! ? 1 2 3 4 5 6 7 8 9 0

Jiffy	A B C D E F G H I J K L M N O P Q R S T U V W X Y Z
Kaufmann	A B C D E F G H I J K L M N O P 2 R S T U V W X Y 3
Kaufmann Bold	**A B C D E F G H I J K L M N O P 2 R S T U V W X Y 3**
Künstler-Schreibschrift Medium	A B C D E F G H I J K L M N O P Q R S T U V W X Y Z
Künstler-Schreibschrift No. 2 Bold	A B C D E F G H I J K L M N O P Q R S T U V W X Y Z
Künstler-Schreibschrift Black	A B C D E F G H I J K L M N O P Q R S T U V W X Y Z
Linoscript	A B C D E F G H I J K L M N O P Q R S T U V W X Y Z
Lucia Script No. 2	A B C D E F G H I J K L M N O P Q R S T U V W X Y Z
Medici Script	A B C D E F G H I J K L M N O P Q R S T U V W X Y Z
Mistral	**A B C D E F G H I J K L M N O P Q R S T U V W X Y Z**
Monterey Script	A B C D E F G H I J K L M N O P Q R S T U V W X Y Z
Noris Script	A B C D E F G H I J K L M N O P Q R S T U V W X Y Z
Nuptial Script	A B C D E F G H I J K L M N O P 2 R S T U V W X Y Z
Ondine	**A B C D E F G H I J K L M N O P Q R S T U V W X Y Z**
Palmer Script	A B C D E F G H I J K L M N O P Q R S T U V W X Y Z
Park Avenue Script	A B C D E F G H I J K L M N O P Q R S T U V W X Y Z
Present	A B C D E F G H I J K L M N O P Q R S T U V W X Y Z
Reporter No. 2	**A B C D E F G H I J K L M N O P Q R S T U V W X Y Z**
Shelley Allegro Script	A B C D E F G H I J K L M N O P Q R S T U V W X Y Z
Shelley Andante Script	A B C D E F G H I J K L M N O P Q R S T U V W X Y Z
Shelley Volante Script	A B C D E F G H I J K L M N O P Q R S T U V W X Y Z
Snell Roundhand Script	A B C D E F G H I J K L M N O P Q R S T U V W X Y Z
Snell Roundhand Bold Script	A B C D E F G H I J K L M N O P Q R S T U V W X Y Z
Snell Roundhand Black Script	A B C D E F G H I J K L M N O P Q R S T U V W X Y Z
Stuyvesant Script	A B C D E F G H I J K L M N O P Q R S T U V W X Y Z
Venture Script No. 2	A B C D E F G H I J K L M N O P Q R S T U V W X Y Z

abcdefghijklmnopqrstuvwxyz&.,"!?1234567890

abcdefghijklmnopqrstuvwxyz&.,"!?1234567890

abcdefghijklmnopqrstuvwxyz&.,"!?1234567890

abcdefghijklmnopqrstuvwxyz&.,"!?1234567890

abcdefghijklmnopqrstuvwxyz&.,"!?1234567890

abcdefghijklmnopqrstuvwxyz&.,"!?1234567890

abcdefghijklmnopqrstuvwxyz&.,"!?1234567890

abcdefghijklmnopqrstuvwxyz&.,"!?1234567890

abcdefghijklmnopqrstuvwxyz&.,"!?1234567890

abcdefghijklmnopqrstuvwxyz&.,"!?1234567890

abcdefghijklmnopqrstuvwxyz&.,"!?1234567890

abcdefghijklmnopqrstuvwxyz&.,"!?1234567890

abcdefghijklmnopqrstuvwxyz&.,"!?1234567890

abcdefghijklmnopqrstuvwxyz&.,"!?1234567890

abcdefghijklmnopqrstuvwxyz&.,"!?1234567890

abcdefghijklmnopqrstuvwxyz&.,"!?1234567890

abcdefghijklmnopqrstuvwxyz&.,"!?1234567890

abcdefghijklmnopqrstuvwxyz&.,"!?1234567890

abcdefghijklmnopqrstuvwxyz&.,"!?1234567890

abcdefghijklmnopqrstuvwxyz&.,"!?1234567890

abcdefghijklmnopqrstuvwxyz&.,"!?1234567890

abcdefghijklmnopqrstuvwxyz&.,"!?1234567890

abcdefghijklmnopqrstuvwxyz&.,"!?1234567890

abcdefghijklmnopqrstuvwxyz&.,"!?1234567890

abcdefghijklmnopqrstuvwxyz&.,"!?1234567890

abcdefghijklmnopqrstuvwxyz&.,"!?1234567890

Zapf Chancery Light ITC	A B C D E F G H I J K L M N O P Q R S T U V W X Y Z
Zapf Chancery Medium ITC	A B C D E F G H I J K L M N O P Q R S T U V W X Y Z
Zapf Chancery Demi ITC	A B C D E F G H I J K L M N O P Q R S T U V W X Y Z
Zapf Chancery Bold ITC	**A B C D E F G H I J K L M N O P Q R S T U V W X Y Z**
Zapf Chancery Light Italic ITC	*A B C D E F G H I J K L M N O P Q R S T U V W X Y Z*
Zapf Chancery Medium Italic ITC	*A B C D E F G H I J K L M N O P Q R S T U V W X Y Z*

GRANJON FLOWERS NO. 3

VM-2 VM-3 VM-q VM-r VM-1 VM-4 VM-5 VM-6

VM-x VM-c VM-a VM-f VM-z VM-v VM-b VM-n

VM-q VM-r VM-a VM-f

VM-t VM-y VM-9 VM-8 VM-0 VM-7 VM-e VM-w

VM-g VM-h VM-o VM-i VM-u VM-p VM-s VM-d

GRANJON FLOWERS NO. 4

VM-1 VM-4

VM-3 VM-2

VM-Q VM-Y

VM-a VM-h

VM-W VM-T

VM-s VM-g

VM-q VM-y

VM-A VM-H

VM-w VM-t

VM-S VM-G

VM-e VM-r

VM-D VM-F

VM-E VM-R

VM-Q VM-Y VM-a VM-h

AURIOL FLOWERS 1

VM-D VM-F

VM-N VM-M

VM-Z VM-X

VM-T VM-Y

a b c d e f g h i j k l m n o p q r s t u v w x y z & . , " ! ? 1 2 3 4 5 6 7 8 9 0

a b c d e f g h i j k l m n o p q r s t u v w x y z & . , " ! ? 1 2 3 4 5 6 7 8 9 0

a b c d e f g h i j k l m n o p q r s t u v w x y z & . , " ! ? 1 2 3 4 5 6 7 8 9 0

a b c d e f g h i j k l m n o p q r s t u v w x y z & . , " ! ? 1 2 3 4 5 6 7 8 9 0

a b c d e f g h i j k l m n o p q r s t u v w x y z & . , " ! ? 1 2 3 4 5 6 7 8 9 0

a b c d e f g h i j k l m n o p q r s t u v w x y z & . , " ! ? 1 2 3 4 5 6 7 8 9 0

AURIOL FLOWERS 1 cont.

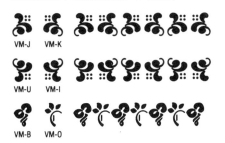

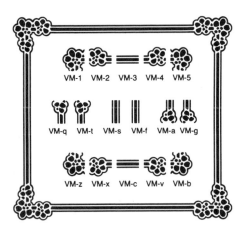

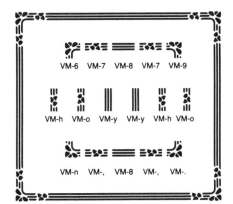

AURIOL FLOWERS 2

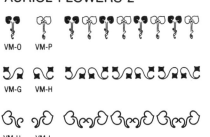

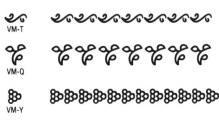

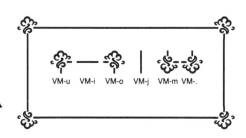

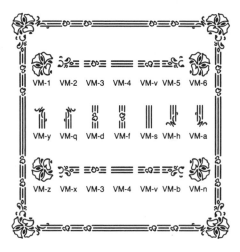

During the 12th century the Carolingian minuscule evolved into the so-called gothic minuscule, a closely set, fast-to-write script with a broken ductus, the capital letter being taken from the uncial. Following this, Textura, an especially closely set bookhand with rhombic serifs, became the prototype of broken letters, the Gutenberg Bible being a prime example. Under the cultural influence of Italy and Spain letterforms became rounder and led to Rotunda. Another derivation from Textura is Schwabacher. Fraktura which is characterized by especially flourishing capitals was created shortly after 1500.

Part Eight: Black Letter and Broken

Cloister Black

Fette Fraktur

Linotext*

London Text

Luthersche Fraktur

Old English Text**

Wilhelm-Klingspor Gottisch*

Auriol Vignette Sylvie

Ganz 5 Borders

Ganz 6 Borders

Ganz 7 Borders

*Trademark of Linotype AG and/or its Subsidiaries
**Licensed Trademark

Cloister Black	A B C D E F G H I J K L M N O P Q R S T U V W X Y Z
Fette Fraktur	A B C D E F G H I J K L M N O P Q R S T U V W X Y Z
Linotext	A B C D E F G H I J K L M N O P Q R S T U V W X Y Z
London Text	A B C D E F G H I J K L M N O P Q R S T U V W X Y Z
Luthersche Fraktur	A B C D E F G H I J K L M N O P Q R S T U V W X Y Z
Old English Text	A B C D E F G H I J K L M N O P Q R S T U V W X Y Z
Wilhelm-Klingspor Gottisch	A B C D E F G H I J K L M N O P Q R S T U V W X Y Z

AURIOL VIGNETTE SYLVIE

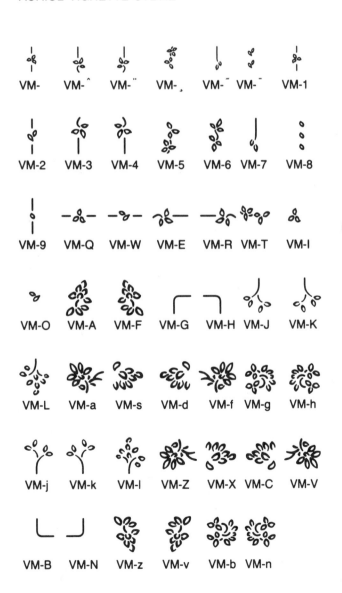

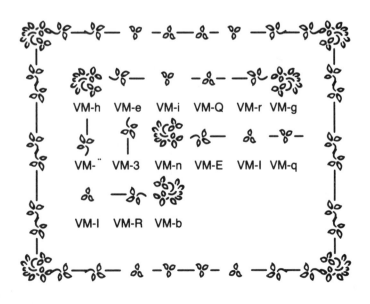

a b c d e f g h i j k l m n o p q r s t u v w x y z & . , " ! ? 1 2 3 4 5 6 7 8 9 0

a b c d e f g h i j k l m n o p q r s t u v w x y z & . , " ! ? 1 2 3 4 5 6 7 8 9 0

a b c d e f g h i j k l m n o p q r s t u v w x y z & . , " ! ? 1 2 3 4 5 6 7 8 9 0

a b c d e f g h i j k l m n o p q r s t u v w x y z & . , " ! ? 1 2 3 4 5 6 7 8 9 0

a b c d e f g h i j k l m n o p q r s t u v w x y z & . , " ! ? 1 2 3 4 5 6 7 8 9 0

a b c d e f g h i j k l m n o p q r s t u v w x y z & . , " ! ? 1 2 3 4 5 6 7 8 9 0

a b c d e f g h i j k l m n o p q r s t u v w x y z & . , " ! ? 1 2 3 4 5 6 7 8 9 0

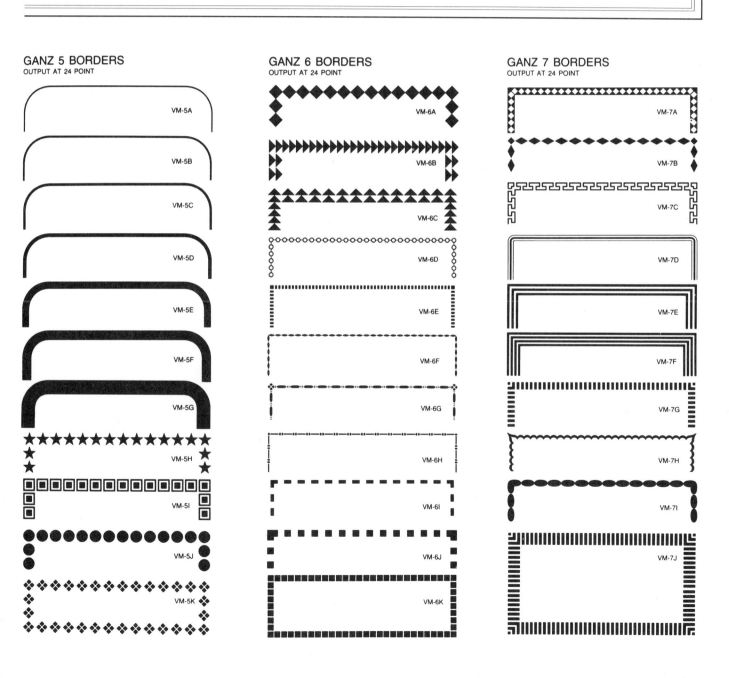

GANZ 5 BORDERS
OUTPUT AT 24 POINT

VM-5A
VM-5B
VM-5C
VM-5D
VM-5E
VM-5F
VM-5G
VM-5H
VM-5I
VM-5J
VM-5K

GANZ 6 BORDERS
OUTPUT AT 24 POINT

VM-6A
VM-6B
VM-6C
VM-6D
VM-6E
VM-6F
VM-6G
VM-6H
VM-6I
VM-6J
VM-6K

GANZ 7 BORDERS
OUTPUT AT 24 POINT

VM-7A
VM-7B
VM-7C
VM-7D
VM-7E
VM-7F
VM-7G
VM-7H
VM-7I
VM-7J

MANUFACTURER
CROSS REFERENCE

A&S GALLATIN
Foundry/Manufacturer: **Mergenthaler Linotype**

abcdefghijklmnopqrstuvwxyz
ABCDEFGHIJKLMNOPQRS
TUVWXYZ1234567890

Aachen	Mergenthaler Linotype
Beton	Bauer/Harris Intertype/
	Mergenthaler Linotype
Cairo	Harris Intertype
Calvert	Monotype
Charlemagne	AM Varityper
City	Berthold
Clarizo	AutoLogic
Egizio	Nebiolo
Egypt 55	AM Varityper
Egyptian 505	Mergenthaler Linotype
Egyptienne F	Mergenthaler Linotype
Egyptios	AutoLogic
Karnak	Ludlow
Lubalin Graph	ITC
Memphis	Mergenthaler Linotype
Monty	Alphatype
Nashville	Compugraphic
Pyramid	IBM
Rockwell	Monotype
Ruhr	Information International (III)
Seraphim	AutoLogic
Serifa	Bauer/Mergenthaler Linotype
Seriverse	AM Varityper
Stymie	ATF/Mergenthaler Linotype
Town	AutoLogic
Venus Egyptienne	Mergenthaler Linotype

TSI AACHEN
Designer: **Colin Brignall**
Foundry/Manufacturer: **GB/Letraset**

abcdefghijklmnopqrstuvwxyz
ABCDEFGHIJKLMNOPQRS
TUVWXYZ1234567890

A&S Gallatin	Mergenthaler Linotype
Beton	Bauer/Harris Intertype/
	Mergenthaler Linotype
Cairo	Harris Intertype
Calvert	Monotype
Charlemagne	AM Varityper
City	Berthold
Clarizo	AutoLogic
Egizio	Nebiolo
Egypt 55	AM Varityper
Egyptian 505	Mergenthaler Linotype
Egyptienne	Mergenthaler Linotype
Egyptios	AutoLogic
Karnak	Ludlow
Lubalin Graph	ITC
Memphis	Mergenthaler Linotype
Monty	Alphatype
Nashville	Compugraphic
Pyramid	IBM
Rockwell	Monotype
Ruhr	Information International (III)
Seraphim	AutoLogic

TSI Aachen (continued)

Serifa	Bauer/Mergenthaler Linotype
Seriverse	AM Varityper
Stymie	ATF/Mergenthaler Linotype
Town	AutoLogic
Venus Egyptienne	AutoLogic

AD LIB
Foundry/Manufacturer: **Mergenthaler Linotype**

abcdefghijklmnopqrstuvwxyz
ABCDEFGHIJKLMNOPQRS
TUVWXYZ1234567890

Alibi	AM Varityper

TS ADROIT
Foundry/Manufacturer: **Mergenthaler Linotype**

abcdefghijklmnopqrstuvwxyz
ABCDEFGHIJKLMNOPQRS
TUVWXYZ1234567890

AKZIDENZ-GROTESK
Foundry/Manufacturer: **H. Berthold AG.**

abcdefghijklmnopqrstuvwxyz
ABCDEFGHIJKLMNOPQRS
TUVWXYZ1234567890

Grigat	AM Varityper
Standard	H. Berthold AG.

ALDUS
Foundry/Manufacturer: **Mergenthaler Linotype**

abcdefghijklmnopqrstuvwxyz
ABCDEFGHIJKLMNOPQRS
TUVWXYZ1234567890

Allegro
Foundry/Manufacturer: **Mergenthaler Linotype**

abcdefghijklmnopqrstuvwxyz
ABCDEFGHIJKLMNOPQRS
TUVWXYZ1234567890

ALPINE
Foundry/Manufacturer: **Mergenthaler Linotype**

abcdefghijklmnopqrstuvwxyz
ABCDEFGHIJKLMNOPQRS
TUVWXYZ1234567890

AMELIA
Foundry/Manufacturer: **Mergenthaler Linotype**

abcdefghijklmnopqrstuvwxyz
ABCDEFGHIJKLMNOPQRS
TUVWXYZ1234567890

American Greeting Script
Foundry/Manufacturer: **Mergenthaler Linotype**

abcdefghijklmnopqrstuvwxyz
ABCDEFGHIJKLMNOP
QRSTUVWXYZ1234567890

ITC AMERICAN TYPEWRITER
Designer: **Joel Kaden, Tony Stan, USA, 1974**
Foundry/Manufacturer: **ITC**

abcdefghijklmnopqrstuvwxyz
ABCDEFGHIJKLMNOPQRS
TUVWXYZ1234567890

AMERICANA
Foundry/Manufacturer: **ATF**

abcdefghijklmnopqrstuvwx
yzABCDEFGHIJKLMNOPQ
RSTUVWXYZ1234567890

American Classic	Compugraphic
Colonial	AM Varityper
Concord	Information International (III)
Freedom	AutoLogic
Independence	Alphatype

AMERICANA OUTLINE
Foundry/Manufacturer: **ATF**

abcdefghijklmnopqrstuvw
xyzABCDEFGHIJKLMNOP
QRSTUVWXYZ1234567890

ARRIGHI
Designer: **Frederic Warde**
Foundry/Manufacturer: **Monotype**

abcdefghijklmnopqrstuvwxyz
ABCDEFGHIJKLMNOPQRS
TUVWXYZ1234567890

ANTIKVA MARGARET
Foundry/Manufacturer: **Mergenthaler Linotype**

abcdefghijklmnopqrstuvwxyz
ABCDEFGHIJKLMNOPQRS
TUVWXYZ1234567890

ANTIQUE OLIVE
Designer: **Roger Excoffon, 1962**
Foundry/Manufacturer: **Fonderie Olive**

abcdefghijklmnopqrstuvwx
yzABCDEFGHIJKLMNOPQ
RSTUVWXYZ1234567890

Alphavanti	Alphatype
Berry Roman	Information International (III)
Oliva	AutoLogic
Olive	AM Varityper

ANTIQUE OPEN
Foundry/Manufacturer: **Mergenthaler Linotype**

abcdefghijklmnopqrstuvwxyz
ABCDEFGHIJKLMNOPQRS
TUVWXYZ1234567890

Roman Stylus	Compugraphic
Typo Roman Open	ATF

ANTIQUE SOLID
Foundry/Manufacturer: **Mergenthaler Linotype**

abcdefghijklmnopqrstuvwxyz
ABCDEFGHIJKLMNOPQRS
TUVWXYZ1234567890

Typo Roman	ATF

ANTIQUE SHADED
Foundry/Manufacturer: **Mergenthaler Linotype**

abcdefghijklmnopqrstuvwxyz
ABCDEFGHIJKLMNOPQRS
TUVWXYZ1234567890

Roman Stylus	Compugraphic
Typo Roman Open	ATF

Ariston
Foundry/Manufacturer: **Mergenthaler Linotype**

abcdefghijklmnopqrstuvwxyz
ABCDEFGHIJKLMNOPQ
RSTUVWXYZ1234567890

ARNOLD BOCKLIN
Foundry/Manufacturer: **Mergenthaler Linotype**

abcdefghijklmnopqrstuvwxyz
ABCDEFGHIJKLMNOPQRS
TUVWXYZ1234567890

ASTER
Foundry/Manufacturer: **Nebiolo**

abcdefghijklmnopqrstuvwxyz
ABCDEFGHIJKLMNOPQRS
TUVWXYZ1234567890

Astro	Alphatype
Aztec	AutoLogic
Corolla	Harris Intertype

NEW ASTER
Foundry/Manufacturer: **Mergenthaler Linotype**

abcdefghijklmnopqrstuvwxyz
ABCDEFGHIJKLMNOPQRS
TUVWXYZ1234567890

ATHENAEUM
Foundry/Manufacturer: **Mergenthaler Linotype**

abcdefghijklmnopqrstuvwxyz
ABCDEFGHIJKLMNOPQRS
TUVWXYZ1234567890

AURIOL
Foundry/Manufacturer: **Mergenthaler Linotype**

abcdefghijklmnopqrstuvwxyz
ABCDEFGHIJKLMNOPQRS
TUVWXYZ1234567890

ITC AVANT GARDE GOTHIC
Designer: **Herb Lubalin, Tom Carnase, USA**
Foundry/Manufacturer: **ITC**

abcdefghijklmnopqrstuvwxyz
ABCDEFGHIJKLMNOPQRS
TUVWXYZ1234567890

BAKER SIGNET
Foundry/Manufacturer: **Mergenthaler Linotype**

abcdefghijklmnopqrstuvwxyz
ABCDEFGHIJKLMNOPQRS
TUVWXYZ1234567890

BALLOON
Foundry/Manufacturer: **ATF**

ABCDEFGHIJKLMNOPQRSTUVWXYZ
1234567890

Kaufmann	AM Varityper
Kaufmann Script	ATF
L.A. Script	AutoLogic
Swing Bold	Monotype
Tropez	Compugraphic

BANK GOTHIC
Foundry/Manufacturer: **ATF**

ABCDEFGHIJKLMNOPQRSTUVWX
YZABCDEFGHIJKLMNOPQ
RSTUVWXYZ1234567890

Commerce Gothic	Ludlow
Deluxe Gothic	Harris Intertype
Magnum Gothic	Compugraphic
Stationer's Gothic	Monotype

BASILIA HAAS
Designer: **André Gürtler, Christian Mengelt, Eric Goschwind, Switzerland**
Foundry/Manufacturer: **Mergenthaler Linotype**

abcdefghijklmnopqrstuvwxyz
ABCDEFGHIJKLMNOPQRS
TUVWXYZ1234567890

BASKERVILLE CYRILLIC
Foundry/Manufacturer: **Mergenthaler Linotype**

абцдефггіяклмнопщрстившх
узАБЦДЕФГГІЯКЛМНОПЩ
РСТИВШХУЗ1234567890

BASKERVILLE
Designer: **Morris Fuller Benton, 1915**
Foundry/Manufacturer: **ATF**

abcdefghijklmnopqrstuvwxyz
ABCDEFGHIJKLMNOPQRS
TUVWXYZ1234567890

BASKERVILLE No. 2
Foundry/Manufacturer: **Mergenthaler Linotype**

abcdefghijklmnopqrstuvwxyz
ABCDEFGHIJKLMNOPQRS
TUVWXYZ1234567890

FRY'S BASKERVILLE
Foundry/Manufacturer: **Mergenthaler Linotype**

abcdefghijklmnopqrstuvwxyz
ABCDEFGHIJKLMNOPQRS
TUVWXYZ1234567890

ITC NEW BASKERVILLE
Foundry/Manufacturer: **ITC**

abcdefghijklmnopqrstuvwxyz
ABCDEFGHIJKLMNOPQRS
TUVWXYZ1234567890

ITC BAUHAUS
Designer: **Edward Benguiat, USA, 1975**
Foundry/Manufacturer: **ITC**

abcdefghijklmnopqrstuvwxyz
ABCDEFGHIJKLMNOPQRS
TUVWXYZ1234567890

ITC BAUHAUS HEAVY OUTLINE
Designer: **Edward Benguiat**
Foundry/Manufacturer: **ITC**

abcdefghijklmnopqrstuvwxyz
ABCDEFGHIJKLMNOPQRS
TUVWXYZ1234567890

BECKET
Foundry/Manufacturer: **Mergenthaler Linotype**

abcdefghijklmnopqrstuvwxyz
ABCDEFGHIJKLMNOPQRS
TUVWXYZ1234567890

BELWE
Designer: **Alan Meeks, GB, 1975**
Foundry/Manufacturer: **Letraset**

abcdefghijklmnopqrstuvwxyz
ABCDEFGHIJKLMNOPQRS
TUVWXYZ1234567890

BEMBO
Foundry/Manufacturer: **Monotype**

abcdefghijklmnopqrstuvwxyz
ABCDEFGHIJKLMNOPQRS
TUVWXYZ1234567890

Aldine Roman	IBM
Bem	Compugraphic
Griffo	Alphatype
Latinesque	Harris Intertype

ITC BENGUIAT
Designer: **Edward Benguiat, USA**
Foundry/Manufacturer: **ITC**

abcdefghijklmnopqrstuvwxyz
ABCDEFGHIJKLMNOPQRS
TUVWXYZ1234567890

ITC BENGUIAT GOTHIC
Designer: **Edward Benguiat, USA, 1978**
Foundry/Manufacturer: **ITC**

abcdefghijklmnopqrstuvwxyz
ABCDEFGHIJKLMNOPQRS
TUVWXYZ1234567890

ITC BERKELEY OLDSTYLE
Designer: **Tony Stan, USA, 1983**
Foundry/Manufacturer: **ITC**

abcdefghijklmnopqrstuvwxyz
ABCDEFGHIJKLMNOPQRS
TUVWXYZ1234567890

BERLING
Foundry/Manufacturer: **Mergenthaler Linotype**

abcdefghijklmnopqrstuvwxyz
ABCDEFGHIJKLMNOPQRS
TUVWXYZ1234567890

BERNHARD MODERN
Foundry/Manufacturer: **ATF**

abcdefghijklmnopqrstuvwxyz
ABCDEFGHIJKLMNOPQRS
TUVWXYZ1234567890

BETON

Designer: **Heinrich Jost, 1931**
Foundry/Manufacturer: **Bauer**

abcdefghijklmnopqrstuvwxyz
ABCDEFGHIJKLMNOPQRS
TUVWXYZ1234567890

A&S Gallatin	Mergenthaler Linotype
Aachen	Letraset/Mergenthaler Linotype
Cairo	Harris Intertype
Calvert	Monotype
Charlemagne	AM Varityper
City	Berthold
Clarizo	AutoLogic
Egizio	Nebiolo
Egypt 55	AM Varityper
Egyptian 505	Merganthaler Linotype
Egyptienne F	Mergenthaler Linotype
Egyptios	AutoLogic
Karnak	Ludlow
Lubalin Graph	ITC
Memphis	Mergenthaler Linotype
Monty	Alphatype
Nashville	Compugraphic
Pyramid	IBM
Rockwell	Monotype
Ruhr	Information International (III)
Seraphim	AutoLogic
Serifa	Bauer/Mergenthaler Linotype
Seriverse	AM Varityper
Stymie	ATF/Mergenthaler Linotype
Town	AutoLogic
Venus Egyptienne	Mergenthaler

BILTMORE

Foundry/Manufacturer: **Mergenthaler Linotype**

abcdefghijklmnopqrstuvwxyz
ABCDEFGHIJKLMNOPQRS
TUVWXYZ1234567890

Bison

Foundry/Manufacturer: **Mergenthaler Linotype**

abcdefghijklmnopqrstuvwxyz
ABCDEFGHIJKLMNOPQRS
TUVWXYZ1234567890

BLIPPO BLACK

Foundry/Manufacturer: **Mergenthaler Linotype**

abcdefghijklmnopqrstuvwxyz
ABCDEFGHIJKLMNOPQRS
TUVWXYZ1234567890

BLOG

Foundry/Manufacturer: **Mergenthaler Linotype**

abcdefghijklmnopqrstuvw
xyzABCDEFGHIJKLMNOPQ
RSTUVWXYZ1234567890

BLOCK BLACK CONDENSED

Foundry/Manufacturer: **Mergenthaler Linotype**

abcdefghijklmnopqrstuvwxyz
ABCDEFGHIJKLMNOPQRS
TUVWXYZ1234567890

BLOCK GOTHIC

Foundry/Manufacturer: **Mergenthaler Linotype**

ABCDEFGHIJKLMNOPQRSTUVWXYZ
ABCDEFGHIJKLMNOPQRS
TUVWXYZI234567890

BODONI

Designer: **Morris Fuller Benton, 1909**
Foundry/Manufacturer: **ATF**

abcdefghijklmnopqrstuvwxyz
ABCDEFGHIJKLMNOPQRS
TUVWXYZ1234567890

POSTER BODONI

Foundry/Manufacturer: **Mergenthaler Linotype**

abcdefghijklmnopqrstu
vwxyzABCDEFGHIJKL
MNOPQRSTUVWXYZ
1234567890

BAUER BODONI

Foundry/Manufacturer: **Bauer**

abcdefghijklmnopqrstuvwxyz
ABCDEFGHIJKLMNOPQRS
TUVWXYZ1234567890

ITC BOLT BOLD

Foundry/Manufacturer: **ITC**

abcdefghijklmnopqrstu
vwxyzABCDEFGHIJKLM
NOPQRSTUVWXYZ
1234567890

BOOKMAN
Foundry/Manufacturer: **Mergenthaler Linotype, 1936**

abcdefghijklmnopqrstuvwxyz
ABCDEFGHIJKLMNOPQRS
TUVWXYZ1234567890

ITC BOOKMAN
Designer: **Edward Benguiat**, USA, 1975
Foundry/Manufacturer: **ITC**

abcdefghijklmnopqrstuvwx
yzABCDEFGHIJKLMNOPQR
STUVWXYZ1234567890

Boutique
Foundry/Manufacturer: **Mergenthaler Linotype**

abcdefghijklmnopqrstuvwxyz
ABCDEFGHIJKLMNOPQRS
TUVWXYZ1234567890

TSI BRAMLEY
Designer: **Alan Meeks, GB, 1980**
Foundry/Manufacturer: **Letraset**

abcdefghijklmnopqrstuvwxyz
ABCDEFGHIJKLMNOPQRS
TUVWXYZ1234567890

BREUGHEL
Designer: **Adrian Frutiger, France, 1982**
Foundry/Manufacturer: **Mergenthaler Linotype**

abcdefghijklmnopqrstuvwxyz
ABCDEFGHIJKLMNOPQRS
TUVWXYZ1234567890

TSI BRIGHTON
Designer: **Alan Bright, GB**
Foundry/Manufacturer: **Letraset**

abcdefghijklmnopqrstuvwxyz
ABCDEFGHIJKLMNOPQRS
TUVWXYZ1234567890

BRITANNIC
Designer: **Stephenson Blake, 1901**

abcdefghijklmnopqrstuvwxyz
ABCDEFGHIJKLMNOPQRS
TUVWXYZ1234567890

BROADWAY
Foundry/Manufacturer: **Mergenthaler Linotype**

abcdefghijklmnopqrstu
vwxyzABCDEFGHIJKLM
NOPQRSTUVWXYZ
1234567890

BROADWAY ENGRAVED
Foundry/Manufacturer: **Mergenthaler Linotype**

abcdefghijklmnopqrstu
vwxyzABCDEFGHIJKLM
NOPQRSTUVWXYZ
1234567890

Brush
Foundry/Manufacturer: **Mergenthaler Linotype**

abcdefghijklmnopqrstuvwxyz
ABCDEFGHIJKLMNOP2RS
TUVWXYZ1234567890

BRYN MAWR
Designer: **Joseph Treacy**, USA, 1984
Foundry/Manufacturer: **Mergenthaler Linotype**

abcdefghijklmnopqrstuvwxyz
ABCDEFGHIJKLMNOPQRS
TUVWXYZ1234567890

BULMER
Designer: **Morris Fuller Benton, 1928**
Foundry/Manufacturer: **ATF**

abcdefghijklmnopqrstuvwxyz
ABCDEFGHIJKLMNOPQRS
TUVWXYZ1234567890

ITC BUSORAMA
Foundry/Manufacturer: **ITC**

ABCDEFGHIJKLMNOPQRSTUVWXYZ
ABCDEFGHIJKLMNOPQRS
TUVWXYZ1234567890

CALEDONIA

Designer: **W. A. Dwiggins, 1938**
Foundry/Manufacturer: **Mergenthaler Linotype**

abcdefghijklmnopqrstuvwxyz
ABCDEFGHIJKLMNOPQRS
TUVWXYZ1234567890

Caledo	Alphatype
California	Compugraphic
Gael	Information International (III)
Laurel	Harris Intertype

NEW CALEDONIA

Foundry/Manufacturer: **Mergenthaler Linotype**

abcdefghijklmnopqrstuvwxyz
ABCDEFGHIJKLMNOPQRS
TUVWXYZ1234567890

Calligraphia

Foundry/Manufacturer: **Mergenthaler Linotype**

abcdefghijklmnopqrstuvwxyz
ABCDEFGHIJKLMNOPQ
RSTUVWXYZ1234567890

CANDIDA

Foundry/Manufacturer: **Mergenthaler Linotype**

abcdefghijklmnopqrstuvwxyz
ABCDEFGHIJKLMNOPQRS
TUVWXYZ1234567890

Candide	Alphatype

CARTIER

Foundry/Manufacturer: **Mergenthaler Linotype**

abcdefghijklmnopqrstuvwxyz
ABCDEFGHIJKLMNOPQRS
TUVWXYZ1234567890

Raleigh	Mergenthaler Linotype

Cascade Script

Foundry/Manufacturer: **Mergenthaler Linotype**

abcdefghijklmnopqrstuvwxyz
ABCDEFGHIJKLMNOPQRS
TUVWXYZ1234567890

Kaskade Script	AutoLogic

CASLON ANTIQUE

Foundry/Manufacturer: **Mergenthaler Linotype**

abcdefghijklmnopqrstuvwxyz
ABCDEFGHIJKLMNOPQRS
TUVWXYZ1234567890

CASLON No. 3

Foundry/Manufacturer: **Mergenthaler Linotype**

abcdefghijklmnopqrstuvwxyz
ABCDEFGHIJKLMNOPQ
RSTUVWXYZ1234567890

CASLON No. 540

Foundry/Manufacturer: **Mergenthaler Linotype**

abcdefghijklmnopqrstuvwxyz
ABCDEFGHIJKLMNOPQRS
TUVWXYZ1234567890

CASLON OLD FACE No. 2

Foundry/Manufacturer: **Mergenthaler Linotype**

abcdefghijklmnopqrstuvwxyz
ABCDEFGHIJKLMNOPQRS
TUVWXYZ1234567890

CASLON OPEN FACE

Foundry/Manufacturer: **Mergenthaler Linotype**

abcdefghijklmnopqrstuvwxyz
ABCDEFGHIJKLMNOPQR
STUVWXYZ1234567890

ITC CASLON No. 224

Designer: **Edward Benguiat, USA, 1983**
Foundry/Manufacturer: **ITC**

abcdefghijklmnopqrstuvwxyz
ABCDEFGHIJKLMNOPQRS
TUVWXYZ1234567890

TSI CAXTON

Foundry/Manufacturer: **Mergenthaler Linotype**

abcdefghijklmnopqrstuvwxyz
ABCDEFGHIJKLMNOPQRS
TUVWXYZ1234567890

CENTAUR
Designer: **Frederic Warde, 1929**
Foundry/Manufacturer: **Monotype**

abcdefghijklmnopqrstuvwxyz
ABCDEFGHIJKLMNOPQRS
TUVWXYZ1234567890

| Centaurus | Alphatype |

LINOTYPE CENTENNIAL
Designer: **Adrian Frutiger, France**
Foundry/Manufacturer: **Allied Linotype**

abcdefghijklmnopqrstuvwxyz
ABCDEFGHIJKLMNOPQRS
TUVWXYZ1234567890

CENTURY EXPANDED
Designer: **Morris Fuller Benton, 1900**
Foundry/Manufacturer: **ATF**

abcdefghijklmnopqrstuvwxyz
ABCDEFGHIJKLMNOPQRS
TUVWXYZ1234567890

| Century Light | Compugraphic |
| Century X | Alphatype |

CENTURY OLD STYLE
Designer: **Morris Fuller Benton, 1908**
Foundry/Manufacturer: **ATF**

abcdefghijklmnopqrstuvwxyz
ABCDEFGHIJKLMNOPQRS
TUVWXYZ1234567890

CENTURY SCHOOLBOOK
Designer: **Morris Fuller Benton, 1915**
Foundry/Manufacturer: **ATF**

abcdefghijklmnopqrstuvwxyz
ABCDEFGHIJKLMNOPQRS
TUVWXYZ1234567890

Century Medium	IBM
Century Text	Alphatype
Century Textbook	Compugraphic
Schoolbook	AM Varityper

NEW CENTURY SCHOOLBOOK
Foundry/Manufacturer: **Mergenthaler Linotype**

abcdefghijklmnopqrstuvwxyz
ABCDEFGHIJKLMNOPQRS
TUVWXYZ1234567890

ITC CENTURY
Designer: **Tony Stan, USA, 1975**
Foundry/Manufacturer: **ITC**

abcdefghijklmnopqrstuvwxyz
ABCDEFGHIJKLMNOPQRS
TUVWXYZ1234567890

CHARLESTON
Foundry/Manufacturer: **Mergenthaler Linotype**

abcdefghijklmnopqrstuvwxyz
ABCDEFGHIJKLMNOPQRS
TUVWXYZ1234567890

CHELTENHAM
Designer: **Bertram G. Goodhue, Morris Fuller Benton, 1896**
Foundry/Manufacturer: **ATF**

abcdefghijklmnopqrstuvwxyz
ABCDEFGHIJKLMNOPQRS
TUVWXYZ1234567890

Cheltonian	Harris Intertype
Gloucester	Monotype
Nordoff	AutoLogic
Sorbonne	Berthold
Winchester	Stephenson-Blake

CHELTENHAM NOVA
Foundry/Manufacturer: **Mergenthaler Linotype**

abcdefghijklmnopqrstuvwxyz
ABCDEFGHIJKLMNOPQRS
TUVWXYZ1234567890

ITC CHELTENHAM
Designer: **Tony Stan, USA, 1925-1928**
Foundry/Manufacturer: **ITC**

abcdefghijklmnopqrstuvwxyz
ABCDEFGHIJKLMNOPQRS
TUVWXYZ1234567890

CHOC
Foundry/Manufacturer: **Mergenthaler Linotype**

abcdefghijklmnopqrstuvwxyz
ABCDEFGHIJKLMNOPQRS
TUVWXYZ1234567890

CHURCHWARD 70
Foundry/Manufacturer: **Mergenthaler Linotype**

abcdefghijklmnopqrstuvwxyz
ABCDEFGHIJKLMNOPQRS
TUVWXYZ1234567890

CITY
Designer: **George Trump, 1930**
Foundry/Manufacturer: **Berthold**

abcdefghijklmnopqrstuvwxyz
ABCDEFGHIJKLMNOPQRS
TUVWXYZ1234567890

| Tower | ATF |
| Town | AutoLogic |

CLARENDON
Designer: **Freeman Craw, 1955**
Foundry/Manufacturer: **ATF**

abcdefghijklmnopqrstuvwx
yzABCDEFGHIJKLMNOPQ
RSTUVWXYZ1234567890

| Clarion | AutoLogic |
| Clarique | Harris Intertype |

CLARINDA TYPEWRITER
Foundry/Manufacturer: **Mergenthaler Linotype**

abcdefghijklmnopqrstuvw
xyzABCDEFGHIJKLMNOPQRST
UVWXYZ1234567890

ITC CLEARFACE
Designer: **Victor Caruso, USA, 1979**
Foundry/Manufacturer: **ITC**

abcdefghijklmnopqrstuvwxyz
ABCDEFGHIJKLMNOPQRS
TUVWXYZ1234567890

CLEARFACE GOTHIC
Foundry/Manufacturer: **Mergenthaler Linotype, 1985**

abcdefghijklmnopqrstuvwxyz
ABCDEFGHIJKLMNOPQRS
TUVWXYZ1234567890

CLOISTER
Designer: **Morris Fuller Benton, 1914**
Foundry/Manufacturer: **ATF**

abcdefghijklmnopqrstuvwxyz
ABCDEFGHIJKLMNOPQRS
TUVWXYZ1234567890

| Abbey | AutoLogic |
| Goudy Text | Monotype |

Cloister Black
Foundry/Manufacturer: **Mergenthaler Linotype**

abcdefghijklmnopqrstuvwxyz
ABCDEFGHIJKLMNOPQRS
TUVWXYZ1234567890

CLOISTER OPEN FACE
Foundry/Manufacturer: **Mergenthaler Linotype**

abcdefghijklmnopqrstuvwxyz
ABCDEFGHIJKLMNOPQRS
TUVWXYZ1234567890

COCHIN
Foundry/Manufacturer: **Mergenthaler Linotype**

abcdefghijklmnopqrstuvwxyz
ABCDEFGHIJKLMNOPQRS
TUVWXYZ1234567890

Cochine	AutoLogic
Collage	Compugraphic
LeCochin	Berthold
Nicolas Cochin	Monotype
Traverse	AM Varityper

NICHOLAS COCHIN
Foundry/Manufacturer: **Monotype**

abcdefghijklmnopqrstuvwxyz
ABCDEFGHIJKLMNOPQRS
TUVWXYZ1234567890

Cochine	AutoLogic
Collage	Compugraphic
LeCochin	Berthold
Traverse	AM Varityper

COMPACTA
Foundry/Manufacturer: **Mergenthaler Linotype**

abcdefghijklmnopqrstuvwxyz
ABCDEFGHIJKLMNOPQRS
TUVWXYZ1234567890

CONCORDE
Designer: **G. G. Lange, Germany, 1969**
Foundry/Manufacturer: **Berthold**

abcdefghijklmnopqrstuvwxyz
ABCDEFGHIJKLMNOPQRS
TUVWXYZ1234567890

TSI CONGRESS
Designer: **Adrian Williams, GB, 1980**
Foundry/Manufacturer: **Fonts**

abcdefghijklmnopqrstuvwxyz
ABCDEFGHIJKLMNOPQRS
TUVWXYZ1234567890

Continental Script
Foundry/Manufacturer: **Mergenthaler Linotype**

abcdefghijklmnopqrstuvwxyz
ABCDEFGHIJKLMNOP
QRSTUVWXY Y1234567890

Minuet	Harris Intertype
Piranesi Italic	ATF

COOPER BLACK
Designer: **Oswald B. Cooper, 1921**
Foundry/Manufacturer: **Barnhart Brothers & Spindler**

abcdefghijklmnopqrstuv
wxyzABCDEFGHIJKLM
NOPQRSTUVWXYZ
1234567890

Pabst Extra Bold	Mergenthaler Linotype
Rugged Black	Harris Intertype

COOPER BLACK OUTLINE
Foundry/Manufacturer: **Mergenthaler Linotype**

abcdefghijklmnopqrstu
vwxyzABCDEFGHIJKLMN
OPQRSTUVWXYZ
1234567890

COPPERPLATE GOTHIC
Designer: **Frederick W. Goudy, 1901**
Foundry/Manufacturer: **ATF**

ABCDEFGHIJKLMNOPQRSTUVWX
YZABCDEFGHIJKLMNOPQRST
UVWXZY1234567890

Atalante	Nebiolo
Lining Plate Gothic	Ludlow
Spartan	Monotype

CORONA
Designer: **C. H. Griffith, 1930**
Foundry/Manufacturer: **Mergenthaler Linotype**

abcdefghijklmnopqrstuvwx
yzABCDEFGHIJKLMNOPQ
RSTUVWXYZ1234567890

Aquarius	Compugraphic
Cardinal	Information International (III)
Koronna	Alphatype
News No. 3	Compugraphic
News No. 5	Compugraphic
News No. 6	Compugraphic
Nimbus	Alphatype
Royal	Harris Intertype

Coronet
Designer: **R. H. Middleton, 1939**
Foundry/Manufacturer: **Ludlow**

abcdefghijklmnopqrstuvwxyz
ABCDEFGHIJKLMNOPQRS
TUVWXYZ1234567890

CRAW MODERN
Designer: **Freeman Craw, 1958**
Foundry/Manufacturer: **ATF**

abcdefghijklmnopqrstuvwxyz
ABCDEFGHIJKLMNOPQRS
TUVWXYZ1234567890

Modern	AM Varityper

TS CRITERION
Foundry/Manufacturer: **Mergenthaler Linotype**

abcdefghijklmnopqrstuvwxyz
ABCDEFGHIJKLMNOPQRS
TUVWXYZ1234567890

ITC CUSHING
Designer: **Vincent Pacella, USA, 1982**
Foundry/Manufacturer: **ITC**

abcdefghijklmnopqrstuvwxyz
ABCDEFGHIJKLMNOPQRS
TUVWXYZ1234567890

DAVIDA
Foundry/Manufacturer: **Mergenthaler Linotype**

ABCDEFGHIJKLMNOPQRSTUVW
XYZABCDEFGHIJKLMNOPQRST
UVWXYZ1234567890

DELLA ROBBIA
Foundry/Manufacturer: **Mergenthaler Linotype**

abcdefghijklmnopqrstuvwxyz
ABCDEFGHIJKLMNOPQRS
TUVWXYZ1234567890

Dahlia	Compugraphic

DE VINNE
Foundry/Manufacturer: **Mergenthaler Linotype**

abcdefghijklmnopqrst
uvwxyzABCDEFGHIJ
KLMNOPQRSTUVW
XYZ1234567890

Torino	Mergenthaler Linotype

DIN 1451 ENGSCHRIFT
Foundry/Manufacturer: **Mergenthaler Linotype**

abcdefghijklmnopqrstuvwxyz
ABCDEFGHIJKLMNOPQRS
TUVWXYZ1234567890

DIN 1451 MITTELSCHRIFT
Foundry/Manufacturer: **Mergenthaler Linotype**

abcdefghijklmnopqrstuvwxyz
ABCDEFGHIJKLMNOPQRS
TUVWXYZ1234567890

DIN NEUZEIT GROTESK
Foundry/Manufacturer: **Mergenthaler Linotype**

abcdefghijklmnopqrstuvwxyz
ABCDEFGHIJKLMNOPQRS
TUVWXYZ1234567890

DIOTIMA
Foundry/Manufacturer: **Mergenthaler Linotype**

abcdefghijklmnopqrstuvwxyz
ABCDEFGHIJKLMNOPQRS
TUVWXYZ1234567890

Diskus
Foundry/Manufacturer: **Mergenthaler Linotype**

abcdefghijklmnopqrstuvwxyz
ABCDEFGHIJKLMNOPQR
STUVWXYZ1234567890

DOM CASUAL
Foundry/Manufacturer: **Mergenthaler Linotype**

abcdefghijklmnopqrstuvwxyz
ABCDEFGHIJKLMNOPQRS
TUVWXYZ1234567890

Brush Roman	Information International (III)
Polka	Berthold

DORIC
Foundry/Manufacturer: **Mergenthaler Linotype**

abcdefghijklmnopqrst
uvwxyzABCDEFGHIJKL
MNOPQRSTUVWXYZ
1234567890

Derek Italic	Compugraphic
Rhea	AM Varityper

ECKMANN
Foundry/Manufacturer: **Mergenthaler Linotype**

abcdefghijklmnopqrstuvwxyz
ABCDEFGHIJKLMNOPQRS
TUVWXYZ1234567890

EGYPTIAN 505
Foundry/Manufacturer: **Mergenthaler Linotype**

abcdefghijklmnopqrstuvwxyz
ABCDEFGHIJKLMNOPQRS
TUVWXYZ1234567890

A&S Gallatin	Mergenthaler Linotype
Aachen	Letraset/Mergenthaler Linotype
Beton	Bauer/Harris Intertype/ Mergenthaler Linotype
Cairo	Harris Intertype
Calvert	Monotype
Charlemagne	AM Varityper
City	Berthold
Clarizo	AutoLogic
Egizio	Nebiolo
Egypt 55	AM Varityper
Egyptienne F	Mergenthaler Linotype
Egyptios	AutoLogic
Karnak	Ludlow
Lubalin Graph	ITC
Memphis	Mergenthaler Linotype
Monty	Alphatype
Nashville	Compugraphic
Pyramid	IBM
Rockwell	Monotype
Ruhr	Information International (III)
Seraphim	AutoLogic
Serifa	Bauer/Mergenthaler Linotype
Seriverse	AM Varityper

Egyptian 505 (continued)

Stymie	ATF/Mergenthaler Linotype
Town	AutoLogic
Venus Egyptienne	Mergenthaler

EGYPTIENNE F
Designer: **Adrian Frutiger**
Foundry/Manufacturer: **Mergenthaler Linotype**

abcdefghijklmnopqrstuvwxyz
ABCDEFGHIJKLMNOPQRS
TUVWXYZ1234567890

A&S Gallatin	Mergenthaler Linotype
Aachen	Letraset/Mergenthaler Linotype
Beton	Bauer/Harris Intertype/
	Mergenthaler Linotype
Cairo	Harris Intertype
Calvert	Monotype
Charlemagne	AM Varityper
City	Berthold
Clarizo	AutoLogic
Egizio	Nebiolo
Egypt 55	AM Varityper
Egyptian 505	Mergenthaler Linotype
Egyptios	AutoLogic
Karnak	Ludlow
Lubalin Graph	ITC
Memphis	Mergenthaler Linotype
Monty	Alphatype
Nashville	Compugraphic
Pyramid	IBM
Rockwell	Monotype
Ruhr	Information International (III)
Seraphim	AutoLogic
Serifa	Bauer/Mergenthaler Linotype
Seriverse	AM Varityper
Stymie	ATF/Mergenthaler Linotype
Town	AutoLogic
Venus Egyptienne	Mergenthaler

EHRHARDT
Foundry/Manufacturer: **Mergenthaler Linotype**

abcdefghijklmnopqrstuvwxyz
ABCDEFGHIJKLMNOPQRS
TUVWXYZ1234567890

ITC ÉLAN
Designer: **Albert Boton, 1985, France**
Foundry/Manufacturer: **ITC**

abcdefghijklmnopqrstuvwxyz
ABCDEFGHIJKLMNOPQRS
TUVWXYZ1234567890

ELECTRA
Designer: **W. A. Dwiggins, 1935**
Foundry/Manufacturer: **Mergenthaler Linotype**

abcdefghijklmnopqrstuvwxyz
ABCDEFGHIJKLMNOPQRS
TUVWXYZ1234567890

Avanta	Information International (III)
Elante	Compugraphic
Illumna	Harris Intertype
Selectra	AutoLogic

NPL ELSE
Designer: **Robert Norton, GB, 1981**
Foundry/Manufacturer: **Robert Norton**

abcdefghijklmnopqrstuvwxyz
ABCDEFGHIJKLMNOPQRS
TUVWXYZ1234567890

Embassy Script
Foundry/Manufacturer: **Mergenthaler Linotype**

abcdefghijklmnopqrstuvwxyz
ABCDEFGHIJKLMNOPQRS
TUVWXYZ1234567890

ENGRAVERS
Foundry/Manufacturer: **Mergenthaler Linotype**

ABCDEFGHIJKLMNOPQRSTUV
WXYZABCDEFGHIJKLMNOP
QRSTUVWXYZ1234567890

ITC ERAS
Designer: **Albert Boton, Albert Hollenstein, France, 1976**
Foundry/Manufacturer: **ITC**

abcdefghijklmnopqrstuvwxyz
ABCDEFGHIJKLMNOPQRS
TUVWXYZ1234567890

ERBAR
Designer: **J. Erbar, 1922-1930**
Foundry/Manufacturer: **Ludwig & Mayer**

abcdefghijklmnopqrstuvw
xyzABCDEFGHIJKLMNOPQ
RSTUVWXYZ1234567890

ITC ESPRIT
Designer: **Jovica Veljovic, Yugoslavia, 1985**
Foundry/Manufacturer: **ITC**

abcdefghijklmnopqrstuvwxyz
ABCDEFGHIJKLMNOPQRS
TUVWXYZ1234567890

EUROSTILE
Designer: **Aldo Novarese, 1962**
Foundry/Manufacturer: **Nebiolo**

abcdefghijklmnopqrstuvwxyz
ABCDEFGHIJKLMNOPQRS
TUVWXYZ1234567890

Aldostyle	AutoLogic
Eurogothic	Alphatype
Eurostyle	Compugraphic
Gamma	Information International (III)
Microgramma	Nebiolo
Microstyle	Compugraphic

EUROSTILE BOLD OUTLINE
Designer: **Aldo Novarese, 1962**
Foundry/Manufacturer: **Nebiolo**

abcdefghijklmnopqrstuvwx
yzABCDEFGHIJKLMNOPQ
RSTUVWXYZ1234567890

EUROSTILE EXTENDED No. 2
Designer: **Aldo Novarese, 1962**
Foundry/Manufacturer: **Nebiolo**

abcdefghijklmnopqrstuvwxyz
ABCDEFGHIJKLMNOPQRS
TUVWXYZ1234567890

EXCELSIOR
Designer: **C. H. Griffith, 1931**
Foundry/Manufacturer: **Mergenthaler Linotype**

abcdefghijkolmnopqrstuvw
xyzABCDEFGHIJKLMNO
PQRSTUVWXYZ1234567890

Berliou	Harris Intertype
Camelot	AM Varityper
Excel	AutoLogic
League Text	Alphatype
News No. 9	Compugraphic
News No. 14	Compugraphic

EXPERT HAAS
Designer: **Aldo Novarese, Italy, 1983**
Foundry/Manufacturer: **Mergenthaler Linotype**

abcdefghijklmnopqrstuvwxyz
ABCDEFGHIJKLMNOPQRS
TUVWXYZ1234567890

FAIRFIELD
Designer: **Rudolph Ruzicka, 1939**
Foundry/Manufacturer: **Mergenthaler Linotype**

abcdefghijklmnopqrstuvwxyz
ABCDEFGHIJKLMNOPQRS
TUVWXYZ1234567890

Fairefax	AutoLogic
Fairmont	Alphatype
Savant	Intertype

FANTAIL
Foundry/Manufacturer: **Mergenthaler Linotype**

abcdefghijklmnopqrstuvwxyz
ABCDEFGHIJKLMNOPQRS
TUVWXYZ1234567890

ITC FAT FACE
Foundry/Manufacturer: **ITC**

abcdefghijklmnopqrstuvwxyz
ABCDEFGHIJKLMNOPQRS
TUVWXYZ1234567890

FEHRCE DISPCAY
Foundry/Manufacturer: **Mergenthaler Linotype**

abcdefghijklmnopqrstuvwxyz
ABCDEFGHIJKLMNOPQRS
TUVWXYZ1234567890

ITC FENICE
Designer: **Aldo Novarese, Italy, 1980**
Foundry/Manufacturer: **ITC**

abcdefghijklmnopqrstuvwxyz
ABCDEFGHIJKLMNOPQRS
TUVWXYZ1234567890

Fette Fraktur
Foundry/Manufacturer: **Mergenthaler Linotype**

abcdefghijklmnopqrstuvwxyz
ABCDEFGHIJKLMNOPQR
STUVWXYZ1234567890

FLOREAL HAAS
Foundry/Manufacturer: **Mergenthaler Linotype**

abcdefghijklmnopqrstuvwxyz
ABCDEFGHIJKLMNOPQRS
TUVWXYZ1234567890

FLORENTINE
Foundry/Manufacturer: **Mergenthaler Linotype**

abcdefghijklmnopqrstuvwxyz
ABCDEFGHIJKLMNOPQRS
TUVWXYZ1234567890

FLYER
Foundry/Manufacturer: **Mergenthaler Linotype**

abcdefghijklmnopqrstuvwxyz
ABCDEFGHIJKLMNOPQRS
TUVWXYZ1234567890

FOLIO
Designer: **K. F. Bauer, W. Baum, 1852**
Foundry/Manufacturer: **Bauer Foundry**

abcdefghijklmnopqrstuvwxyz
ABCDEFGHIJKLMNOPQRS
TUVWXYZ1234567890

FOLKWANG
Foundry/Manufacturer: **Mergenthaler Linotype**

abcdefghijklmnopqrstuvwxyz
ABCDEFGHIJKLMNOPQRS
TUVWXYZ1234567890

FOURNIER
Foundry/Manufacturer: **Mergenthaler Linotype**

abcdefghijklmnopqrstuvwxyz
ABCDEFGHIJKLMNOPQRS
TUVWXYZ1234567890

FRANKLIN GOTHIC
Designer: **Morris Fuller Benton, 1904**
Foundry/Manufacturer: **ATF**

abcdefghijklmnopqrstuvwx
yzABCDEFGHIJKLMNOPQR
STUVWXYZ1234567890

ITC FRANKLIN GOTHIC
Designer: **Victor Caruso, USA, 1980**
Foundry/Manufacturer: **ITC**

abcdefghijklmnopqrstuvwxyz
ABCDEFGHIJKLMNOPQRS
TUVWXYZ1234567890

FRENCH
Foundry/Manufacturer: **Mergenthaler Linotype**

ABCDEFGHIJKLMNOPQRSTUVWXYZ
ABCDEFGHIJKLMNOPQRS
TUVWXYZ1234567890

ITC FRIZ QUADRATA
Designer: **Ernst Friz, Germany, 1973 (Regular);**
Victor Caruso, USA (Bold)
Foundry/Manufacturer: **ITC**

abcdefghijklmnopqrst
uvwxyzABCDEFGHIJKL
MNOPQRSTUVWXYZ
1234567890

FRUTIGER
Designer: **Adrian Frutiger, France, 1976**
Foundry/Manufacturer: **Mergenthaler Linotype**

abcdefghijklmnopqrstuvwxyz
ABCDEFGHIJKLMNOPQRS
TUVWXYZ1234567890

Frontiera	Compugraphic
Provencale	AutoLogic
Siegfried	AM Varityper

FUTURA
Designer: **Paul Renner, 1927**
Foundry/Manufacturer: **Bauer**

abcdefghijklmnopqrstuvwxyz
ABCDEFGHIJKLMNOPQRS
TUVWXYZ1234567890

Airport	Baltimore Type
Alphatura	Alphatype
Contempa	Harris Intertype
Europe	Deberney & Peignot Type Foundry
Future	Alphatype
Sparta	AutoLogic
Technica	Information International (III)
Tempo	Ludlow
Twentieth Century	Monotype
Vogue	Harris Intertype

FUTURA DISPLAY
Designer: **Paul Renner, 1927**
Foundry/Manufacturer: **Bauer**

abcdefghijklmnopqrstuvwxyz
ABCDEFGHIJKLMNOPQRS
TUVWXYZ1234567890

ITC GALLIARD
Designer: **Matthew Carter, GB, 1982**
Foundry/Manufacturer: **ITC**

abcdefghijklmnopqrstuvwxyz
ABCDEFGHIJKLMNOPQRS
TUVWXYZ1234567890

ITC GAMMA
Foundry/Manufacturer: **ITC**

abcdefghijklmnopqrstuvwxyz
ABCDEFGHIJKLMNOPQRS
TUVWXYZ1234567890

Gando Ronde Script
Foundry/Manufacturer: **Mergenthaler Linotype**

abcdefghijklmnopqrstuvwxyz
ABCDEFGHIJKLMNOPQRS
TUVWXYZ1234567890

GARAMOND No. 3
Designer: **Morris Fuller Benton, T. M. Cleland, 1914-1923**
Foundry/Manufacturer: **ATF**

abcdefghijklmnopqrstuvwxyz
ABCDEFGHIJKLMNOPQRS
TUVWXYZ1234567890

SIMONCINI GARAMOND
Foundry/Manufacturer: **Mergenthaler Linotype**

abcdefghijklmnopqrstuvwxyz
ABCDEFGHIJKLMNOPQRS
TUVWXYZ1234567890

Garamondus	AutoLogic

STEMPEL GARAMOND
Foundry/Manufacturer: **Mergenthaler Linotype**

abcdefghijklmnopqrstuvwxyz
ABCDEFGHIJKLMNOPQRS
TUVWXYZ1234567890

ITC GARAMOND
Designer: **Tony Stan, USA, 1975**
Foundry/Manufacturer: **ITC**

abcdefghijklmnopqrstuvwxyz
ABCDEFGHIJKLMNOPQRS
TUVWXYZ1234567890

Gavotte
Foundry/Manufacturer: **Mergenthaler Linotype**

abcdefghijklmnopqrstuvwxyz
ABCDEFGHIJKLMNOPQRS
TUVWXYZ1234567890

GILL SANS
Designer: **Eric Gill, 1928**
Foundry/Manufacturer: **Monotype**

abcdefghijklmnopqrstuvwxyz
ABCDEFGHIJKLMNOPQRS
TUVWXYZ1234567890

Eric	Alphatype
Glib	Alphatype

GILL SANS ULTRA BOLD OUTLINE
Foundry/Manufacturer: **Mergenthaler Linotype**

abcdefghijklmnopqrstu
vwxyzABCDEFGHIJKLM
NOPQRSTUVWXYZ
1234567890

Kayo Ultra Bold Outline	Mergenthaler Linotype

GLYPHA
Foundry/Manufacturer: **Mergenthaler Linotype**

abcdefghijklmnopqrstuvwxyz
ABCDEFGHIJKLMNOPQRS
TUVWXYZ1234567890

Gentlemen   Scangraphic

ITC GORILLA
Foundry/Manufacturer: **ITC**

**abcdefghijklmnopqrstuvwxyz
ABCDEFGHIJKLMNOPQRS
TUVWXYZ1234567890**

GOUDY OLD STYLE
Designer: **Frederick W. Goudy, 1915**
Foundry/Manufacturer: **ATF**

abcdefghijklmnopqrstuvwxyz
ABCDEFGHIJKLMNOPQRS
TUVWXYZ1234567890

GOUDY CATALOGUE
Foundry/Manufacturer: **Mergenthaler Linotype**

abcdefghijklmnopqrstuvwxyz
ABCDEFGHIJKLMNOPQRS
TUVWXYZ1234567890

GOUDY HANDTOOLED
Foundry/Manufacturer: **Mergenthaler Linotype**

abcdefghijklmnopqrstuvwxyz
ABCDEFGHIJKLMNOPQRS
TUVWXYZ1234567890

WTC GOUDY
Foundry/Manufacturer: **Mergenthaler Linotype**

abcdefghijklmnopqrstuvwxyz
ABCDEFGHIJKLMNOPQRS
TUVWXYZ1234567890

ITC GOUDY SANS
Foundry/Manufacturer: **ITC**

abcdefghijklmnopqrstuvwxyz
ABCDEFGHIJKLMNOPQRS
TUVWXYZ1234567890

GRANJON
Designer: **George W. Jones, 1928**
Foundry/Manufacturer: **Mergenthaler Linotype**

abcdefghijklmnopqrstuvwxyz
ABCDEFGHIJKLMNOPQRS
TUVWXYZ1234567890

Garamont Premier   AutoLogic

ITC GRIZZLY
Foundry/Manufacturer: **ITC**

**abcdefghijklmnopqrstuvwxyz
ABCDEFGHIJKLMNOPQRS
TUVWXYZ1234567890**

ITC GROUCH
Foundry/Manufacturer: **ITC**

**abcdefghijklmnopqrstuvw
xyzABCDEFGHIJKLMNOP
QRSTUVWXYZ1234567890**

GUARDI
Foundry/Manufacturer: **Mergenthaler Linotype**

abcdefghijklmnopqrstuvwxyz
ABCDEFGHIJKLMNOPQRS
TUVWXYZ1234567890

HANSEATIC
Foundry/Manufacturer: **Mergenthaler Linotype**

abcdefghijklmnopqrstuvwxyz
ABCDEFGHIJKLMNOPQRS
TUVWXYZ1234567890

HARRY
Foundry/Manufacturer: **Mergenthaler Linotype**

abcdefghijklmnopqrstuvwxyz
ABCDEFGHIJKLMNOPQRS
TUVWXYZ1234567890

Horace   AM Varityper

HEADLINE
Foundry/Manufacturer: **Mergenthaler Linotype**

abcdefghijklmnopqrstuvwxyz
ABCDEFGHIJKLMNOPQRS
TUVWXYZ1234567890

HEADLINE OUTLINE
Foundry/Manufacturer: **Mergenthaler Linotype**

abcdefghijklmnopqrstuvwxyz
ABCDEFGHIJKLMNOPQRS
TUVWXYZ1234567890

TS HELDUSTRY
Foundry/Manufacturer: **Mergenthaler Linotype**

abcdefghijklmnopqrstuvwxyz
ABCDEFGHIJKLMNOPQRS
TUVWXYZ1234567890

HELVETICA
Designer: **Edouard Hoffman, Max Miedinger, 1957**
Foundry/Manufacturer: **Haas**

abcdefghijklmnopqrstuvwxyz
ABCDEFGHIJKLMNOPQRS
TUVWXYZ1234567890

Aristocrat	AM Varityper
Claro	Alphatype
Europa Grotesk	Scangraphic
Geneva	AutoLogic
Helios	Compugraphic
Megaron	AM Varityper
Neue Helvetica	Mergenthaler Linotype
Sonoran Sans Serif	IBM
Spectra	Information International (III)
Triumvirate	Compugraphic
Vega	Harris Intertype

NEUE HELVETICA
Foundry/Manufacturer: **Mergenthaler Linotype**

abcdefghijklmnopqrstuvwxyz
ABCDEFGHIJKLMNOPQRS
TUVWXYZ1234567890

HELVETICA TEXTBOOK
Foundry/Manufacturer: **Mergenthaler Linotype**

abcdefghijklmnopqrstuvwxyz
ABCDEFGHIJKLMNOPQRS
TUVWXYZ1234567890

HELVETICA BOLD OUTLINE
Foundry/Manufacturer: **Mergenthaler Linotype**

abcdefghijklmnopqrstuvwxyz
ABCDEFGHIJKLMNOPQRS
TUVWXYZ1234567890

HELVETICA ROUNDED
Foundry/Manufacturer: **Mergenthaler Linotype**

abcdefghijklmnopqrstuvwxyz
ABCDEFGHIJKLMNOPQRS
TUVWXYZ1234567890

HELVETICA ROUNDED BOLD OUTLINE
Foundry/Manufacturer: **Mergenthaler Linotype**

abcdefghijklmnopqrstuvwxyz
ABCDEFGHIJKLMNOPQRS
TUVWXYZ1234567890

HELVETICA INSERAT
Foundry/Manufacturer: **Mergenthaler Linotype**

abcdefghijklmnopqrstuvwxyz
ABCDEFGHIJKLMNOPQRS
TUVWXYZ1234567890

HOBO
Foundry/Manufacturer: **ATF**

abcdefghijklmnopqrstuvwxyz
ABCDEFGHIJKLMNOPQRS
TUVWXYZ1234567890

Tramp	AutoLogic

HORLEY OLD STYLE
Foundry/Manufacturer: **Mergenthaler Linotype**

abcdefghijklmnopqrstuvwxyz
ABCDEFGHIJKLMNOPQRS
TUVWXYZ1234567890

Dunkirk	AM Varityper
Horus Old Style	Autologic

ICONE
Designer: **Adrian Frutiger, France, 1980**
Foundry/Manufacturer: **Mergenthaler Linotype**

abcdefghijklmnopqrstuvwxyz
ABCDEFGHIJKLMNOPQRS
TUVWXYZ1234567890

IMPACT
Foundry/Manufacturer: **Mergenthaler Linotype**

abcdefghijklmnopqrstuvwxyz
ABCDEFGHIJKLMNOPQRS
TUVWXYZ1234567890

Impuls
Foundry/Manufacturer: **Mergenthaler Linotype**

abcdefghijklmnopqrstuvwxyz
ABCDEFGHIJKLMNOPQRS
TUVWXYZ1234567890

ISAR
Foundry/Manufacturer: **Mergenthaler**

abcdefghijklmnopqrstuvwxyz
ABCDEFGHIJKLMNOPQRS
TUVWXYZ1234567890

ITC ISBELL
Designer: **Dick Isbell, Jerry Campbell, USA, 1981**
Foundry/Manufacturer: **ITC**

abcdefghijklmnopqrstuvwxyz
ABCDEFGHIJKLMNOPQRS
TUVWXYZ1234567890

ITC ITALIA
Foundry/Manufacturer: **ITC**

abcdefghijklmnopqrstuvwxyz
ABCDEFGHIJKLMNOPQRS
TUVWXYZ1234567890

JANSON
Designer: **C.H. Griffith**
Foundry/Manufacturer: **Mergenthaler Linotype**

abcdefghijklmnopqrstuvwxyz
ABCDEFGHIJKLMNOPQRS
TUVWXYZ1234567890

Dutch Oldstyle   Compugraphic

JANSON TEXT
Foundry/Manufacturer: **Mergenthaler Linotype**

abcdefghijklmnopqrstuvwxyz
ABCDEFGHIJKLMNOPQRS
TUVWXYZ1234567890

Jiffy
Foundry/Manufacturer: **Mergenthaler Linotype**

abcdefghijklmnopqrstuvwxyz
ABCDEFGHIJKLMNOPQ
RSTUVWXYZ1234567890

JOANNA
Foundry/Manufacturer: **Mergenthaler Linotype**

abcdefghijklmnopqrstuvwxyz
ABCDEFGHIJKLMNOPQRS
TUVWXYZ1234567890

KABEL
Designer: **Rudolph Koch**
Foundry/Manufacturer: **Klingspor**

abcdefghijklmnopqrstuvwxyz
ABCDEFGHIJKLMNOPQR
STUVWXYZ1234567890

Kobel   Alphatype
Sans Serif   Monotype

ITC KABEL
Designer: **Photo-lettering Inc., USA, 1976**
Foundry/Manufacturer: **ITC**

abcdefghijklmnopqrstuvwxyz
ABCDEFGHIJKLMNOPQRS
TUVWXYZ1234567890

Kaufmann
Foundry/Manufacturer: **Mergenthaler Linotype**

abcdefghijklmnopqrstuvwxyz
ABCDEFGHIJKLMNOPQRS
TUVWXYZ1234567890

L.A. Script   AutoLogic
Swing Bold   Monotype
Tropez   Compugraphic

KENNERLEY
Designer: **Frederick W. Goudy, 1911**
Foundry/Manufacturer: **Monotype**

abcdefghijklmnopqrstuvwxyz
ABCDEFGHIJKLMNOPQRS
TUVWXYZ1234567890

Kenntonian   Harris Intertype
Kensington   AutoLogic
Kentuckian   Alphatype

KISMET
Foundry/Manufacturer: **Mergenthaler Linotype**

abcdefghijklmnopqrstuvwxyz
ABCDEFGHIJKLMNOPQRS
TUVWXYZ1234567890

KOCH-ANTIQUA
Foundry/Manufacturer: **Mergenthaler Linotype**

abcdefghijklmnopqrstuvwxyz
ABCDEFGHIJKLMNOPQRS
TUVWXYZ1234567890

KOMPAKT
Foundry/Manufacturer: **Mergenthaler Linotype**

abcdefghijklmnopqrstuvw
xyzABCDEFGHIJKLMNOP
QRSTUVWXYZ1234567890

ITC KORINNA
Designer: **Edward Benguiat, Victor Caruso, USA**
Foundry/Manufacturer: **ITC**

abcdefghijklmnopqrstuvwxyz
ABCDEFGHIJKLMNOPQRS
TUVWXYZ1234567890

ITC KORINNA BOLD OUTLINE
Designer: **Edward Benguiat, Victor Caruso, USA**
Foundry/Manufacturer: **ITC**

abcdefghijklmnopqrstuvwxyz
ABCDEFGHIJKLMNOPQRS
TUVWXYZ1234567890

Künstler Schreibschrift
Foundry/Manufacturer: **Mergenthaler Linotype**

abcdefghijklmnopqrstuvwxyz
ABCDEFGHIJKLMNOPQRS
TUVWXYZ1234567890

LAFAYETTE
Foundry/Manufacturer: **Mergenthaler Linotype**

abcdefghijklmnopqrstuvwxyz
ABCDEFGHIJKLMNOPQRS
TUVWXYZ1234567890

LATIN EXTRA CONDENSED
Foundry/Manufacturer: **Mergenthaler Linotype**

ABCDEFGHIJKLMNOPQRSTUVWXYZ
1234567890

LATIN No. 2 EXTRA CONDENSED
Foundry/Manufacturer: **Mergenthaler Linotype**

abcdefghijklmnopqrstuvwxyz
ABCDEFGHIJKLMNOPQRS
TUVWXYZ1234567890

LEAMINGTON
Designer: **Adrian Williams**
Foundry/Manufacturer: **GB/Fonts**

abcdefghijklmnopqrstuvwxyz
ABCDEFGHIJKLMNOPQRS
TUVWXYZ1234567890

ITC LEAWOOD
Foundry/Manufacturer: **ITC**

abcdefghijklmnopqrstuvwxyz
ABCDEFGHIJKLMNOPQRS
TUVWXYZ1234567890

LIBRA
Foundry/Manufacturer: **Mergenthaler Linotype**

abcdefghijklmnopqrstuvw
xyzabcdefghijklmnopqrs
tuvwxyz1234567890

Libretto   Alphatype

LIFE
Foundry/Manufacturer: **Simoncini, Italy**

abcdefghijklmnopqrstuvwxyz
ABCDEFGHIJKLMNOPQRS
TUVWXYZ1234567890

Fredonia   AM Varityper

LIGHTLINE GOTHIC
Foundry/Manufacturer: **Mergenthaler Linotype**

abcdefghijklmnopqrstuvwxyz
ABCDEFGHIJKLMNOPQRS
TUVWXYZ1234567890

Linoscript
Foundry/Manufacturer: **Mergenthaler Linotype**

abcdefghijklmnopqrstuvwxyz
ABCDEFGHIJKLMNOPQRS
TUVWXYZ1234567890

Linotext
Foundry/Manufacturer: **Mergenthaler Linotype**

abcdefghijklmnopqrstuvwxyz
ABCDEFGHIJKLMNOPQRS
TUVWXYZ1234567890

London Text
Foundry/Manufacturer: **Mergenthaler Linotype**

abcdefghijklmnopqrstuvwxyz
ABCDEFGHIJKLMNOPQRS
TUVWXYZ1234567890

ITC LUBALIN GRAPH
Designer: **Herb Lubalin, USA**
Foundry/Manufacturer: **ITC**

abcdefghijklmnopqrstuvwxyz
ABCDEFGHIJKLMNOPQRS
TUVWXYZ1234567890

Lucia Script No. 2
Foundry/Manufacturer: **Mergenthaler Linotype**

abcdefghijklmnopqrstuvwxyz
ABCDEFGHIJKLMNOPQRS
TUVWXYZ1234567890

Boston Script	Alphatype
Embassy Script	Caslon
Formal Script	Ludlow
Helanna Script	AM Verityper
Imperial Script	Stevenson Blake
Merina Script	Stevenson Blake
Original Script	Compugraphic
Palace Script	Stevenson Blake
Typo Script	ATF
Yorkshire Script	Alphatype

LUCIAN
Foundry/Manufacturer: **Mergenthaler Linotype**

abcdefghijklmnopqrstuvwxyz
ABCDEFGHIJKLMNOPQRS
TUVWXYZ1234567890

Luthersche Fraktur
Foundry/Manufacturer: **Mergenthaler Linotype**

abcdefghijklmnopqrstuvwxyz
ABCDEFGHIJKLMNOPQR
STUVWXYZ1234567890

MACBETH
Foundry/Manufacturer: **Mergenthaler Linotype**

abcdefghijklmnopqrstuvwxyz
ABCDEFGHIJKLMNOPQRS
TUVWXYZ1234567890

ITC MACHINE
Foundry/Manufacturer: **ITC**

abcdefghijklmnopqrstuvwxyz
ABCDEFGHIJKLMNOPQRS
TUVWXYZ1234567890

MADISON
Foundry/Manufacturer: **Mergenthaler Linotype**

abcdefghijklmnopqrstuvwxyz
ABCDEFGHIJKLMNOPQRS
TUVWXYZ1234567890

MEDICI SCRIPT
Designer: **Hermann Zapf, 1917**
Foundry/Manufacturer: **Mergenthaler Linotype**

abcdefghijklmnopqrstuvwxyz
ABCDEFGHIJKLMNOPQRS
TUVWXYZ1234567890

MELIOR
Designer: **Hermann Zapf, 1952**
Foundry/Manufacturer: **Stempel**

abcdefghijklmnopqrstuvwxyz
ABCDEFGHIJKLMNOPQRS
TUVWXYZ1234567890

Hanover	AM Varityper
Mallard	Compugraphic
Matrix	Scangraphic
Medallion	Harris Intertype
CG Melliza	Compugraphic
Metrion	ATF
Uranus	Alphatype
Vermillion	Information International, (III)

MEMPHIS
Designer: **Rudolph Weiss, 1929**
Foundry/Manufacturer: **Stempel**

abcdefghijklmnopqrstuvwxyz
ABCDEFGHIJKLMNOPQRS
TUVWXYZ1234567890

A&S Gallatin	Mergenthaler Linotype
Aachen	Letraset/Mergenthaler Linotype
Beton	Bauer/Harris Intertype/
	Mergenthaler Linotype
Cairo	Harris Intertype
Calvert	Monotype
Charlemagne	AM Varityper
City	Berthold
Clarizo	AutoLogic
Egizio	Nebiolo
Egypt 55	AM Varityper
Egyptian 505	Mergenthaler Linotype
Egyptienne F	Mergenthaler Linotype
Egyptios	AutoLogic
Karnak	Ludlow
Lubalin Graph	ITC
Monty	Alphatype
Nashville	Compugraphic
Pyramid	IBM
Rockwell	Monotype
Ruhr	Information International (III)
Seraphim	AutoLogic
Serifa	Bauer/Mergenthaler Linotype
Seriverse	AM Varityper
Stymie	ATF/Mergenthaler Linotype
Town	AutoLogic
Venus Egyptienne	Mergenthaler Linotype

MERIDIEN
Foundry/Manufacturer: **Mergenthaler Linotype**

abcdefghijklmnopqrstuvwxyz
ABCDEFGHIJKLMNOPQRS
TUVWXYZ1234567890

Equator	AM Varityper
Latine	AutoLogic
Meridian	Information International, (III)

METROMEDIUM No. 2
Designer: **W. A. Dwiggins, 1929**
Foundry/Manufacturer: **Mergenthaler Linotype**

abcdefghijklmnopqrstuvwxyz
ABCDEFGHIJKLMNOPQRS
TUVWXYZ1234567890

Gothic No. 2	Compugraphic
Gothic No. 3	Compugraphic
Meteor	AutoLogic
Metromedium	Information International, (III)

MEXICO OLYMPIC
Foundry/Manufacturer: **Mergenthaler Linotype**

ABCDEFGHIJKLMNOPQRSTUVWXYZ
1234567890

MIKADO BLACK
Foundry/Manufacturer: **Mergenthaler Linotype**

abcdefghijklmnopqrstuvwxyz
ABCDEFGHIJKLMNOPQRS
TUVWXYZ1234567890

MISTRAL
Designer: **Roger Excoffon, 1953**
Foundry/Manufacturer: **Olive**

abcdefghijklmnopqrstuvwxyz
ABCDEFGHIJKLMNOPQRS
TUVWXYZ1234567890

Aeolus	Compugraphic

ITC MIXAGE
Designer: **Aldo Novarese, Italy, 1985**
Foundry/Manufacturer: **ITC**

abcdefghijklmnopqrstuvwxyz
ABCDEFGHIJKLMNOPQRS
TUVWXYZ1234567890

ITC MODERN No. 216
Designer: **Edward Benguiat, USA, 1982**
Foundry/Manufacturer: **ITC**

abcdefghijklmnopqrstuvwxyz
ABCDEFGHIJKLMNOPQRS
TUVWXYZ1234567890

MODULA
Foundry/Manufacturer: **Mergenthaler Linotype**

abcdefghijklmnopqrs
tuvwxyzABCDEFGHI
JKLMNOPQRSTUVW
XYZ1234567890

Monterey Script
Foundry/Manufacturer: **Mergenthaler Linotype**

abcdefghijklmnopqrstuvwxyz
ABCDEFGHIJKLMNOPQRS
TUVWXYZ1234567890

Mahogany Script   Compugraphic
Monterey   Harris Intertype

MONTICELLO
Foundry/Manufacturer: **Megenthaler Linotype**

abcdefghijklmnopqrstuvwxyz
ABCDEFGHIJKLMNOPQRS
TUVWXYZ1234567890

MR. BIG
Foundry/Manufacturer: **Mergenthaler Linotype**

abcdefghijklmnopqrstuv
wxyzABCDEFGHIJKLMNOP
QRSTUVWXYZ1234567890

NEUZEIT S
Foundry/Manufacturer: **Mergenthaler Linotype**

abcdefghijklmnopqrstuvwxyz
ABCDEFGHIJKLMNOPQRS
TUVWXYZ1234567890

NEUZEIT
Foundry/Manufacturer: **Mergenthaler Linotype**

abcdefghijklmnopqrstuvwxyz
ABCDEFGHIJKLMNOPQRS
TUVWXYZ1234567890

NEWS GOTHIC
Designer: **Morris Fuller Benton, 1918**
Foundry/Manufacturer: **ATF**

abcdefghijklmnopqrstuvwxyz
ABCDEFGHIJKLMNOPQRS
TUVWXYZ1234567890

Alpha Gothic   Alphatype
CG Trade   Compugraphic
Trade Gothic   Mergenthaler Linotype

ITC NEWTEXT
Designer: **Ray Baker, USA, 1974**
Foundry/Manufacturer: **ITC**

abcdefghijklmnopqrstuvwxyz
ABCDEFGHIJKLMNOPQRS
TUVWXYZ1234567890

NORIS SCRIPT
Foundry/Manufacturer: **Mergenthaler Linotype**

abcdefghijklmnopqrstuvwxyz
ABCDEFGHIJKLMNOPQRS
TUVWXYZ1234567890

Noris Script   AutoLogic

NORMANDE
Foundry/Manufacturer: **Mergenthaler Linotype**

abcdefghijklmnopqrstuvqx
yzABCDEFGHIJKLMNOP
QRSTUVWXYZ
1234567890

ITC NOVARESE
Designer: **Aldo Novarese, 1980**
Foundry/Manufacturer: **ITC**

abcdefghijklmnopqrstuvwxyz
ABCDEFGHIJKLMNOPQRS
TUVWXYZ1234567890

NUBIAN
Foundry/Manufacturer: **Mergenthaler Linotype**

abcdefghijklmnopqrstuvwx
yzABCDEFGHIJKLMNO
PQRSTUVW1234567890

Nuptial Script
Foundry/Manufacturer: **Mergenthaler Linotype**

abcdefghijklmnopqrstuvwxyz
ABCDEFGHIJKLMNOPQRSTUV
WXYZ1234567890

Bridal Text   Alphatype
Nuptial   Harris Intertype

Old English Text
Foundry/Manufacturer: **Mergenthaler Linotype**

abcdefghijklmnopqrstuvwxyz
ABCDEFGHIJKLMNOPQRS
TUVWXYZ1234567890

OLD STYLE No. 7
Foundry/Manufacturer: **Mergenthaler Linotype**

abcdefghijklmnopqrstuvwxyz
ABCDEFGHIJKLMNOPQRS
TUVWXYZ1234567890

OLD STYLE S
Foundry/Manufacturer: **Mergenthaler Linotype**

abcdefghijklmnopqrstuvwxyz
ABCDEFGHIJKLMNOPQRS
TUVWXYZ1234567890

TS OLIVER
Foundry/Manufacturer: **Mergenthaler Linotype**

abcdefghijklmnopqrstuvwxyz
ABCDEFGHIJKLMNOPQRS
TUVWXYZ1234567890

ONDINE
Foundry/Manufacturer: **Mergenthaler Linotype**

abcdefghijklmnopqrstuvwxyz
ABCDEFGHIJKLMNOPQRS
TUVWXYZ1234567890

OPTIMA
Designer: **Hermann Zapf, 1958**
Foundry/Manufacturer: **Stempel**

abcdefghijklmnopqrstuvwxyz
ABCDEFGHIJKLMNOPQRS
TUVWXYZ1234567890

Athena	AutoLogic
Musica	Alphatype
October	Scangraphics
Omega	Compugraphic
Optimist	AutoLogic
Oracle	Compugraphic
Roma	Information International (III)
Zenith	Harris Intertype

PABST
Foundry/Manufacturer: **Mergenthaler Linotype**

abcdefghijklmnopqrstuvwx
yzABCDEFGHIJKLMNOPQ
RSTUVWXYZ1234567890

PALATINO
Designer: **Hermann Zapf, 1950**
Foundry/Manufacturer: **D. Stempel AG**

abcdefghijklmnopqrstuvwxyz
ABCDEFGHIJKLMNOPQRS
TUVWXYZ1234567890

Compano	Information International (III)
Elegante	Harris Intertype
Malibu	AutoLogic
Palacio	Compugraphic
Paladium	Compugraphic
Parlament	Scangraphic
Patina	Alphatype

Palmer Script
Foundry/Manufacturer: **Mergenthaler Linotype**

abcdefghijklmnopqrstuvwxyz
ABCDEFGHIJKLMN
OPQRSTUVWXYZ
1234567890

PARISIAN
Designer: **Morris Fuller Benton, 1928**
Foundry/Manufacturer: **ATF**

abcdefghijklmnopqrstuvwxyz
ABCDEFGHIJKLMNOPQRS
TUVWXYZ1234567890

Park Avenue Script
Foundry/Manufacturer: **Mergenthaler Linotype**

abcdefghijklmnopqrstuvwxyz
ABCDEFGHIJKLMNOPQR
STUVWXYZ1234567890

PARLIAMENT
Foundry/Manufacturer: **Mergenthaler Linotype**

abcdefghijklmnopqrstuvwxyz
ABCDEFGHIJKLMNOPQRS
TUVWXYZ1234567890

ts PARSONS
Foundry/Manufacturer: **Mergenthaler Linotype**

abcdefghijklmnopqrstuvwxyz
ABCDEFGHIJKLMNOPQRS
TUVWXYZ1234567890

PEIGNOT
Designer: **A. M. Cassandre, 1937**
Foundry/Manufacturer: **Deberny & Peignot**

abcdefghijklmnopqrstuvwxyz
ABCDEFGHIJKLMNOPQRS
TUVWXYZ1234567890

Penyoe Compugraphic

PERPETUA
Designer: **Eric Gill, 1928**
Foundry/Manufacturer: **Monotype**

abcdefghijklmnopqrstuvwxyz
ABCDEFGHIJKLMNOPQRS
TUVWXYZ1234567890

Percepta Alphatype

PIERROT
Foundry/Manufacturer: **Mergenthaler Linotype**

abcdefghijklmnopqrstuvwx
yzABCDEFGHIJKLMNOPQR
STUVWXYZ1234567890

PLACARD
Foundry/Manufacturer: **Mergenthaler Linotype**

abcdefghijklmnopqrstuvwxyz
ABCDEFGHIJKLMNOPQRS
TUVWXYZ1234567890

PLAK
Foundry/Manufacturer: **Mergenthaler Linotype**

abcdefghijklmnopqrstuvwxyz
ABCDEFGHIJKLMNOPQRS
TUVWXYZ1234567890

PLANTIN
Designer: **F. H. Pierpont, 1913**
Foundry/Manufacturer: **Monotype**

abcdefghijklmnopqrstuvwxyz
ABCDEFGHIJKLMNOPQRS
TUVWXYZ1234567890

Atlantic Alphatype

PLAYBILL
Foundry/Manufacturer: **Mergenthaler Linotype**

abcdefghijklmnopqrstuvwxyz
ABCDEFGHIJKLMNOPQRS
TUVWXYZ1234567890

PLYMOUTH
Foundry/Manufacturer: **Mergenthaler Linotype**

abcdefghijklmnopqrstuvw
xyzABCDEFGHIJKLMN
OPQRSTUVWXYZ
1234567890

POST-ANTIQUA
Foundry/Manufacturer: **Mergenthaler Linotype, 1958**

abcdefghijklmnopqrstuvwxyz
ABCDEFGHIJKLMNOPQRS
TUVWXYZ1234567890

Present
Foundry/Manufacturer: **Mergenthaler Linotype**

abcdefghijklmnopqrstuvwxyz
ABCDEFGHIJKLMNOPQRS
TUVWXYZ1234567890

PRESTIGE ELITE
Foundry/Manufacturer: **Mergenthaler Linotype**

abcdefghijklmnopqrstuv
wxyzABCDEFGHIJKLMNOPQR
STUVWXYZ1234567890

PRIMER
Designer: **Colin Brignall, GB, 1969**
Foundry/Manufacturer: **Letraset**

abcdefghijklmnopqrstuvwxyz
ABCDEFGHIJKLMNOPQRS
TUVWXYZ1234567890

Premier	AutoLogic
Rector	Alphatype
Scholastic	Harris Intertype

QUARTZ
Foundry/Manufacturer: **Mergenthaler Linotype**

ABCDEFGHIJKLMNOPQRSTUVWXYZ
ABCDEFGHIJKLMNOPQRS
TUVWXYZ1234567890

ITC QUORUM
Designer: **Ray Baker, USA, 1977**
Foundry/Manufacturer: **ITC**

abcdefghijklmnopqrstuvwxyz
ABCDEFGHIJKLMNOPQRS
TUVWXYZ1234567890

RAINBOW BASS
Foundry/Manufacturer: **Mergenthaler Linotype**

abcdefghijklmnopqrstuvwxyz
ABCDEFGHIJKLMNOPQRS
TUVWXYZ1234567890

RALEIGH
Designer: **Adrian Williams, GB, 1977**
Foundry/Manufacturer: **Fonts**

abcdefghijklmnopqrstuvwxyz
ABCDEFGHIJKLMNOPQRS
TUVWXYZ1234567890

REPORTER No. 2
Foundry/Manufacturer: **Mergenthaler Linotype**

abcdefghijklmnopqrstuvwxyz
ABCDEFGHIJKLMNOPQRS
TUVWXYZ1234567890

REVUE
Designer: **Colin Brignall, GB, 1969**
Foundry/Manufacturer: **Letraset**

abcdefghijklmnopqrstuvwxyz
ABCDEFGHIJKLMNOPQRS
TUVWXYZ1234567890

ROCKWELL
Foundry/Manufacturer: **Monotype, 1934**

abcdefghijklmnopqrstuvwxyz
ABCDEFGHIJKLMNOPQRS
TUVWXYZ1234567890

A&S Gallatin	Mergenthaler Linotype
Aachen	Letraset/Mergenthaler Linotype
Beton	Bauer/Harris Intertype/ Mergenthaler Linotype
Cairo	Harris Intertype
Calvert	Monotype
Charlemagne	AM Varityper
City	Berthold
Clarizo	AutoLogic
Egizio	Nebiolo
Egypt 55	AM Varityper
Egyptian 505	Mergenthaler Linotype
Egyptienne F	Mergenthaler Linotype
Egyptios	AutoLogic
Karnak	Ludlow
Lubalin Graph	ITC
Memphis	Mergenthaler Linotype
Monty	Alphatype
Nashville	Compugraphic
Pyramid	IBM
Ruhr	Information International (III)
Seraphim	AutoLogic
Serifa	Bauer/Mergenthaler Linotype
Seriverse	AM Varityper
Stymie	ATF/Mergenthaler Linotype
Town	AutoLogic
Venus Egyptienne	Mergenthaler Linotype

ROMANA
Foundry/Manufacturer: **Mergenthaler Linotype**

abcdefghijklmnopqrstuvwxyz
ABCDEFGHIJKLMNOPQRS
TUVWXYZ1234567890

TSI ROMIC
Designer: **Colin Brignall, GB, 1979**
Foundry/Manufacturer: **Letraset**

abcdefghijklmnopqrstuvwxyz
ABCDEFGHIJKLMNOPQRS
TUVWXYZ1234567890

ITC RONDA
Foundry/Manufacturer: **ITC**

abcdefghijklmnopqrstuvwxyz
ABCDEFGHIJKLMNOPQRS
TUVWXYZ1234567890

RUSSELL SQUARE
Foundry/Manufacturer: **Mergenthaler Linotype**

abcdefghijklmnopqrstuvwxyz
ABCDEFGHIJKLMNOPQRS
TUVWXYZ1234567890

SABON
Designer: **Jan Tschichold, 1964**
Foundry/Manufacturer: **Stempel/Monotype/Mergenthaler Linotype**

abcdefghijklmnopqrstuvwxyz
ABCDEFGHIJKLMNOPQRS
TUVWXYZ1234567890

Berner	AM Varityper
September	Scangraphic
Sybil	AutoLogic

SANS SERIF SHADED No. 2
Foundry/Manufacturer: **Mergenthaler Linotype**

abcdefghijklmnopqrstuvwxyz
ABCDEFGHIJKLMNOPQRS
TUVWXYZ1234567890

STEMPEL SCHADOW
Foundry/Manufacturer: **Mergenthaler Linotype**

abcdefghijklmnopqrstuvwxyz
ABCDEFGHIJKLMNOPQRS
TUVWXYZ1234567890

STEMPEL SCHNEIDLER
Foundry/Manufacturer: **Mergenthaler Linotype**

abcdefghijklmnopqrstuvwxyz
ABCDEFGHIJKLMNOPQRS
TUVWXYZ1234567890

SEAGULL
Designer: **Adrian Williams, GB, 1978**
Foundry/Manufacturer: **Fonts**

abcdefghijklmnopqrstuvwxyz
ABCDEFGHIJKLMNOPQRS
TUVWXYZ1234567890

Sandpiper	AM Varityper

ITC SERIF GOTHIC
Designer: **Herb Lubalin, Antonio DiSpigan, USA, 1974**
Foundry/Manufacturer: **ITC**

abcdefghijklmnopqrstuvwxyz
ABCDEFGHIJKLMNOPQRS
TUVWXYZ1234567890

SERIFA
Designer: **Adrian Frutiger, France, 1977**
Foundry/Manufacturer: **Mergenthaler Linotype**

abcdefghijklmnopqrstuvwxyz
ABCDEFGHIJKLMNOPQRS
TUVWXYZ1234567890

A&S Gallatin	Mergenthaler Linotype
Aachen	Letraset/Mergenthaler Linotype
Beton	Bauer
Cairo	Harris Intertype
Calvert	Monotype
Charlemagne	AM Varityper
City	Berthold
Clarizo	AutoLogic
Egizio	Nebiolo
Egypt 55	AM Varityper
Egyptian 505	Merganthaler Linotype
Egyptienne F	Mergenthaler Linotype
Egyptios	AutoLogic
Karnak	Ludlow
Lubalin Graph	ITC
Memphis	Mergenthaler Linotype
Monty	Alphatype
Nashville	Compugraphic
Pyramid	IBM
Rockwell	Monotype
Ruhr	Information International (III)
Seraphim	AutoLogic
Seriverse	AM Varityper
Stymie	ATF/Mergenthaler Linotype
Town	AutoLogic
Venus Egyptienne	Mergenthaler

SERLIO
Foundry/Manufacturer: **Mergenthaler Linotype**

ABCDEFGHIJKLMNOPQRSTUVWXYZ
ABCDEFGHIJKLMNOPQRS
TUVWXYZ1234567890

SERPENTINE
Foundry/Manufacturer: **Mergenthaler Linotype**

abcdefghijklmnopqrstuvw
xyzABCDEFGHIJKLMNOPQRS
TUVWXYZ1234567890

Shelley Andante Script
Foundry/Manufacturer: **Mergenthaler Linotype**

abcdefghijklmnopqrstuvwxyz
ABCDEFGHIJKLMNOP2R
STUVWXYZ1234567890

Shelley Allegro Script
Foundry/Manufacturer: **Mergenthaler Linotype**

abcdefghijklmnopqrstuvwxyz
ABCDEFGHIJKLMNO
PQRSTUVWXYZ1234567890

Shelley Volante Script
Foundry/Manufacturer: **Mergenthaler Linotype**

abcdefghijklmnopqrstuvwxyz
ABCDEFGHIJKLMNO
PQRSTUVWXYZ1234567890

Snell Roundhand Script
Foundry/Manufacturer: **Mergenthaler Linotype**

abcdefghijklmnopqrstuvwxyz
ABCDEFGHIJKLMNOP2RS
TUVWXYZ1234567890

Engravers Roundhand	AutoLogic
Penman Script	AM Varityper
Roundhand	ITEK
Roundhand No. 1	Alphatype
Signet Roundhand	Compugraphic

ITC SOUVENIR
Designer: **Edward Benguiat, USA, 1970**
Foundry/Manufacturer: **ITC**
(Based on Morris Fuller Benton's Souvenir Light, c. 1914)

abcdefghijklmnopqrstuvwxyz
ABCDEFGHIJKLMNOPQRS
TUVWXYZ1234567890

ITC SOUVENIR BOLD OUTLINE
Designer: **Edward Benguiat, 1970**
Foundry/Manufacturer: **ITC**

abcdefghijklmnopqrstuvw
xyzABCDEFGHIJKLMNOP
QRSTUVWXYZ
1234567890

SOUVENIR GOTHIC
Designer: **George Brian, 1977**
Foundry/Manufacturer: **Typespectra**

abcdefghijklmnopqrstuvwxyz
ABCDEFGHIJKLMNOPQRS
TUVWXYZ1234567890

SPARTAN
Foundry/Manufacturer: **ATF, Mergenthaler Linotype**

abcdefghijklmnopqrstuvwxyz
ABCDEFGHIJKLMNOPQRS
TUVWXYZ1234567890

Airport	Baltimore Type
Alphatura	Alphatype
Contempa	Harris Intertype
Europe	Deberney & Peignot
Futura	Bauer
Future	Alphatype
Sparta	AutoLogic
Technica	International Information (III)
Tempo	Ludlow
Twentieth Century	Monotype
Vogue	Harris Intertype

STARK DEBONAIR
Foundry/Manufacturer: **Mergenthaler Linotype**

abcdefghijklmnopqrstuvwxyz
ABCDEFGHIJKLMNOPQRS
TUVWXYZ1234567890

STENCIL
Foundry/Manufacturer: **Mergenthaler Linotype**

ABCDEFGHIJKLMNOPQRST
UVWXYZ1234567890

STOP
Foundry/Manufacturer: **Mergenthaler Linotype**

ABCDEFGHIJKLMNOPQRSTUVW
XYZ1234567890

STRATFORD
Designer: **Freda Sack, Adrian Williams, GB, 1978**
Foundry/Manufacturer: **Fonts**

abcdefghijklmnopqrstuvwxyz
ABCDEFGHIJKLMNOPQRS
TUVWXYZ1234567890

Stuyvesant Script
Foundry/Manufacturer: **Mergenthaler Linotype**

abcdefghijklmnopqrstuvwxyz
ABCDEFGHIJKLMNOPQRSTUV
WXYZ1234567890

Stuyvesant	Compugraphic
Wintergreen	Am Varityper

STYMIE
Designer: **Morris Fuller Benton, 1931**
Foundry/Manufacturer: **ATF**

abcdefghijklmnopqrstuvwxyz
ABCDEFGHIJKLMNOPQRS
TUVWXYZ1234567890

A&S Gallatin	Mergenthaler Linotype
Aachen	Letraset/Mergenthaler Linotype
Beton	Bauer/Harris Intertype/
	Mergenthaler Linotype
Cairo	Harris Intertype
Calvert	Monotype
Charlemagne	AM Varityper
City	Berthold
Clarizo	AutoLogic
Egizio	Nebiolo
Egypt 55	AM Varityper
Egyptian 505	Mergenthaler Linotype
Egyptienne F	Mergenthaler Linotype
Egyptios	AutoLogic
Karnak	Ludlow
Lubalin Graph	ITC
Memphis	Mergenthaler Linotype
Monty	Alphatype
Nashville	Compugraphic
Pyramid	IBM
Rockwell	Monotype
Ruhr	Information International (III)
Seraphim	AutoLogic
Serifa	Bauer/Mergenthaler Linotype
Seriverse	AM Varityper
Town	AutoLogic
Venus Egyptienne	Mergenthaler Linotype

L & C STYMIE HAIRLINE
Foundry/Manufacturer: **ITC**

abcdefghijklmnopqrstuvwxyz
ABCDEFGHIJKLMNOPQRS
TUVWXYZ1234567890

ITC SYMBOL
Designer: **Aldo Novarese, Italy, 1984**
Foundry/Manufacturer: **ITC**

abcdefghijklmnopqrstuvwxyz
ABCDEFGHIJKLMNOPQRS
TUVWXYZ1234567890

SYNTAX
Designer: **Hans Meier, 1969**
Foundry/Manufacturer: **Mergenthaler Linotype**

abcdefghijklmnopqrstuvwxyz
ABCDEFGHIJKLMNOPQRS
TUVWXYZ1234567890

Cintal	AM Varityper
Symphony	Compugraphic
Synchron	Scangraphic
Synthesis	AutoLogic

Tango
Foundry/Manufacturer: **Mergenthaler**

abcdefghijklmnopqrstuvwxyz
ABCDEFGHIJKLMNOP
QRSTUVWXYZ1234567890

TEXTYPE
Foundry/Manufacturer: **Mergenthaler Linotype**

abcdefghijklmnopqrstuvwxyz
ABCDEFGHIJKLMNOPQRS
TUVWXYZ1234567890

WTC THADDEUS
Foundry/Manufacturer: **Mergenthaler Linotype**

abcdefghijklmnopqrstuvwxyz
ABCDEFGHIJKLMNOPQRS
TUVWXYZ1234567890

ITC TIFFANY

Designer: **Edward Benguiat**, USA, 1974,
Foundry/Manufacturer: **ITC**

abcdefghijklmnopqrstuvwxyz
ABCDEFGHIJKLMNOPQRS
TUVWXYZ1234567890

TIMES COOP ITALIC

Foundry/Manufacturer: **Mergenthaler Linotype**

abcdefghijklmnopqrstuvwxyz
ABCDEFGHIJKLMNOPQRS
TUVWXYZ1234567890

TIMES

Designer: **Stanley Morison, 1932**
Foundry/Manufacturer: **Monotype**

abcdefghijklmnopqrstuvwxyz
ABCDEFGHIJKLMNOPQRS
TUVWXYZ1234567890

English	Alphatype
English 49	Compugraphic
English Times	Compugraphic
New York	Apple
Times	Compugraphic
Times New Roman	Monotype
Varitimes	AM Varityper

TIMES ENGLISH N

Foundry/Manufacturer: **Mergenthaler Linotype**

abcdefghijklmnopqrstuvwxyz
ABCDEFGHIJKLMNOPQRS
TUVWXYZ1234567890

TIMES ENGLISH N OUTLINE

Foundry/Manufacturer: **Mergenthaler Linotype**

abcdefghijklmnopqrstuvwxyz
ABCDEFGHIJKLMNOPQRS
TUVWXYZ1234567890

TIMES EUROPA

Designer: **Walter Tracy, 1972**
Foundry/Manufacturer: **Linotype Paul**

abcdefghijklmnopqrstuvwxyz
ABCDEFGHIJKLMNOPQRS
TUVWXYZ1234567890

TIMES MODERN

Foundry/Manufacturer: **Mergenthaler Linotype**

abcdefghijklmnopqrstuvwxyz
ABCDEFGHIJKLMNOPQRS
TUVWXYZ1234567890

TIMES MODERN BLACK OUTINE

Foundry/Manufacturer: **Mergenthaler Linotype**

abcdefghijklmnopqrstuvwxyz
ABCDEFGHIJKLMNOPQRS
TUVWXYZ1234567890

TORINO

Foundry/Manufacturer: **Nebiolo, 1908**
Also known as Romano Moderno

abcdefghijklmnopqrstuvwxyz
ABCDEFGHIJKLMNOPQRS
TUVWXYZ1234567890

De Vinne	Mergenthaler Linotype
Loren	Information International (III)

TRADE GOTHIC

Designer: **Jackson Burke, 1948**
Foundry/Manufacturer: **Mergenthaler Linotype**

abcdefghijklmnopqrstuvwxyz
ABCDEFGHIJKLMNOPQRS
TUVWXYZ1234567890

Alpha Gothic	Alphatype
News Gothic	ATF
Record Gothic	Ludlow
Trade	Compugraphic

TRAJANUS

Foundry/Manufacturer: **Mergenthaler Linotype**

abcdefghijklmnopqrstuvwxyz
ABCDEFGHIJKLMNOPQRS
TUVWXYZ1234567890

Akiba	AutoLogic
Viceroy	AM Varityper

TROOPER

Foundry/Manufacturer: **Mergenthaler Linotype**

abcdefghijklmnopqrstuvwxyz
ABCDEFGHIJKLMNOPQRS
TUVWXYZ1234567890

Soldier	AM Varityper

TRUMP MEDIAEVAL
Designer: **Georg Trump, 1954**
Foundry/Manufacturer: **Weber**

abcdefghijklmnopqrstuvwxyz
ABCDEFGHIJKLMNOPQRS
TUVWXYZ1234567890

Ascot	AutoLogic
Continental	Harris Intertype
Mediaeval	AM Varityper
Olympus	Alphatype
Rennaissance	Information International (III)
Saul	AutoLogic

UMBRA
Foundry/Manufacturer: **Mergenthaler Linotype**

ABCDEFGHIJKLMNOPQRSTUVW
XYZABCDEFGHIJKLMNOPQRS
TUVWXYZ1234567890

Durante	AutoLogic
Meandme	Information International (III)

UNIVERS
Designer: **Adrian Frutiger, 1957**
Foundry/Manufacturer: **Deberny & Peignot**

abcdefghijklmnopqrstuvwxyz
ABCDEFGHIJKLMNOPQRS
TUVWXYZ1234567890

Alphavers	Alphatype
Eterna	Information International (III)
Galaxy	Harris Intertype
Versatile	Alphatype

Universal OCR
Foundry/Manufacturer: **Mergenthaler Linotype**

ABCDEFGHIJKLMNOPQRST
UVWXYZ1234567890

UNIVERSAL DOT MATRIX
Foundry/Manufacturer: **Mergenthaler Linotype**

abcdefghijklmnopqrstuv
wxyzABCDEFGHIJKLMNOPQ
RSTUVWXYZ1234567890

UNIVERSITY
Foundry/Manufacturer: **Mergenthaler Linotype**

abcdefghijklmnopqrstuvwxyz
ABCDEFGHIJKLMNOPQRS
TUVWXYZ1234567890

ITC USHERWOOD
Designer: **Leslie Usherwood, Canada, 1984**
Foundry/Manufacturer: **ITC**

abcdefghijklmnopqrstuvwxyz
ABCDEFGHIJKLMNOPQRS
TUVWXYZ1234567890

VAG RUNDSCHRIFT
Foundry/Manufacturer: **Mergenthaler Linotype**

abcdefghijklmnopqrstuvwxyz
ABCDEFGHIJKLMNOPQRS
TUVWXYZ1234567890

ITC VELJOVIC
Designer: **Jovica Veljovic, Yugoslavia, 1984**
Foundry/Manufacturer: **ITC**

abcdefghijklmnopqrstuvwxyz
ABCDEFGHIJKLMNOPQRS
TUVWXYZ1234567890

VENUS
Foundry/Manufacturer: **Bauer, Neufville, 1907**

abcdefghijklmnopqrstuvwxyz
ABCDEFGHIJKLMNOPQRS
TUVWXYZ1234567890

VENUS EGYPTIENNE
Foundry/Manufacturer: **Mergenthaler Linotype**

abcdefghijklmnopqrstuvwxyz
ABCDEFGHIJKLMNOPQRS
TUVWXYZ1234567890

A&S Gallatin	Merganthaler Linotype
Aachen	Letraset/Mergenthaler Linotype
Beton	Bauer/Harris Intertype/ Mergenthaler Linotype
Cairo	Harris Intertype
Calvert	Monotype
Charlemagne	AM Varityper
City	Berthold
Clarizo	AutoLogic
Egizio	Nebiolo
Egypt 55	AM Varityper
Egyptian 505	Mergenthaler Linotype
Egyptienne F	Mergenthaler Linotype
Egyptios	AutoLogic
Karnak	Ludlow
Lubalin Graph	ITC
Memphis	Mergenthaler Linotype
Monty	Alphatype

(continued)

Venus Egyptienne (continued)

Nashville	Compugraphic
Pyramid	IBM
Rockwell	Monotype
Ruhr	Information International (III)
Seraphim	AutoLogic
Serifa	Bauer/Mergenthaler Linotype
Seriverse	AM Varityper
Stymie	ATF/Mergenthaler Linotype
Town	AutoLogic

VERSAILLES
Designer: **Adrian Frutiger, France, 1982**
Foundry/Manufacturer: **Mergenthaler Linotype**

abcdefghijklmnopqrstuvwxyz
ABCDEFGHIJKLMNOPQRS
TUVWXYZ1234567890

WALBAUM
Foundry/Manufacturer: **Mergenthaler Linotype**

abcdefghijklmnopqrstuvwxyz
ABCDEFGHIJKLMNOPQRS
TUVWXYZ1234567890

ITC WEIDEMANN
Designer: **Kurt Weidemann, Germany, 1983**
Foundry/Manufacturer: **ITC**

abcdefghijklmnopqrstuvwxyz
ABCDEFGHIJKLMNOPQRS
TUVWXYZ1234567890

WEISS
Designer: **Emil R. Weiss, 1926**
Foundry/Manufacturer: **Bauer**

abcdefghijklmnopqrstuvwxyz
ABCDEFGHIJKLMNOPQRS
TUVWXYZ1234567890

Edelweiss	Alphatype

WEXFORD
Foundry/Manufacturer: **Mergenthaler Linotype**

abcdefghijklmnopqrstuvwxyz
ABCDEFGHIJKLMNOPQRS
TUVWXYZ1234567890

Wilhelm-Klingspor Gotisch
Foundry/Manufacturer: **Mergenthaler Linotype**

abcdefghijklmnopqrstuvwxyz
ABCDEFGHIJKLMNOPQRS
TUVWXYZ1234567890

WINDSOR
Designer: **Stephenson Blake, 1905**

abcdefghijklmnopqrstuvwxyz
ABCDEFGHIJKLMNOPQRS
TUVWXYZ1234567890

Corinth	AutoLogic
Ideal	Harris Intertype
Ionic No. 5	Mergenthaler Linotype
Ionic No. 342	Monotype
News Text	Alphatype
Regal	Harris Intertype
Rex	Harris Intertype

WORCESTER ROUND
Designer: **Adrian Williams, GB, 1974**
Foundry/Manufacturer: **Fonts**

abcdefghijklmnopqrstuvwxyz
ABCDEFGHIJKLMNOPQRS
TUVWXYZ1234567890

ITC ZAPF BOOK
Designer: **Hermann Zapf, Germany, 1976**
Foundry/Manufacturer: **ITC**

abcdefghijklmnopqrstuvwxyz
ABCDEFGHIJKLMNOPQRS
TUVWXYZ1234567890

ITC ZAPF CHANCERY
Designer: **Hermann Zapf, Germany, 1979**
Foundry/Manufacturer: **ITC**

abcdefghijklmnopqrstuvwxyz
ABCDEFGHIJKLMNOPQRS
TUVWXYZ1234567890

ITC ZAPF INTERNATIONAL
Designer: **Hermann Zapf, Germany, 1977**
Foundry/Manufacturer: **ITC**

abcdefghijklmnopqrstuvwxyz
ABCDEFGHIJKLMNOPQRS
TUVWXYZ1234567890

Showings of Sorts and Swash

Universal ASCII Pi

Universal Astronomical Pi

Universal Chemical Pi

Universal Commercial Pi

Universal Dot Matrix

Universal Math Greek Pi

Universal Math Pi No. 1

Universal Math Pi No. 2

Universal Math Pi No. 3

Universal Math Pi No. 4

Universal Math Pi No. 5

Universal Math Pi No. 6

Universal Music Pi

Universal Music Pi 1

Universal Music Pi 2

Universal Television

Universal Phonetic Pi No. 1

Universal Phonetic Pi No. 2

Universal Phonetic Pi No. 3

Universal Ranging Pi 1

ITC Zapf Dingbats No. 100

ITC Zapf Dingbats No. 200

ITC Zapf Dingbats No. 300

Universal OCR

Stempel Garamond Italic Swash

*Universal
ASCII Pi*

*Universal
Astronomical Pi*

*Universal
Chemical Pi*

*Universal
Commercial Pi*

Universal Dot Matrix

a	b	c	d	e	f	g	h	i	j	K	l	m	n	o	P	q	r	s	t	u	v	w	x	y
1	2	3	4	5	6	7	8	9	10	11	12	13	14	15	16	17	18	19	20	21	22	23	24	25

z	A	B	C	D	E	F	G	H	I	J	K	L	M	N	O	P	Q	R	S	T	U	V	W	X
26	27	28	29	30	31	32	33	34	35	36	37	38	39	40	41	42	43	44	45	46	47	48	49	50

Y	Z	&	1	2	3	4	5	6	7	8	9	0	.	,	:	;	?	!	(	)	–	'	"	@
51	52	53	54	55	56	57	58	59	60	61	62	63	64	65	66	67	68	69	70	71	72	73	74	75

[	\	]	ˆ	_	#	$	%	*	+	/	<	=	>	`	{	¦	}	~	▒	▢				
76	77	78	79	80	81	82	83	84	85	86	87	88	89	90	91	92	93	94	95	96	97	98	99	100

Universal Math Greek Pi

α	β	ψ	δ	ε	φ	γ	η	ι	ξ	κ	λ	μ	ν	o	π	ϑ	ρ	σ	τ	θ	ω	φ	χ	υ
1	2	3	4	5	6	7	8	9	10	11	12	13	14	15	16	17	18	19	20	21	22	23	24	25

ζ	A	B	Ψ	Δ	E	Φ	Γ	H	I	Ξ	K	Λ	M	N	O	Π	Θ	P	Σ	T	Θ	Ω	ϛ	X
26	27	28	29	30	31	32	33	34	35	36	37	38	39	40	41	42	43	44	45	46	47	48	49	50

ϒ	Z	+	−	×	=	÷	±	∓	°	'	"	‴	ς	ϰ	ϖ	ε	∇	∂	(	)	[	]	{	}
51	52	53	54	55	56	57	58	59	60	61	62	63	64	65	66	67	68	69	70	71	72	73	74	75

⟨	⟩	∫	|	Π	Σ	√	⁻	⁻	α	<	>	≤	≥	≲	≳	~	≈	≡	∞	χ				
76	77	78	79	80	81	82	83	84	85	86	87	88	89	90	91	92	93	94	95	96	97	98	99	100

Universal Math Pi No. 1

α	β	ψ	δ	ε	φ	γ	η	ι	ξ	κ	λ	μ	ν	o	π	ϑ	ρ	σ	τ	θ	ω	φ	χ	υ
1	2	3	4	5	6	7	8	9	10	11	12	13	14	15	16	17	18	19	20	21	22	23	24	25

ζ	A	B	Ψ	Δ	E	Φ	Γ	H	I	Ξ	K	Λ	M	N	O	Π	Θ	P	Σ	T	Θ	Ω	ϛ	X
26	27	28	29	30	31	32	33	34	35	36	37	38	39	40	41	42	43	44	45	46	47	48	49	50

ϒ	Z	∅	+	−	×	÷	=	±	∓	°	'	"	·	‴	∞	α	|	/	ϰ	ς	λ	ϖ	ε	∇
51	52	53	54	55	56	57	58	59	60	61	62	63	64	65	66	67	68	69	70	71	72	73	74	75

∂	>	<	≫	≪	≥	≤	≧	≦	≩	≨	≳	≲	⋡	⋠	ℵ	ℏ	\	–	–	—	∀	∃		
76	77	78	79	80	81	82	83	84	85	86	87	88	89	90	91	92	93	94	95	96	97	98	99	100

Universal Math Pi No. 2

a	b	c	d	e	f	g	h	i	j	f	l	m	n	o	p	q	r	s	t	u	v	w	x	y
1	2	3	4	5	6	7	8	9	10	11	12	13	14	15	16	17	18	19	20	21	22	23	24	25

z	A	B	C	D	E	F	G	H	I	J	K	L	M	N	O	P	Q	R	S	T	U	V	W	X
26	27	28	29	30	31	32	33	34	35	36	37	38	39	40	41	42	43	44	45	46	47	48	49	50

Y	Z	C	A	B	C	D	E	F	G	H	I	J	K	L	M	N	O	P	Q	R	S	T	U	V
51	52	53	54	55	56	57	58	59	60	61	62	63	64	65	66	67	68	69	70	71	72	73	74	75

W	X	Y	Z	g	g	h	h	l	l	ž	ž	t	t	⌢	⌢	⊕	⌢	⌣	⌣	¦	----	⁄	↗	→
76	77	78	79	80	81	82	83	84	85	86	87	88	89	90	91	92	93	94	95	96	97	98	99	100

***Universal
Math Pi No. 3***

( ) [ ] { } | ‖ √ / ⟨ ⟩ ∫ ∮ ∯ Σ Π ⟦ ⟧ ⟦ ⟧ ⟩ ∮ | (
1 2 3 4 5 6 7 8 9 10 11 12 13 14 15 16 17 18 19 20 21 22 23 24 25

) ( ) [ ] { } | ‖ √ / ⟨ ⟩ ∫ ∮ ∮ Σ Π [ ] [ ]) ⋮ |
26 27 28 29 30 31 32 33 34 35 36 37 38 39 40 41 42 43 44 45 46 47 48 49 50

( ) ( ) [ ] { } | | √ / ⟨ ⟩ ∫ ∮ ∮ | / Σ Π [ ] [ ]
51 52 53 54 55 56 57 58 59 60 61 62 63 64 65 66 67 68 69 70 71 72 73 74 75

| ( ) ~ ≃ ≈ ≅ ≋ ≡ ≣ ≢ ≠ ≠ ≢ ≢ ∧ ∨ ⋀ ⋁ ‾∧
76 77 78 79 80 81 82 83 84 85 86 87 88 89 90 91 92 93 94 95 96 97 98 99 100

***Universal
Math Pi No. 4***

α β ψ δ ε φ γ η ι ξ κ λ μ ν ο π ϑ ρ σ τ θ ω φ χ υ
1 2 3 4 5 6 7 8 9 10 11 12 13 14 15 16 17 18 19 20 21 22 23 24 25

ζ Α Β Ψ Δ Ε Φ Γ Η Ι Ξ Κ Λ Μ Ν Ο Π Θ Ρ Σ Τ Θ Ω ϛ Χ
26 27 28 29 30 31 32 33 34 35 36 37 38 39 40 41 42 43 44 45 46 47 48 49 50

Υ Ζ Ø + − × ÷ = ± ∓ ° ′ ″ · ‴ ∞ ∝ | / ϰ ς λ ϖ ε ∇
51 52 53 54 55 56 57 58 59 60 61 62 63 64 65 66 67 68 69 70 71 72 73 74 75

∂ ⊂ ⊃ ∩ ∪ ⊆ ∋ ⊇ ⊂ ⊃ ⊙ ⊙ ⊑ ⊒ ⊑ ⊒ ⊂ ⊃ ∩ ∪
76 77 78 79 80 81 82 83 84 85 86 87 88 89 90 91 92 93 94 95 96 97 98 99 100

***Universal
Math Pi No. 5***

1 2 3 4 5 6 7 8 9 10 11 12 13 14 15 16 17 18 19 20 21 22 23 24 25

⚬ ⋨ ≈ ⋌ ⊥ ∔ ∔ ∔ ⋰ ∼ ∻ ⌐ ⌐ ⋖ ⋗ ⋜ ⋝ ⋞ ⋟ ⋨
26 27 28 29 30 31 32 33 34 35 36 37 38 39 40 41 42 43 44 45 46 47 48 49 50

⋬ ⋭ ⋜ ⋝ ⊆ ≈ ≈ ⋞ ⋈ ⫪ ⫫ ⫧ ⫨ ⋪ ⋫ ≠ ∼ ⌣ ▽ △ ▽
51 52 53 54 55 56 57 58 59 60 61 62 63 64 65 66 67 68 69 70 71 72 73 74 75

△ ‴‴ ` ″ ↝ ⟨ ≍ ( ) (·) ∉ ⋹ ∍ ⊆ ⊇ ↪ ⌢ ▽ ⋌ ▽ ℘ Ɛ ∓ ± ∓ ∓
76 77 78 79 80 81 82 83 84 85 86 87 88 89 90 91 92 93 94 95 96 97 98 99 100

***Universal
Math Pi No. 6***

▲ □ ◆ △ ◐ ▲ ▼ ▽ ◨ ▶ ▷ ◀ ◁ ◫ ◪ ◰ ● ◑ △ ■ ◧ ◇ ○ ☆ ▭
1 2 3 4 5 6 7 8 9 10 11 12 13 14 15 16 17 18 19 20 21 22 23 24 25

★ Ⓐ Ⓑ Ⓒ Ⓓ Ⓔ Ⓕ Ⓖ Ⓗ Ⓘ Ⓙ Ⓚ Ⓛ Ⓜ Ⓝ Ⓞ Ⓟ Ⓠ Ⓡ Ⓢ Ⓣ Ⓤ Ⓥ Ⓦ Ⓧ
26 27 28 29 30 31 32 33 34 35 36 37 38 39 40 41 42 43 44 45 46 47 48 49 50

Ⓨ Ⓩ △ ⊕ ⊖ ⊗ ⊟ ⊕ ⊗ ◑ ⊖ ⊙ ⊡ ▱ ⊐ ∟ ∠ ∡ ⊥ ∟ ⊤ ⊤ ⊥ ⊢ ⊣
51 52 53 54 55 56 57 58 59 60 61 62 63 64 65 66 67 68 69 70 71 72 73 74 75

∢ ⋋ ⋋ ⋌ : ⋮ ∴ ∵ ∷ ∺ ≐ ≑ ≒ ≓ ≎ ≐ ≑ ÷ ≐ ≐ ? ∗ △ ≏ ∘ *
76 77 78 79 80 81 82 83 84 85 86 87 88 89 90 91 92 93 94 95 96 97 98 99 100

Universal Music Pi

1 2 3 4 5 6 7 8 9 10 11 12 13 14 15 16 17 18 19 20 21 22 23 24 25

26 27 28 29 30 31 32 33 34 35 36 37 38 39 40 41 42 43 44 45 46 47 48 49 50

51 52 53 54 55 56 57 58 59 60 61 62 63 64 65 66 67 68 69 70 71 72 73 74 75

76 77 78 79 80 81 82 83 84 85 86 87 88 89 90 91 92 93 94 95 96 97 98 99 100

Universal Music Pi No. 1

1 2 3 4 5 6 7 8 9 10 11 12 13 14 15 16 17 18 19 20 21 22 23 24 25

26 27 28 29 30 31 32 33 34 35 36 37 38 39 40 41 42 43 44 45 46 47 48 49 50

51 52 53 54 55 56 57 58 59 60 61 62 63 64 65 66 67 68 69 70 71 72 73 74 75

76 77 78 79 80 81 82 83 84 85 86 87 88 89 90 91 92 93 94 95 96 97 98 99 100

Universal Music No. 2

1 2 3 4 5 6 7 8 9 10 11 12 13 14 15 16 17 18 19 20 21 22 23 24 25

26 27 28 29 30 31 32 33 34 35 36 37 38 39 40 41 42 43 44 45 46 47 48 49 50

51 52 53 54 55 56 57 58 59 60 61 62 63 64 65 66 67 68 69 70 71 72 73 74 75

76 77 78 79 80 81 82 83 84 85 86 87 88 89 90 91 92 93 94 95 96 97 98 99 100

Universal Television (Reversed)

1 2 3 4 5 6 7 8 9 10 11 12 13 14 15 16 17 18 19 20 21 22 23 24 25

26 27 28 29 30 31 32 33 34 35 36 37 38 39 40 41 42 43 44 45 46 47 48 49 50

51 52 53 54 55 56 57 58 59 60 61 62 63 64 65 66 67 68 69 70 71 72 73 74 75

76 77 78 79 80 81 82 83 84 85 86 87 88 89 90 91 92 93 94 95 96 97 98 99 100

Universal Phonetic Pi No. 1

p	b	t	d	k	m	n	l	f	h	g	g	j	r	r̥	r̦	ř	s	v	w	ʍ	z	t	t̪	ł
1	2	3	4	5	6	7	8	9	10	11	12	13	14	15	16	17	18	19	20	21	22	23	24	25

ṭ	ḅ	ḍ	ḃ	ḍ	c	ɟ	ɟ	ɢ	ʔ	ɱ	ɲ	ɳ	ɲ̊	ɳ̊	ɴ	ɬ	ḷ	ḷ	ḷ	ɭ	ʎ
26	27	28	29	30	31	32	33	34	35	36	37	38	39	40	41	42	43	44	45	46	47	48	49	50

ʎ̥	ɹ	ʀ	ɸ	β	θ	ð	ʂ	ʂ	ʂ	z	ʐ	ʑ	ʃ	ʒ	σ	ʐ	ʕ	ʐ	ç	ç	ʑ	x
51	52	53	54	55	56	57	58	59	60	61	62	63	64	65	66	67	68	69	70	71	72	73	74	75

χ	ꝁ	ɣ	ɣ	χ	ħ	ʁ	ʕ	ɦ	ʋ	ɟ	ɟ	ʕ	ɪ	ɛ	ɜ	a	a	ɔ	o	u	y	ø
76	77	78	79	80	81	82	83	84	85	86	87	88	89	90	91	92	93	94	95	96	97	98	99	100

Universal Phonetic Pi No. 2

œ	ɒ	ʌ	ɤ	ɯ	ɨ	ʉ	ɪ	ʊ	ʏ	æ	ɵ	ə	ɜ	ɐ	ã	ẽ	ĩ	õ	ũ	ɛ̃	œ̃	ɔ̃	ʌ̃
1	2	3	4	5	6	7	8	9	10	11	12	13	14	15	16	17	18	19	20	21	22	23	24	25

ã	æ̃	ɒ̃	ʒ̃	ḅ	ḍ	g̊	g̊	ʋ	ẓ	ṣ	ṭ	ḳ	ḳ	ẹ	ọ	ọ	ṭ	ḷ	ṇ	ṣ	ẓ	ṇ
26	27	28	29	30	31	32	33	34	35	36	37	38	39	40	41	42	43	44	45	46	47	48	49	50

ż	ṡ	ë	ö	ü	ë̃	ë	ï	ä	ü	ü	'	'	'	ˌ	'	×	ă	ĕ	ŏ	ŭ	ḷ	m̥
51	52	53	54	55	56	57	58	59	60	61	62	63	64	65	66	67	68	69	70	71	72	73	74	75

ṇ	r̩	'	ˌ	¯	-	´	ˏ	ˋ	^	ˇ	꜔	꜕	꜖	꜓	꜒	꜑	č	ǰ	š
76	77	78	79	80	81	82	83	84	85	86	87	88	89	90	91	92	93	94	95	96	97	98	99	100

Universal Phonetic Pi No. 3

ǀ	ǁ	ĵ	t'	y̨	ɲ	ʒ	ꝥ	ß	ꭒ	ʒ	ɛ	ꞓ	ꟻ	ꓷ	ꓵ	ʏ	f	ʥ	ɓ	ꝥ	ꝥ	ɓ	ɟ	ꝁ
1	2	3	4	5	6	7	8	9	10	11	12	13	14	15	16	17	18	19	20	21	22	23	24	25

ṵ	g	t	d	đ	ɲ	ɲ	ɲ	ɫ	ꞎ	θ	ð	ʂ	ʃ	ʒ	χ	ʋ	ɛ	a	a	c	ø	œ	ʌ
26	27	28	29	30	31	32	33	34	35	36	37	38	39	40	41	42	43	44	45	46	47	48	49	50

ɣ	ɨ	ʉ	æ	θ	ə	ọ	'	ˌ	ꝑ	y	ʋ	ɔ	ʒ	ꞓ	ꟻ	ꓷ	ꓵ	ʏ	f	ǀ	ǀ	ǀ	ǀ
51	52	53	54	55	56	57	58	59	60	61	62	63	64	65	66	67	68	69	70	71	72	73	74	75

ǀ	ǀ	ǀ	ǀ	ǀ	ǀ	ǀ	ǀ	ǀ	ǀ	ǀ	ǀ	ǀ	ǀ	ǀ	ǀ	ǀ	ǀ	ǀ	ǀ	ǀ	ǀ	ǀ	ǀ
76	77	78	79	80	81	82	83	84	85	86	87	88	89	90	91	92	93	94	95	96	97	98	99	100

Universal Ranging Pi

·	•	•	●	●	●	●	●	●	○	○	○	○	·	▪	▪	■	■	■	■	■	■	□	□	□
1	2	3	4	5	6	7	8	9	10	11	12	13	14	15	16	17	18	19	20	21	22	23	24	25

□	□	◆	◆	◆	◆	◇	◇	◇	◇	★	★	★	★	☆	☆	☆	☆	●	○	■	□	◆	◇	★
26	27	28	29	30	31	32	33	34	35	36	37	38	39	40	41	42	43	44	45	46	47	48	49	50

☆	●	○	■	□	◆	◇	★	☆	●	○	■	□	◆	◇	★	☆	+	−	×	÷	=	+	−	×
51	52	53	54	55	56	57	58	59	60	61	62	63	64	65	66	67	68	69	70	71	72	73	74	75

÷	=	℞	℣	†	✝	✠	✠	@	%	‰	@	%	‰	△	⬡	⬦	✿	⊖	#	✂	✂	⎯⎯	✂	✂
76	77	78	79	80	81	82	83	84	85	86	87	88	89	90	91	92	93	94	95	96	97	98	99	100

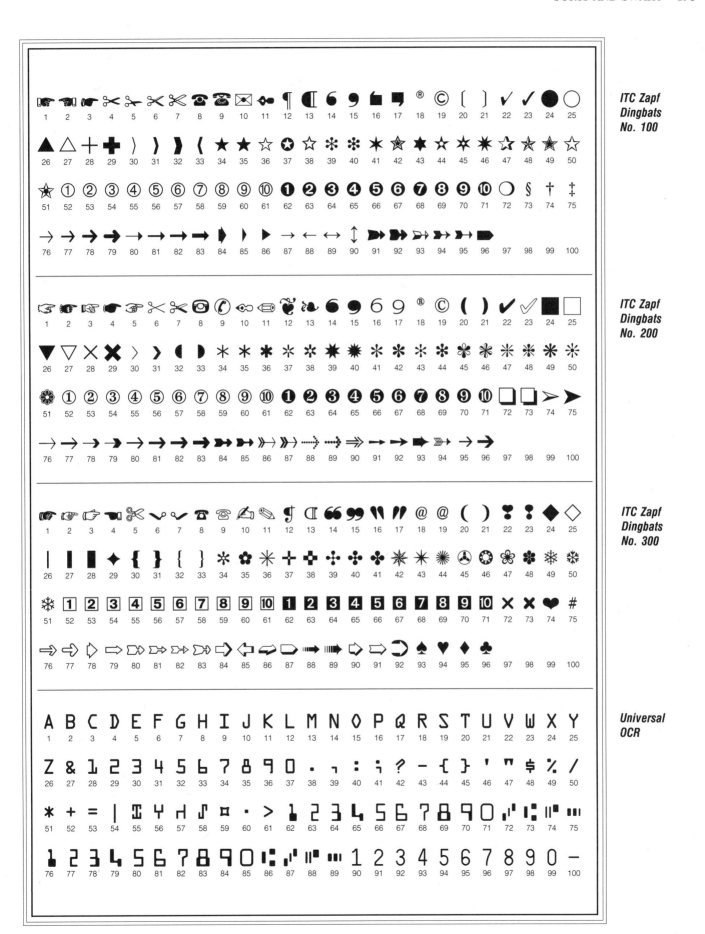

ITC Zapf
Dingbats
No. 100

ITC Zapf
Dingbats
No. 200

ITC Zapf
Dingbats
No. 300

Universal
OCR

Stempel Garamond Italic Swash

ABCDEFGHIJKLMN
OPQRSTUVWXYZ

42 point Swash

ABCDEFGHIJKLMN
OPQRSTUVWXYZ

36 point Swash

m
n
t
z
st

ABCDEFGHIJKLMN
OPQRSTUVWXYZ

30 point Swash

ABCDEFGHIJKLMN
OPQRSTUVWXYZ

24 point Swash

ABCDEFGHIJKLMN
OPQRSTUVWXYZ

20 point Swash

ABCDEFGHIJKLMN
OPQRSTUVWXYZ

18 point Swash

ABCDEFGHIJKLMNOPQRSTUVWXYZ
6 point Swash

ABCDEFGHIJKLMNOPQRSTUVWXYZ
7 point Swash

ABCDEFGHIJKLMNOPQRSTUVWXYZ
8 point Swash

ABCDEFGHIJKLMNOPQRSTUVWXYZ
9 point Swash

ABCDEFGHIJKLMNOPQRSTUVWXYZ
10 point Swash

ABCDEFGHIJKLMNOPQRSTUVWXYZ
11 point Swash

ABCDEFGHIJKLMNOPQRSTUVWXYZ
12 point Swash

ABCDEFGHIJKLMNOPQRSTUVWXYZ
14 point Swash

Index